KB253315

무력의
능력

초판 1쇄 - 2012년 4월 15일

지은이 : 허원구
펴낸이 : 채주희
펴낸곳 : 엘맨

서울시 마포구 신수동 448-6
출판등록 : 제10-1562호(1985.10.29)

전화 : 02-323-4060, 322-4477
팩스 : 02-323-6416
e-mail : elman1985@hanmail.net

값 12,000원

무려의 능력

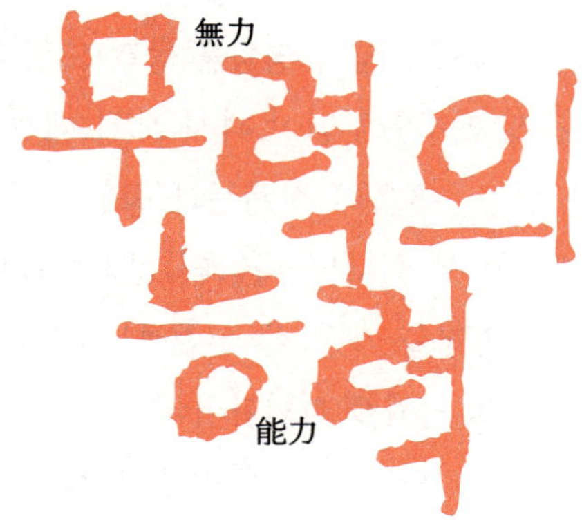

허원구 지음

얼맨

할렐루야! 산성교회가 창립 60주년을 맞이하게 된 것을 진심으로 축하드리며, 산성 교회를 세우신 이래 여기까지 인도해 주신 에벤에셀의 하나님께 모든 감사와 찬양과 영광을 돌려 드립니다. 아울러 60주년을 맞은 우리 산성교회가 주님이 다시 오실 때까지 앞으로 더욱 부흥 발전하여, 안으로는 복음의 정체성과 공동체성을 활성화하고, 밖으로는 지역사회 속에서 하나님 나라의 문화 확산에 앞장서면서 지구촌 복음화의 지상명령을 가장 잘 실천하는 모범적인 교회로 산 위의 도성처럼 우뚝 서게 되시길 기원합니다.

특별히 창립 60주년을 기념하면서, 일평생 '오직 복음'의 기치를 높이 들고 주님의 몸된 교회를 위해 헌신해 오신 허원구 목사님께서 그동안 강단에서 선포한 주옥같은 메시지들을 한권의 책으로 정리하여 출간하게 되신 것을 진심으로 축하드립니다. 과거 수십 년 동안의 교제 가운데 허목사님의 탁월한 인성과 영성을 익히 알고 있는 동역자의 한 사람으로서 그동안 산성교회 부흥을 통해 드러난 하나님의 놀라우신 은총과 권능으로 충만한 말씀의 역사가 이 책을 통하여 독자들에게 실감있게 전달되리라 확신합니다.

허원구 목사님의 설교집 "무력의 능력"에서 우리는 그의 다년간의 해외선교의 경험은 물론 산성교회에 부임한지 지난 16년 동안 땀과 눈물이 배어 있는 허목사님 자신의 신앙과 신학을 엿볼 수 있습니다. 특히 복음화율이 6~7%에 불과한 부산 땅에, 그것도 전쟁의 아픔과 상처로 얼룩진 피난민들에 의해 세워진 산성교회에 그가 어떻게 부임하게 되었는지, 부임한 이후에 그가 어떻게 16년 동안 '하나님의 나라'의 선교와 선교지향적인 목회에 집중하였는지, 그리고 무엇보다도 이 책 제목이 암시하는 것처럼, 무력(無力)한 존재처럼 보이는 한 개인과 교회가 오늘의 영광스런 산성교회 모습으로 성장하기까지 어떻게 놀라운 하나님의 권세와 능력을 도구로 사용되었는지 엿볼 수 있기에 독자들에게 적지 않은 감동과 흥미를 안겨 줄 것이며 특히 그의 사역을 벤치마킹하고픈 후배 목회자들에게 더없이 유용하고 귀한 자료가 되리라 믿습니다.

　허원구 목사님의 설교집을 통해서 아무쪼록 이 시대의 한국교회와 성도들 모두가 진정한 능력은 십자가에서 철저하게 자신을 화목제물로 내어주실 뿐만 아니라 자기의 영혼까지 포기하신 예수님의 "무력(無力)의 능력"에 있음을 깨닫고, 자신의 무능력과 자기부인을 통해 새로운 삶의 변화와 보다 강력한 하나님의 임재를 체험하게 되시길 기대하며, 이 책을 이 시대의 모든 교회와 성도님들에게 추천해 드립니다. 샬롬!

2012년 4월 2일
장로회신학대학교
총장 장 영 일

산성교회 창립 60주년을 진심으로 축하드립니다. 6·25 동란으로 삶의 터전과 고향을 잃고 나그네 된 피난민들에 의해 세워져 영적으로 갈급한 이들의 피난처와 산성이 되어 온 지난 60년, 산성교회를 통해 작은 자가 천을 이루는 성령의 역사를 일으키시고 부산 복음화에 귀한 도구로 사용하신 하나님께 감사와 찬양을 드립니다.

주님을 향한 뜨거운 예배공동체, 예수의 제자를 키워내는 훈련공동체, 어려운 이웃들과 함께 하는 섬김공동체, 열방을 섬기는 선교공동체로 든든히 세워져 가는 산성교회가 60주년을 맞아 허원구 목사님을 통해 선포된 귀한 말씀들을 책으로 출간하게 된 것을 기쁘게 생각합니다.

"내 양을 먹이라"는 주님의 부탁에 뜨거운 목자의 심정으로 말씀의 꼴을 먹여 영혼을 살리는 복음의 생명사역을 감당해 오신 허 목사님의 말씀에서 주님의 지상 명령에 순종하여 평생 선교 사명에 목숨을 건 순수한 복음의 열정을 느낄 수 있습니다. 저와는 같은 제자훈련 철학으로 영적 동지의식을 가진 허 목사님은 불 붙는 듯한 복음의 감격에 사로잡힌 분입니다. 그의 간절한 외침은 성도들이 얕은 물가에서 맴도는 표피적인 신앙의 한계를 돌파하고 깊은 진리의 바다에서 성령의 파도를 경험하도록 이끄는 힘이 있습니다.

　바라기는 한국 교회 성도들이 허원구 목사님의 설교집 「무력의 능력」을 통해 약한 자로 강국을 이루시는 성령의 능력에 대한 믿음으로 예수님을 따라 자기 부인의 십자가를 지는 삶의 결단과 변화가 일어나길 기대하며 말씀의 깊이를 원하는 이들에게 목사님의 책을 기쁘게 추천합니다.

2012년 4월 10일

사랑의교회

오정현목사

　설교는 하나님의 음성을 듣고 삶으로 선포되어지는 설교자의 살아 있는 간증이어야 한다. 지금까지 나는 이러한 마음으로 새벽마다 하나님의 말씀을 받고 묵상하고, 그 묵상되어진 말씀을 삶속에서 살아내고자 애썼다. 그리고 또 그 말씀이 강단을 통해 선포되었다. 그러하기에 나의 설교 한편 한편은 하나님과 나와의 아름다운 대화이며, 곧 하나님과 동행하는 나의 삶이고 발자취이다.

　교회의 60주년을 기념하여 이러한 설교문을 모아 하나님의 부르심을 받고 산성교회와 함께했던 15년을 이 책에 담았다.

　1장 '나를 부르는 소리' 에서는 땅 끝 칠레에서 부산이라는 새로운 땅 끝을 향해 불러주신 하님의 음성을 그리고 2장 '가까운 길, 먼 길'에서는 새로운 땅 끝 부산에서의 초기사역동안 어려움을 이기게 하신 하나님의 말씀을 담았다.

　3장 '갈릴리에서 다시 시작하라'에서는 제자훈련을 통해 하나님의 사람들을 세워가기 원하셨던 하나님의 메세지를 그리고 4장 '영문 밖으로 나가라'에서는 원텐텐 운동을 통하여 선교사를 파송하여 74호 선교사를 파송케하신 하나님의 음성을 담았다.

　마지막 5장에서는 땅 끝을 향한 하나님의 멈추지 않는 열심, 하나님의 교회를 통해 계속해서 이루고자 하시는 하나님의 바램이 담겨져 있다.

　말씀들은 곧 삶이요 사역이기에 설교자에게 있어 설교문은 자식과도 같다. 이 부족한 종이 받은 말씀을 함께 나눌 수 있도록 기회를 주신 하나님께 먼저 감사드린다. 그리고 이 말씀들을 받아 함께 행복한 교회를 만들어왔던 아름다운 산성의 성도들께도 깊은 감사를 드린다.

2012년 4월

땅 끝을 향한 아름다운 섬김을 꿈꾸며

허원구

목차

part1 나를 부르는 소리

(땅끝에서 / 나를 부르는 소리 / 벧세메스로 가는 암소)

하나님은 땅끝에서 나를 부르신다.
신학대학원 입학을 기다리던 중
한 선교집회의 강사를 통해 선교로 부르셨다.
잊고 지내던 그 선교의 부름을
다시금 칠레 선교사님을 통해 구체적인 땅, 칠레로 부르셨다.
주님의 부르시는 음성에 순종하여
1987년 11월 19일
땅끝을 향하여
서울 하늘에 흩날리는 첫눈을 뒤로하고
33시간의 지루한 여행길에 올랐다.

진한 감동으로 나를 부른 땅, 칠레
그 땅에서 눈물 흘리고 땀 흘리며 개척한 10년…
선교센터와 교회, 임마누엘 기독교 학교
그 외 다른 사역이 든든히 서고
각자 맡은 이들이 잘 감당하고 있을 그 때
'이제 나는 무엇을 해야 하는가?'
마음속에 울려오는 그 소리는 나의 생각이 아니라
나를 땅끝으로 부르시는 또 다른 하나님의 음성이었다.

자리를 잡아가고 있는 선교의 현장과
성장하고 있는 원주민 사역자들을 바라보며
나의 할 일이 끝나고 있다는 생각에 미래를 위한 기도를 하던 차에
잠시 한국에 귀국했을 때 설교했던 산성교회로부터 청빙전화를 받게 되었다.

다시 땅끝에서 부르는 소리!
외로운 선교지에서 고독과 고립의 훈련,
주님만 의지하는 훈련,
만나로만 사는 훈련,
철저히 낮아지는 겸손의 훈련.

수많은 배반과 욕하는 자들을 포용하는 훈련을 받게 하시고
이제 다시 땅끝으로 돌아가서
교회에 선교적 부흥을 일으키는 선교적 목회를 하도록
뜨거운 열망을 불어넣어 주셨다.
하나님은 늘 새로운 사명과 도전이 있는 곳으로 부르신다.
땅끝에서, 땅끝으로…
주여, 다시 불러 주시니 감사합니다. 어디로 가든지 저 땅끝으로 가겠습니다.
"내가 가는 길을 그가 아시나니 그가 나를 단련하신 후에는 내가 순금 같이 되어 나오리라"(욥23:10)

chapter 1

땅끝에서 (행 1:6-11)

한심한 기도

어느 교회에 얼굴이 몹시 큰 청년이 있었다. 얼굴이 얼마나 넓었던지 별명이 얼큰이었다. 이 청년은 늘 자기 얼굴 큰 것 때문에 고민했다. 그런데 한 날은 설교를 듣는데 "무엇이든지 원하는 대로 구하라 그리하면 이루리라"는 말씀을 듣고 하나님께 기도하기 시작했다. "하나님, 얼굴 좀 작게 해주세요. 얼굴이 조막만 하게 해 주세요." 그러다가 산 기도를 갔다. 그날은 단판을 지어 보려고 바위 하나를 붙들고 밤새도록 기도했다. 밤새도록 간절히 기도했다. 아침이 되었다. 기도가 응답이 되었을까? 응답되었다. 밤새도록 바위를 치다보니까 주먹이 얼굴만 해졌다.

하나님 나라를 위해, 하나님의 뜻을 이루기 위해 기도해야 될 텐데 자기 얼굴 작게 해달라는 이 기도야 말로 한심한 기도라고 말할 수 있을 것이다. 그런데 사실 이것보다 훨씬 한심한 사건이 있었다. 예수님이 십자가를 준비하고 있는데 제자들은 다가와서 이런 부탁을 했다. "주님, 주님이 왕이 되실 때 오른쪽에 있는 자리, 왼쪽에 있는 자리를 저희에게 주십시오." 주님의 십자가와 그 고난에 대해서는 전혀 생각하지 않고 자기가 앉을 높은 자리만 생각하는 참 한심한 제자들이었다.

그때가 언제입니까?

그런데 이 정도면 그래도 괜찮다. 예수님이 죽은 지 사흘 만에 부활하시고 사십일 동안 제자들과 함께 지낸 후 하늘로 올라가시기 전에 제자들에게 부탁하셨다. "너희들은 예루살렘을 떠나지 말고 하나님 아버지께서 보내실 성령을 기다려라. 몇 날이 못 돼서 성령으로 세례를 받게 될 것이다." 그러면 "예, 주님 알겠습니다. 기다릴게요. 그리고 하나님 나라를 위해서 열심히 살아갈게요." 이렇게 대답해야 될 텐데, 이 제자들은 그 중요한 시간에도 다른 생각을 하고 있었다. 땅의 일에 사로잡혀 있었다. 제자들의 관심은 엉뚱한 데에 가 있었다. "주님, 이스라엘 나라를 회복하게 되는 때가 바로 그때입니까? 언제입니까? 주님, 우리 조국이 회복되는 그때가 언제입니까?" 이렇게 질문했다(행1:6).

우리는 제자들의 현세적이고 인간적이며 이기적인 질문을 보면서 별로 나무랄 자격이 없다. 우리도 가끔 하나님 앞에서 그런 질문을 할 때가 있기 때문이다. 우리도 주님 앞에 똑같은 기도를 할 때가 있기 때문이다. 이스라엘 나라의 회복이라고 하는 것은 모든 이스라엘 민족들의 소원이다. 로마의 압제에서 벗어나서 독립하고 번영하는 나라를 구가하는 것은 그들의 꿈이었다. 우리들에게도 정말 많은 염원이 있다. 궁금한 것이 너무나 많이 있다. "언제쯤 우리나라는 통일이 될까요? 언제쯤 우리나라 정치는 좀 안정이 되고 성숙할까요? 언제쯤 우리나라 국민소득이 30,000달러를 넘어 갈까요? 언제쯤 그 답답한 교육문제는 다 해결이 되겠습니까? 언제쯤 전쟁은 없어지고 이 땅에 평화가 올까요?"

밥 딜런의 '바람만이 아는 대답'이라는 노래가 있다. 그 노래는 가사가 참 좋다. "얼마나 더 먼 길을 가야만 사람들은 사람다워질까? 얼마나 더 멀리 바다를 날아야만 비둘기는 쉴 수 있을까? 얼마나 더 많은 포탄이 터져야만 피비린내 나는 싸움이 끝날까? 친구여, 그 대답은 바람만이 알고 있지. 얼마나 고개를 더 쳐들어야 사람들은 하늘을 볼 수 있을까? 얼마나 사람들이 많은 귀를 가져야 타인들의 울음소리를 들을 수 있을까? 친구여, 그 대답은 바람만이 알고 있지." 정말 알고 싶다. 그래서 많이 기도한다. "주님, 언제입니까?" 그런데 사실 이런 거창한 제목 말고라도 우리 개인에게는 온갖 소원과 기도의 제목들이 있다. "주님, 내 사업이 번창하게 될 때가 언제입니까? 내 물질 문제가 해결될 때가 언제입니까? 내 가정 문제는 언제쯤 해결이 ㄹ되겠습니까? 내가 건강하게 될 때는 언제일까요? 내가 명예를 얻게 될 때가 언제입니까? 내가 좀 출세할 때가 언제입니까?" 이런 갑갑함을 표현하기에는 끝이 없다. 우리는 수많은 궁금증을 가지고 있고 그래서 기도한다. 그래도 마음이 시원하지 않으면 마치 점쟁이를 찾아가서 점을 치듯이 예언기도를 받는 성도들도 있다.

하나님만 아신다!

그러나 말씀 속에서 답을 찾을 수 있다. 우리는 하나님 앞에서 "언제입니까?" 자꾸 이렇게 묻는다. 그런데 주님은 우리에게 이렇게 말씀하신다. "그것은 네가 알 일이 아니야. 그것은 바로 나의 일이야" 모든 것은 주님이 하실 일이다. "가라사대 때와 시기는 아버지께서 자기의 권한에 두셨으니 너희 알 바 아니요"(행 1:7) 그건 내 일이고, 네가 알 일이 아니라고 주님이 말씀하신다. 무슨 말씀일까? 이스라엘의 독립될 시기는 하나님이 주관한다는 것이다. 이 땅의 모든 일을 겉만 보면, 힘있는 자가 다 좌지우지하는 것 같다. 돈을 많이 가진 자가 주관하는 것 같기도 하다. 강대국이 모든 것을 주관하고 있는 것처럼 보인다. 그러나 그것이 아니라 하나님이 주관하신다는 말씀이다.

TV 드라마를 보면 아주 잘나고 똑똑한 배우들이 나와서 온갖 멋을 다 부린다. 그러나 배우가 폼을 잡고 온갖 소리를 하지만, 그것은 자기 소리가 아니라 다 연출된 것이다. 각본을 쓴 사람이 따로 있다. 감독이 따로 있다. 각본대로, 감독의 지시 하에 하는 것이다. TV 토크쇼라고 하는 것도 그냥 나와서 하는 것인줄 알았다. 그런데 내가 기독교 TV에서 1시간 토크쇼를 하게 되었는데, 그냥 가서 하면 되는 것이 아니었다. 다 각본이 있었다. 처음부터 끝까지 대본에 의해 진행하고, 말하는 사람의 순서도 다 정했다.

하나님이 이 세상을 창조하셨다. 하나님은 모든 인생 드라마의 원작자이다. 그리고 연출자이기도 하고 감독이기도 하다. 하나님이 우리 인생을 시작하게 하셨고, 지금도 진행하고 계신다. 역사도 마찬가지이다. 하나님이 시작하셨고, 하나님이 진행하신다. 또한 하나님이 종결지으실 것이다. 우리 인생도 마찬가지다. 하나님의 뜻대로 모든 것이 다 맞춰지게 된다. 드라마와 우리 인생이 다른 점이 뭘까? 드라마는 배우들이 미리 대본을 받아서 내용을 알고 있지만, 우리는 알 수 없다. 하나님이 "그건 네가 알 일이 아니다."라고 말씀하셨다. 왜 하나님께서 이렇게 말씀하셨을까요? 하나님께서는 미리 가르쳐 주지 않으시고, 내일을 모르게 하신 이유가 있다. 그것은 우리가 살아가는 매일매일을 주님만을 바라보고, 주님을 의지하고, 주님께 맡기며 소망 가운데 살도록 하기 위함이다. 다만 오늘 내가 할 일을 열심히 하면서, 주님이 주관하신는 것을 인정하고 사는 것이다. 오늘 주님이 세우신 그 자리에서 최선을 다하고 살아갈 뿐이다. 그러나 그 다음 일은 내 소관이 아니다. 하나님이 하실 일을 내가 하려고 해서는 안된다. 나의 미래를 주님께 맡겨야 한다. 주님의 시간에 주님이 원하는 것만큼 주님의 방법으로 채우시고 회복시켜 주실 것이다. 내가 원하는 시간에 내가 원한 것만큼 채우려고 하는 것은 분명한 월권이다. 하나님이 하실 일을 우리가 뺏으면 안된다. 이 땅의 일을 내가 마음대로 다할 수 있다고 생각하고, 땅의 목표를 세우고 혼자 달리는 인생은 피곤한 인생이다.

스위스 제네바에 앙리 뒤낭이라는 믿음이 좋은 집사가 있었다. 그는 스위스 은행의 책임자였고, 유명한 사람이었다. 그의 평생 꿈은 그 당시 유명한 영웅 나폴레옹을 만나는 것이었다. 그를 만나서 스위스와 프랑스 간의 경제 협력을 하려는 꿈이 있었다. 1859년 드디어 꿈을 이룰 기회가 찾아왔다. 그가 스위스 경제 사절로 프랑스에 가게 되었는데, 마침 그때 나폴레옹은 오스트리아와의 전쟁 때문에 자리를 비웠다. 이태리 북부 솔페리노라는 곳에서 전쟁 중이라는 소식을 듣고, 그곳으로 갔다. 거기에서 그는 너무나 비참한 모습을 보았다. 젊은이들이 피를 흘리고 쓰러져 있는 비참한 현장이었다. 그 자리에서 그의 모든 꿈이 바뀌고 말았다. 나폴레옹을 만나는 것이 별것 아니란 것을 알았다. 하나님이 인류 평화에 대한 소명을 주셨다. 그는 돌아와서 책을 썼다. 지금까지도 큰 역할을 하고 있는 국제적십자 운동을 시작하게 되었다.

먼저 은혜를 받아야지!

내가 생각하는 것과 하나님이 나에게 주시기를 원하고 나를 통해 이루시기 원하는 것은 다르다는 사실을 기억해야 한다. 내 마음대로, 내 방향대로 가서는 안된다. 주님이 말씀하신다. "그것은 네가 알 일이 아니다. 염려하지 말고 내게 맡겨라. 이 세상의 모든 일은 내가 주관한다. 네가 주관하려고 하지 마라. 네가 부자가 되고, 출세하고, 유명해지는 것에 관심을 두지 마라. 네가 힘쓸 일은 따로 있다." 오직 우리가 관심을 가지고 힘쓸 일은 무엇일까? "오직 성령이 너희에게 임하시면 너희가 권능을 받고 예루살렘과 온 유대와 사마리아 땅끝까지 이르러 내 증인이 되리라 하시니라"(행 1:8) 이 말씀은 두 가지를 분명히 말하고 있다. 먼저 우리가 할 일은 은혜를 받는 것이다. 성령을 받는 일, 하나님의 은혜를 받는 일이 바로 우리가 힘써야 할 가장 중요한 일이다. 하나님 앞에 나와서 예배를 통해 은혜를 받는 것보다 더 중요한 것은 없다.

지금은 고인이 되신 이중표 목사님께서 몇 년 전에 우리 교회에 오셔서 집회를 인도하셨다. 목사님의 설교에서 이 말씀이 아직도 마음에 남아 있다. "목사의 사명이 무엇이뇨? 은혜 받는 일입니다. 장로의 사명이 무엇이뇨? 은혜 받는 일입니다. 권사의 사명이 무엇이뇨? 은혜 받는 일입니다. 집사의 사명이 무엇이뇨? 은혜 받는 일입니다." 목사의 사명에 다른 것도 많이 있겠지만 가장 중요한 것은 하나님 앞에 은혜 받는 일이라고 설교한 것을 지금도 기억한다. 그렇다, 은혜 받는 일보다 중요한 일이 무엇이겠는가? 우리는 하나님 앞에 나와서 어떻게 하든지 은혜를 받아야 한다. 은혜를 받지 않고 일하면 불평하고, 자기를 드러내려 한다. 예배 때마다, 봉사할 때마다 은혜를 받아야 한다. 모든 시간이 은혜 받는 시간이 될 수 있어야 한다.

이제 땅끝으로 가자!

은혜를 받게 되면 저절로 두 번째 사명은 다 이룰 수가 있다. "예루살렘과 온 유대와 사마리아와 땅끝까지 이르러 내 증인이 되리라" 두 번째 사명은 땅끝까지 가서 복음을 전하는 것, 선교하는 것이다. 이것이 바로 우리 삶의 초점이요 목표가 되어야 한다고 주님은 말씀하신다.

승천하고 계시는 주님을 제자들이 황홀하게 바라보고 있다. 사람이 위로 올라가고 있는 것이 너무나 신기하다. 황홀경에 빠져서 쳐다보고 있는데, 천사가 나타났다. "왜 어찌하여 하늘만 쳐다보고 있느냐? 너희가 본 예수는 본 대로 다시 오시리라." 쓸데없이 멍하게 하늘만 쳐다보고 황홀경에 빠져 있지 말고, 이제는 땅끝을 바라보고 복음을 전하러 가라고 주님은 말씀하신다. 우리는 주일에 교회에 가서 하늘을 바라보고 황홀경에 빠지고 은혜를 받고 돌아간다. 새벽에 와서 은혜를 받고 또 돌아간다. 저녁에 와서 은혜를 받고 또 다시 돌아간다. 만약 우리 인생이 이렇게 계속된다면 우리 인생은 가치가 없다. 은혜를 받았으면 반드시 땅끝까지 가든지, 내가 가지 못하면 보내든지 복음을 위하여 사는 삶이 구체적으로 내 삶 가운데 나타나야 한다. 그런 인생이 가치 있는 인생이다.

안식년에 스위스 로잔에 갔을 때의 일이다. 첫날 열방대학 기숙사가 비지 않아서 포도밭과 밀밭이 많이 있는 어느 골짜기에 있는 집으로 갔다. 밤 12시까지 백야가 계속되어서, 너무 너무 아름다운 스위스 로잔의 밀밭을 구경할 수 있었다. 한참을 구경한 후 자려고 누웠는데 그 집의 역사가 보였다. 그 집은 소위 시한부 종말론자들이 모여서 다른 건 하나도 하지 않고 하늘만 멍하니 쳐다보고 살던 사람들이 모였던 곳이다. 그런데 그 집을 열방대학에서 사서, 주님의 재림을 기다리는 젊은이들을 모아서 훈련시키고 복음을 전하기 위해 기도하고 준비하는 곳으로 바꾸었다. 다시 오실 주님을 멍하니 바라보고 황홀경에 빠져서 예배만 드리고 은혜만 받기를 소원하고 아무것도 하지 않는다면 우리는 시한부 종말론자들과 같다. 주님은 우리에게 요구하신다. 은혜를 받았으면 땅끝까지 가서 증인이 되어 주님의 뜻을 이루는 사람이 되라고 명령하신다.

교회의 선교적 사명

하늘만 보지 말고 다시 오실 주님을 기다리며 열심히 전도하고 땅 끝까지 가든지 보내든지 하자. 가끔 어떤 성도들은 "우리 목사님은 선교 빼면 아무것도 없어."라고 말한다. 그러나 나는 이 말을 비방이 아니라 칭찬하는 말로 듣는다. 하나님의 마음이 이 세상을 구원하는 것 빼면 뭐가 있겠는가? "하나님이 세상을 이처럼 사랑하사 독생자를 주셨으니 이는 저를 믿는 자마다 멸망치 않고 영생을 얻게 하려 하심이니라"(요 3:16) 하나님의 교회가 세워져 있는데, 하나님의 교회 속에서 선교적인 사명을 빼버리면 무엇이 남겠는가? 하나님의 백성은 마땅히 힘써 복음을 전해야 한다. 부활하신 주님을 만나서 은혜 받고 성령 받은 백성들이 땅끝까지 복음을 전하는 바로 그 일에 자기 인생의 초점을 맞출 때 우리 인생의 의미가 새로워진다.

은혜를 받고 성령을 받아서 우간다로 떠나는 8명의 선교사 그룹이 있었다. 그 대표는 알렉산더 맥케이라는 사람이었다. 그는 이렇게 인사를 했다. "여러분, 6개월 이내 당신들은 아마 우리들 중에 누가 죽었다는 소식을 들을 것입니다. 그러나 그 소식을 들을 때 낙담하지 마십시오. 그 빈자리를 채울 수 있도록 즉시 사람을 보내 주십시오." 과연 3개월 뒤에 한 명이 죽었다는 소식이 전해졌다. 그리고 1년 안에 다섯 명이 죽었다. 2년 뒤에는 맥케이만 남게 되었다. 12년 뒤에 그도 죽었다. 아프리카 리베리아로 간 멜빌 콕스라고 하는 선교사는 도착한 지 4개월 만에 죽었다. 그는 죽으면서 이런 말을 남겼다. "천 명이 죽더라도 아프리카를 포기하지 말게 하소서." 그는 땅끝까지 가서 주의 복음을 전했다. 이렇게 땅끝까지 가서 복음을 전하는 사람들 때문에 우리 한국에도 복음이 전파되고 우리가 하나님의 백성이 되었다.

부산에 복음이 전파된 것은 위대한 선교사의 간증이 있었기 때문이다. 1889년 8월 28일 호주 멜버른에서 배를 타고 40일 넘게 걸려서 인천 제물포에 도착한 선교사가 있었다. 헨리 데이비드 선교사는 5개월 동안 인천에서 한국말을 공부했다. 그리고 1890년, 도보로 서울과 수원, 공주를 지나서 20일 만에 부산에 도착했다. 그러나 이미 도착하기 전에 천연두에 걸려서 4월 4일 부산에 도착했지만, 병세가 깊어져서 도착하고 딱 하루만인 4월 5일에 숨을 거두었다. 그는 이런 말을 남겼다. "건강하든지 병들든지, 살든지 죽든지 오직 하나님께만 영광이 되게 하옵소서!" 그는 지금도 부산진교회 뒷동산에 묻혀 있다. 그러나 그것이 끝이 아니었다. 그를 파송했던 호주의 빅토리아 교회는 1891년 또다른 선교사 부부를 보냈다. 맥케이 선교사 부부는 추운 겨울에 부산에 도착했다. 그런데 얼을 집이 없었다. 일본 사람이 쓰는 창고를 빌려 추운 겨울을 창고 속에서 보냈다. 다음 해 봄, 부인이 죽었다. 그러나 그는 선교를 중단하지 않았다. 그들 이후에도 선교사가 또 부산을 찾았다. 무려 백여 명의 선교사들이 오고 또 왔다.

당시 선교사들의 사진을 보고 그 눈 하나하나를 다 맞추는 순간마다 가슴이 너무나 뜨거워졌다. 그 선교사들이 나를 향해 이렇게 말하는 것 같았다. "목사님, 우리는 죽음을 각오하고 땅끝까지 왔습니다. 목사님도 성도님들과 함께 다른 것을 신경쓰지 말고 계속해서 땅끝까지 가든지 보내든지 그런 목회를 계속하십시오!"

그들의 희생으로 우리가 복음을 받게 되었다. 헛된 것에 눈을 돌리지 말고, 우리의 마음을 뺏기지 말고, 오직 우리의 관심이 먼저 그 나라와 그 의를 구하는 일에 둘 수 있기를 바란다. 나의 관심을 전도에

두고, 땅끝에 두자. 짧은 인생은 지금도 지나가고 있다. 땅끝에서 주
님을 맞이하자. 내가 직접 가든지 선교사를 보내든지, 주님을 맞이하
는 은혜가 우리 인생에 있어야 한다.

　나는 소원이 있다. 병사하거나 늙어서 죽는 것이 아니라, 교통사고
로 죽는 것이 아니라 땅끝에서 주님을 맞이하기를 원한다. 이 땅의 헛
된 것에 눈을 돌리지 않고, 오직 우리의 인생을 다 책임지실 하나님께
집중하고 먼저 그 나라와 그 의를 구해야 한다. 그리고 주님이 보라하
시는 땅끝을 바라보며 땅끝으로 가야 한다. 그래서 주님이 이 땅에 다
시 오실 때 땅끝에서 주님을 만나고 많은 열매를 드리고 하나님께 영
광을 돌리는 아름다운 하나님의 백성들 가운데 서 있는 내 모습을 상
상해본다.

chapter 2

나를 부르는 소리(삼상3:1-9)

귀

예로부터 정월 대보름이 되면 어르신들이 하는 일이 하나 있다. 그 것은 대보름날 아침에 술을 한잔하는 일이다. 귀밝이술, 그 술을 아무리 많이 마셔도 귀가 밝아진다는 보장은 없지만, 일 년 내내 귀가 잘 들리기를 기원하는 마음을 가지고 마시는 것이다.

오늘날 모든 그리스도인들이 하나님의 음성을 잘 듣는 밝은 귀를 가지고 살아갈 수 있기를 기도한다. 지금 우리가 사는 세상에는 잡음이 너무 많이 있다. 자기 제품을 선전하는 시끄러운 광고 소리, 금년은 작년보다 더 어려워질 것이라는 부정적인 소리, 서로를 비방하는 소리들로 가득하다. 이런 소리를 잘못 들으면 우리 마음이 상하고 염려하며 걱정하게 된다. 귀는 밝아야 하지만 쓸데없는 소리까지 잘 듣기에 밝은 귀는 쓸모가 없다. 그러므로 선별하며 들어야 한다.

이제는 고인이 되신 모친께서는 귀가 어두워서 다른 소리는 잘못 들으셨는데, 꼭 섭섭한 말씀은 잘도 들으시고 따지시곤 했다. "니 뭐라고 했노?" 안 들으시면 좋을텐데 꼭 섭섭한 말은 잘 듣고 말씀하시는 어머니를 보면서 이런 생각을 한다. '성도들이 쓸데없는 세상의 소리, 염려와 걱정의 소리에 너무 귀가 밝지 않았으면 좋겠다.'

세상이 듣는 소리

우리가 꼭 들어야 될 소리가 있다. 그것은 바로 하늘 위에서 들려오는 하늘의 소리이다. 시끄러운 세상의 잡음 가운데서도 이 소리는 반드시 들어야 한다. 만약 이 소리를 듣는 귀가 녹슬어 버리면 이 땅에 다른 소리를 아무리 잘 들어도 소용이 없다.

엘리 제사장이 살던 시대는 하나님의 소리가 들리지 않는 시대였다. 듣고 싶어도 듣지 못하는 시대, 그 시대를 성경은 이렇게 묘사하고 있다. "아이 사무엘이 엘리 앞에서 여호와를 섬길 때에는 여호와의 말씀이 희귀하여 이상이 흔히 보이지 않았더라"(삼상 3:1) 그 시대 사람들은 하나님의 소리를 듣기 어려웠다. 하나님의 소리를 듣기 어려웠던 이유는 하나님이 말씀하시지 않아서라기보다는 사람들이 하나님의 소리에 관심이 없었기 때문이다. 사람들의 모든 관심이 하나님에게서 떠나 세상을 향해 있었다. 그 당시 최고지도자라고 하는 엘리 제사장은 하나님의 소리를 듣지 못했다. 엘리는 나이가 많아서 육신의 귀가 어두워 사람 소리를 잘 듣지 못했고, 불행히도 영적인 귀도 어두워서 하나님이 말씀하시는 소리까지 듣지 못하는 상태에 있었다. 엘리에게 두 아들이 있었는데 그들도 영적인 귀가 잘 들리지 않았다. 그들은 하나님의 소리는 듣지 않고 이 땅의 소리에 너무나 귀가 밝았다. 성전에서 봉사하고 있었지만 하나님께로 갈 제물을 자기들이 취하여 자기들 배를 불렸고, 성전에서 일하던 여자들을 통해 자기의 정욕을 채웠다. 이 세상의 모든 정욕의 소리는 다 잘 듣되 하나님의 음성에는 귀를 기울이지 않던 그들이었다.

이것은 옛날 이야기가 아니라, 우리가 살고 있는 세상의 이야기이기도 하다. 사람들이 하나님에게는 관심이 없고 세상 돌아가는 일에만 관심이 많다. 바스락거리는 돈 소리에만 관심이 있다. 세상 쾌락에 관심이 더 많이 있다. 로마서 1장 28절을 보면 주님께서 이렇게 말씀하신다. "또한 그들이 마음에 하나님 두기를 싫어하매 하나님께서 그들을 그 상실한 마음대로 내버려두사 합당하지 못한 일을 하게 하셨으니" 하나님에 대하여 관심이 없는 귀에는 온갖 세상 정욕의 소리만 들려온다. 하나님의 음성을 듣는 귀가 막혀 버리면 우리 귀는 쓸데없는 것으로 가득 채우게 된다. 그래서 자신 속에 있는 정욕의 소리, 세상 속에 있는 쓸데없는 소리에 끌려서 죄를 짓고 살아가는 사람이 될 수밖에 없다.

가인의 후예들이 그랬다. 자기 형제를 죽인 가인, 그 후예들은 점점 하나님에 대하여 관심을 잃어갔다. 하나님보다는 세상에 대하여 관심이 더 많아졌다. 라멕은 하나님의 소리는 듣지 않고 세상 여자들의 소리를 들었다. 야발도 어떻게 하면 가축을 많이 키워서 더 많은 수입을 올리는가에 관심이 있었다. 그러나 하나님에 대해서는 전혀 관심이 없었다. 통소 부는 자와 피리 부는 자의 조상이 된 유발은 악기 부는데 관심이 있었다. 좋은 연주를 하는 것도 좋지만, 음을 분별하고 좋은 소리를 내는 것보다 더 중요한 것은 하나님의 소리에 귀를 기울일 줄 아는 복된 귀를 가지는 것이다. 하나님의 소리를 듣지 못하면 유발처럼 아무리 좋은 통소의 소리를 듣고 아무리 좋은 연주를 해도 아무런 소용이 없는 것이다. 두발가인은 철광 산업에 관심이 있었다. 철을 잘 만들어서 어떻게 하면 더 편리하게, 어떻게 하면 더 많은 돈을 벌까 하는데 관심이 있었다. 그러나 하나님에 대한 관심은 하나도 없는 사람이었다.

사람은 자기가 관심이 있는 소리만 듣는다. 한 목사님이 길을 걸어가는 사람들 옆으로 동전을 던졌다. '땡그랑' 하고 돈 떨어지는 소리에 지나가는 사람들이 전부 고개를 돌렸다. 왜냐하면 좋아하는 돈 소리이기 때문이다. 그런데 언덕 위에 있는 교회당에서 '땡그랑 땡그랑' 하고 더 큰 종소리가 들려올 때, 다른 사람의 고개는 돌아가지 않았는데 목사님의 고개만 돌아갔다. 종소리를 통해 부르시는 하나님의 음성을 목사님만 들을 수 있었다.

오늘날 우리는 너무 많은 소리를 들으며 산다. 중요한 것은 우리의 관심이 어떤 소리를 향해 가고 있느냐, 우리가 좋아하는 소리는 어떤 소리냐 하는 것이다. 세상 사람들이 하나님의 소리를 듣지 못하는 것은 당연하다. 그러나 문제는 하나님의 집에 있는 우리가 하나님의 소리를 듣지 못하는 것에 있다. 교회에서 직분을 맡고 있다고 해서 반드시 하나님의 소리를 듣게 되는 것은 아니다. 목사도 하나님의 음성을 듣지 못할 때가 있다. 하나님에 대하여 관심이 없고 하나님을 향한 마음이 준비되지 않고는 절대로 하나님의 소리가 들려오지 않는다. 만약 우리 마음속에 다른 생각이 있으면 하나님의 소리는 절대로 들리지 않는다.

들으면 희망이 되는 소리

세상이 하나님의 소리에는 관심이 없고 세상의 소리에만 익숙해 있던 엘리 제사장 시대에 하나님의 소리를 듣는 사람이 있었다. 그것은 바로 12살 난 아이 사무엘이었다. "여호와께서 사무엘을 부르시는지라 그가 대답하되 내가 여기 있나이다 하고"(삼상 3:4) 하나님의 소리를 듣지 못한 엘리는 이미 지도자가 아니었다. 하나님의 소리를 듣는 사람, 이 사람이 지도자로서 자격이 있다.

몇 해 전, 성탄절 때 성도에게서 받은 크리스마스 카드 내용 중에 지금도 내 가슴속에 남아 있는 말이 있다. "목사님, 금년에도 하나님의 신비하고 오묘한 소리를 잘 들으셔서 그 소리 우리에게 전해 주세요." 이 소리를 듣는데 가슴이 찡해서, 바로 그 카드를 붙들고 기도했다. "하나님, 올해 절대로 제소리를 하지 않게 하시고 하나님의 음성을 듣고 들은 음성을 전할 수 있도록 도와 주옵소서." 이 기도는 목사에게만 해당되는 것이 아니다. 우리 모두 하나님의 소리를 들어야 한다.

사무엘이 하나님의 음성을 듣기 전에는 어린 아이에 불과했다. 성전에서 일하는 일꾼에 불과했다. 그러나 하나님의 소리를 듣는 그 순간부터 사무엘은 보통 아이가 아니었다. 그는 민족의 희망이요 이스라엘의 등불이 되었다. 하나님께서 그를 사용하기 시작했다. 하나님의 음성을 듣느냐, 듣지 못하느냐는 대단히 큰 차이를 가져온다. "하나님의 소리가 들려야 금년에 내 사업에 희망이 있을 줄로 믿습니다. 하나님의 소리가 내 귀에 들려 와야 모든 인간관계가 잘 풀려 가게 될 줄로 믿습니다. 하나님의 소리가 내 가정 속에 들려와야 우리의 가정이 금년에도 평탄하게 될 줄로 믿습니다. 하나님의 소리가 들려와야 내 인생에 희망이 찾아오게 될 줄로 믿습니다." 아무리 연약해도 하나님의 음성만 들으면 된다. 하나님의 음성만 들으면 연약함이 변하여 강력한 하나님의 도구로 변하게 될 것이다. 아무리 가난해도 하나님의 소리만 들을 수 있다면 그 가난함이 오히려 부유하게 되는 놀라운 재료가 될 것이다.

풍랑 속에 있던 죄수 바울, 그는 하나님의 소리를 들었다. "바울아 두려워하지 말라 네가 가이사 앞에 서야 하겠고 또 하나님께서 너와 함께 항해하는 자를 다 네게 주셨다 하였으니"(행 27:24) 하나님의 소리를 들은 바울은 배에 타고 있던 276명의 희망이 되었다. 모든 사람들이 바울의 말을 듣고 기뻐했다.

선지자 엘리사는 비록 초라해 보였지만 하나님의 소리를 듣는 사람이었다. 이스라엘 왕까지 그에게 와서 무릎을 꿇었다. 왜냐하면 하나님의 소리를 듣는 사람이었기 때문이다. 나이가 많든지 적든지, 신분이 높든지 낮든지, 물질이 많든지 적든지, 학문이 높든지 낮든지 그것은 중요하지 않다. 하나님 앞에 나와서 음성을 듣고 그 음성을 따라가는 사람만이 희망이 있다. 하나님의 소리를 듣는 사람을 하나님께서 사용해 주실 것이다.

극작가 가운데 수많은 작품을 쓴 유명한 버나드 쇼라고 하는 사람이 있다. 그의 저서 중에 '잔 다르크'라는 유명한 작품이 있다. 잔 다르크가 깊은 묵상 중에 프랑스를 구원하라는 하나님의 음성을 듣게 된다. 그녀는 왕국으로 가서 황태자를 만나 자기가 들은 하나님의 음성을 보고했다. 그러나 황태자는 이렇게 말했다. "내가 왕이고 너는 왕이 아닌데 너는 하나님의 소리를 들었고 나는 그 소리를 듣지 못했다. 이것이 무슨 일이냐?" 잔 다르크가 대답했다. "폐하, 하나님의 음성은 폐하에게도 들려옵니다. 그러나 당신은 그 소리를 들으려 하지 않았습니다. 당신은 그 소리를 들으려고 저녁 들판에 조용히 앉아 있던 적이 한 번도 없지 않았습니까! 나는 하나님의 소리를 들으려 했고 소리를 들었습니다."

하나님 앞에서

사람들을 둘러보면 사실 개인 차이는 별로 크지 않다. 키가 차이 난다고 해도 한 뼘 정도의 차이이고, 능력의 차이도 별로 나지 않는다. 하나님이 골고루 창조하셨기 때문이다. 그러나 하나님의 소리를 들으면 아이 사무엘도 민족의 등불이 되고, 하나님의 소리를 듣지 못하면 엘리도 소용없는 사람이 되고 만다. 그리스도인들은 사무엘처럼 내 소리보다 하나님의 소리를 조용히 듣고 "주여, 말씀하옵소서. 종이 듣 겠나이다." 이렇게 응답하는 은혜가 있어야 한다. 그러면 어떻게 하면 하나님의 소리를 잘 들을 수 있을까?

그 비결은 하나님 앞에서 살아가는 것이다. 사무엘은 하나님 앞에서 살았다. "하나님의 등불은 아직 꺼지지 아니하였으며 사무엘은 하나님의 궤 있는 여호와의 전 안에 누웠더니"(삼상 3:3) 사무엘은 하나님의 전에 거했다. 아무리 바빠도 단 한 주도 하나님의 집을 떠나지 않기로 결심해야 한다. 하나님은 매 주일마다 한 사람 한 사람을 부르는 음성을 준비하고 기다리신다. 그 귀한 음성을 듣지 않고 어떻게 한 주일을 승리하며 살 수 있겠는가? 매 주일 하나님께서 나를 부르는 그 음성을 듣기 위하여 기대하는 마음으로 하나님의 집에 나가자.

모든 순간 우리는 하나님 앞에서 살아야 한다. 교회에서 드리는 예배 시간도 중요하지만 내가 살아가는 매일의 삶이 하나님 앞에서 살아가는 것이라는 신전의식을 가지고 사는 것이 중요하다. 고신대학교의 슬로건은 '코람데오'이다. 사업을 해도 하나님 앞에서 하고, 사람을 만나도 하나님 앞에서 만나는 삶, 어느 곳을 가더라도 하나님이 앞에 계신 것을 기억해야 한다. 바로 그 순간에 하나님의 음성은 들려오게 될 것이다. "그 사람 더 만나지마! 거기 있지 말고 빨리 나와! 이 길로 가야지!" 하나님 앞에서 움직이면 하나님의 음성이 들려오게 된다. 그리고 하나님의 등불이 꺼지지 않게 해야 한다. 하나님의 전을 밝히는 7개의 등불이 성전을 밝히고 있었다. 초저녁부터 새벽까지 그 귀한 불은 성전을 밝혔다. 사무엘은 그 앞에 있었다. 기도의 등불, 감사의 등

불, 찬양의 등불이 꺼지지 않게 해야 한다. 우리의 심령 속에 아무리 바빠도 하나님의 등불을 밝히고 하나님 앞에서 살아가면 나를 부르는 소리를 듣게 되는 것이다.

믿음으로 받는 하나님의 음성

한 걸음 더 나아가서 하나님의 음성을 하나님의 음성으로 받는 믿음이 있어야 한다. 하나님께서 사람을 통해 말씀하실 때, 우리는 그 음성을 들으면서 사람의 말이 아니라 하나님의 음성으로 받는 귀한 믿음으로 들어야 한다. 사무엘은 하나님의 음성을 듣고도 세 번씩이나 그것이 사람의 음성인 줄로 알았다. 그러나 이것이 우리의 보편적인 착각이다. 목사가 하나님의 말씀을 전한다. 목사는 사람이다. 그렇기 때문에 듣는 사람이 '사람이 나에게 말하고 있다.'라고 생각할 가능성이 있다. 그러나 목사가 사람이지만 하나님께서 지금 그 사람을 통해 말씀하신다고 하는 믿음이 하나님의 음성을 들을 수 있게 해 준다.

사극을 보면 왕의 말을 전하는 신하가 있다. 그 신하가 왕의 교지를 받아서 높은 사람에게 찾아간다. 그런데 그 왕의 신하 앞에 높은 사람도 무릎을 꿇는다. 옷을 바로 입고 자세를 바르게 가다듬는다. 왜냐하면 가지고 온 사람은 낮지만 그 사람이 가지고 온 말씀은 왕의 말씀이기 때문이다. 하나님의 말씀이 선포될 때, 그 말씀을 전하는 사람이 누구든지 상관없이 하나님의 말씀이 나에게 선포되고 있다는 확신을 가지고 그 말씀을 믿음으로 듣고 은혜를 받으며 하나님의 뜻을 깨닫는 것이 중요하다. 들으려고 하는 마음이 우리에게 필요하다. 사무엘과 같이 "주여, 내가 듣기를 원합니다."라는 들으려고 하는 마음이 준비되기만 하면 하나님은 우리에게 얼마든지 말씀하실 수 있다. 습관적으로 하나님 앞에 앉아서 예배드리는 사람은 살아계신 주님의 음성이 생생하게 들려지는 현장에 있지만 체험하지 못한다.

나를 부르는 소리

주님은 지금 나에게 말씀하고 계신다. 오늘 나는 하나님이 나를 부르는 소리를 듣길 원하는 자세로 예배드리고 있는가? 간절한 마음으로 주님의 소리에 경청하자. 어떤 전신국에서 기사를 모집하고 있었다. 아침 9시까지 사람을 오게 했는데 많은 사람들이 모였다. 떠들면서 자기들끼리 잡담을 하고 있었는데, 9시가 지났는데도 사람을 부르는 소리가 들리지 않았다. 한참 늦은 시간에 한 청년이 뛰어 들어와서 자리에 앉았다. "아마 늦게 온 저 청년은 자격이 없을 거야. 우리는 먼저 왔지."라고 먼저 온 사람들이 수군거렸다. 한참을 기다리고 있는데 이 청년이 벌떡 일어나더니 사무실로 들어갔고, 잠시 후에 직원이 나왔다. "여러분, 끝났습니다. 이 사람이 내일부터 출근하고 이 직책을 맡게 될 것입니다." 먼저 왔던 사람들이 불평을 했다. "아니, 어떻게 그럴 수가 있나? 이 사람은 늦게 오고 우리는 빨리 왔는데 왜 이 사람이 그 직책을 맡게 되냐?" "아닙니다. 9시부터 저는 여러분에게 계속해서 메시지를 전했습니다. 메시지를 보냈는데 바로 이런 내용의 메시지를 보냈습니다. 여러분 중에 이 메시지를 접수하거든 빨리 들어

와서 앉으십시오. 그러면 그 사람을 선택하겠습니다. 아무리 보내도 여러분은 오지 않았습니다. 그런데 늦게 온 이 사람은 늦게 왔지만 이 메시지를 듣고 들어와서 자기의 자리를 차지했습니다. 그래서 이 사람은 취직이 된 것입니다.”

나를 부르는 하나님의 소리는 지금도 우리를 부르고 계신다. 하나님을 향해 마음을 열고 들으려고 하면 들려올 것이다. 설교를 통해 하나님의 음성을 들으려고 하고, 말씀 묵상을 통해 하나님의 음성을 들으려고 하고, 사건을 통해 들려오는 하나님의 음성을 들으려고 하고, 내 삶을 통해 들려오는 하나님의 음성을 들으려고 우리의 마음을 열면 하나님의 음성이 들려온다. 하나님의 음성을 듣고 순종하기만 하면 그 인생은 주님이 채우시는 승리로 충만할 것이다. 주님이 기뻐하는 삶을 살게 될 것이다. 너무도 많은 소리가 우리의 귀를 두드리고 있는 이 때, 이 일도 하고 저 일도 하라고 자꾸만 우리를 부르지만 소리를 잘 분별하여 진실로 나를 부르는 소리를 들어야 한다. 그 음성, 주님의 음성에 귀 기울이고 주님이 부르는 음성을 듣고 그 소리대로 살아가면 사무엘을 통해 일어나는 역사가 오늘날의 그리스도인들을 통해서도 충만하게 될 것이다.

chapter 3

벤세메스로 가는 암소_(삼상 6:1-18)

'워낭소리'라는 독립영화가 있다. 이 영화는 스토리도 없었지만, 아련한 향수를 느끼게 한다. 주인공은 소인데, 그 소는 주인 아저씨와 꼭 닮아있다. 관상이 비슷하고, 걸어가는 것도 비슷하고, 몸 상태도 비슷하다. 이 둘은 같이 늙어갔다. 그러다가 결국 소가 먼저 죽었다. 소는 일생 동안 주인을 위해 일하다가 쓸쓸히 죽어간다. 소의 인생이 주인을 위해 모두 드려졌다. 이 독립영화가 나의 마음 속에 잔잔히 파고들었다.

회복하시는 하나님

사무엘상 6장 1-18절에 등장하는 하나님은 회복하시는 하나님이다. 우리의 삶, 건강, 가정, 교회, 모든 인생을 회복하시고 독수리처럼 새롭게 하시는 하나님이다. "그러므로 너희는 너희의 독한 종기의 형상과 땅을 해롭게 하는 쥐의 형상을 만들어 이스라엘 신께 영광을 돌리라 그가 혹 그의 손을 너희와 너희의 신들과 너희 땅에서 가볍게 하실까 하노라"(삼상 6:5) 이스라엘은 하나님의 언약궤를 블레셋에게 빼앗기고 말았다. 하나님의 백성이 패배를 당했다. 하나님의 백성의 패배란 있을 수 없는 일인데, 이 일이 일어나고 말았다. 그러나 하나님은 자신의 영광을 훼손된 채 두지 않으신다. 하나님은 상실한 것을 찾아주시고 다 회복하신다.

블레셋의 사람들이 하나님의 언약궤를 메고 와서 그것을 이방 우상 신전에 두었다. 하나님은 가만히 두고 보지 않으시고 나타나셔서 역사하셨다. 그리고 회복케 하셨다. 다곤의 아스다롯 신전의 변괴가 일어났다. 신상의 모가지가 부러지고 손목이 끊어지고, 심한 종기가 온 블레셋 가운데 퍼졌다. 하나님이 잃어버린 모든 영광을 되찾기 위해 그 일을 하셨다. 하나님은 창세기 3장 15절에서 회복의 스케줄을 발표하셨다. "내가 너로 여자와 원수가 되게 하고 네 후손도 여자의 후손과 원수가 되게 하리니 여자의 후손은 네 머리를 상하게 할 것이요 너는 그의 발꿈치를 상하게 할 것이니라 하시고" 결국 모든 것을 회복하시고, 새롭게 하시는 하나님이다. 내 삶의 기쁨, 즐거움, 용기, 건강, 가정, 자녀, 나라, 모든 것을 회복하시는 하나님이다.

블레셋의 아스다롯 신전에 변괴가 일어났을 때, 블레셋의 술사들은 그 상황에 대해 이렇게 처방한다. "하나님의 언약궤를 잘못된 곳에 두었기 때문이다. 금독종 다섯과 금쥐 다섯 개를 언약궤에 넣어서 소에 매어 수레를 만들어 보내줘야 한다." 술사들의 말대로 벧세메스까지 하나님의 언약궤를 다시 환송하는 일이 시작되었다. 하나님의 언약궤는 다곤 신전에 있어서는 안된다. 벧세메스로 가야 한다. 하나님의 사람은 하나님이 기뻐하는 장소에 있어야 한다.

하나님은 세상의 모든 것을 회복시키려는 계획을 갖고 계신다. 세상을 복음으로 회복시킬 하나님의 계획을 기억해야 한다. 예배드릴 때마다 회복을 믿고, 그 능력을 입어야 한다. 하나님의 계획은 은혜 받은 우리가 심령이 회복되고, 나아가서 다른 사람에게까지 회복의 은총을 전하는 것이다. 전도도 그 영혼이 회복되기 위한 하나님의 방법이고, 선교도 땅끝에 있는 사람들을 회복시키기 위한 하나님의 방법이다. 우리가 하는 모든 일은 회복을 위한 일이요 우리는 회복을 위한 도구이다.

회복의 도구

하나님의 언약궤가 벧세메스로 가기 위해 선택받은 동물은 젖 나는 소 두 마리였다. "그러므로 새 수레를 하나 만들고 멍에를 메어 보지 아니한 젖 나는 소 두 마리를 끌어다가 소에 수레를 메우고 그 송아지들은 떼어 집으로 돌려보내고"(삼상 6:7) 하나님의 회복의 사역에는 도구가 필요하다. 우리를 그 도구로 불러주셨다. 하나님의 회복의 사역에 도구로 선택받은 젖 나는 소 두 마리, 이 소에 관심을 집중해보자. 하나님의 회복 사역에 쓰임 받는 도구의 특징을 살펴볼 수 있다.

멍에를 메어보지 않은 소

하나님의 회복사역에 쓰임 받은 도구는 멍에를 메어보지 않는 소였다. 짐을 어떻게 싣는지 모른다. 어떻게 가야 하는지 모른다. 전혀 경험이 없는 소이다. 하나님의 역사에는 경험이 필요하지 않다. 이것이 세상의 일과 하나님의 일의 차이다. 세상은 경험이 많은 자가 승리하지만 하나님의 일은 경험이 많은 이가 실패하기 쉽다. 자기 경험을 믿고 그 일에 부름을 받았다고 생각하고 경험에 의지해서 그 일을 하기 때문에 실패한다. 하나님은 내 경험과 재주를 필요로 하지 않으신다. 하나님의 일을 한 후, 내 경험과 재주로 했다고 생각할 수 있다. 그러나 전부 하나님 은혜로 되었다. 하나님이 능력을 주셔서 되었다. 내 경험과 재주를 잊어버리고, 두렵고 떨리는 마음으로 처음 하는 것처럼 해야 된다. 모든 사역이 마찬가지이다. 자기의 경험, 지식, 능력을 의지하지 말고 하나님의 능력을 의지하여 사역에 동참해야 한다.

나귀 새끼가 예수님을 실었다. 나귀 새끼도 사람을 태워본 경험이 없었다. 그러나 주님은 그런 나귀 새끼를 선택하셨다. 경험이나 능력, 힘은 중요하지 않다. 처음 하는 것처럼 주님께 의지하여 간절하게 모든 일을 감당해 나갈 때 충분히 모든 것을 다할 수 있는 은혜가 우리에게 온다. 어리석고 부족하고 연약하지만 주님의 은혜로 감당할 수 있다. 내가 여러 번 해봤으니 눈 감고도 할 수 있다는 생각을 버리고, 하나님이 도와주시지 않으면 안된다는 생각을 가져야 한다. "주여, 저는 미련합니다. 도와주옵소서." 하나님은 이런 자세를 가진 사람을 도구로 사용하셔서 회복의 역사를 진행하신다.

젖 나는 소

송아지를 먹이기 위해 젖이 불어 있는 젖소는 매 순간마다 불어진 젖을 먹이지 않으면 견딜 수 없다. 그래서 벧세메스로 향하는 길을 떠났다가도 송아지에게 젖을 먹이려고 돌아가려 했을 것이다. 회복을 위한 도구의 두 번째 특징은 본성을 거스르는 것에 있다. 내가 하고 싶은 것을 하지 않고 주님이 원하는 대로 가야 제대로 된 역사를 이룰 수 있다.

롯의 아내는 뒤를 돌아보다 소금기둥이 되었다. 보고 싶은 것을 거스르는 것이 필요하다. "이는 세상이나 세상에 있는 것들을 사랑하지 말라 누구든지 세상을 사랑하면 아버지의 사랑이 그 안에 있지 아니하니 이는 세상에 있는 모든 것이 육신의 정욕과 안목의 정욕과 이생의 자랑이니 다 아버지께로부터 온 것이 아니요 세상으로부터 온 것이라"(요일 2:15-16) 우리의 본성은 세상을 좋아한다. 명예, 남들에게 인정받는 것, 타인을 좌지우지하는 것, 자기를 드러내는 것, 섬김받는 것을 좋아한다. 이것이 본성이다. 하나님의 회복을 위한 도구는 이런 본성을 거스르며 하나님이 원하시는 대로 나아간다. 내 욕심을 거스르고 인간적인 고집과 생각, 나의 안위를 거스른다. 주님은 본성을 거스르셨다. 십자가보다 더 귀하게 여기는 것들을 다 버리셨다.

젖 나는 소에게 가장 큰 약점은 송아지이다. 본능적으로 그러하다. 아이를 키우는 어머니는 젖을 물려야 하는 아기가 있으면 다른 것은 보이지 않는다. 이 암소에게 송아지야말로 가장 큰 약점이다. 그래서 그 송아지를 돌려보내라고 한다. 나에게 있는 거스르기 어려운 본성, 가장 끌리는 것, 아직도 돌려보내지 못한 것은 무엇일까? 그것을 돌려

보내야 한다. 하나님의 회복을 위한 도구는 자기의 온 본성을 거스르며 주님 앞에 나아간다. 벧세메스로 나아간다.

치우치지 않는 걸음으로

두 마리 암소는 치우치지 않는 걸음으로 벧세메스로 향한다. "암소가 벧세메스 길로 바로 행하여 대로로 가며 갈 때에 울고 좌우로 치우치지 아니하였고 블레셋 방백들은 벧세메스 경계선까지 따라가니라"(삼상 6:12) 벧세메스로 가야 한다. 다른 곳으로 가면 안된다. 치우치지 않는 걸음으로 똑바로 가야 한다. 소가 걸어가면서 먹음직한 풀들이 보이더라도 배를 채우려고 먹이를 따라가면 안된다. 벧세메스를 향해 직행해야 한다. 돌아가서도 안된다. 바로 향해야 한다.

그리스도인들도 하나님이 주신 푯대를 향해 바로 가야 한다. 돈을 따라 움직이면 안된다. 주님을 따라 움직여야 한다. 가룟 유다는 돈을 따라 움직였다. 사람에 치ㅎ우치지도 말아야 한다. 아합은 자기 아내 이세벨에게 치우치고 말았다. 고집에 치우치지도 말아야 한다. 이방 족속은 구원받을 수 없다는 편견과 고집에 붙들려 있는 요나는 니느웨가 아닌 다시스로 갔다. 세상 쾌락과 풍조에 치우치지도 말아야 한다. 롯은 세상 쾌락에 치우쳐서 소돔과 고모라로 갔다. 동방박사는 선입견에 치우셔서 헤롯의 궁으로 갔다. 선입견에 치우치지 말고 주님이 이끄는 곳으로 나아가라. 돈, 잘못된 취미, 사람에 치우치지 말고 오직 하나님의 말씀으로 걸어가야 한다.

예수님은 떡, 본능, 명예, 물질, 사람에 치우치지 않으셨다. 오직 십자가의 길을 향하여, 예루살렘을 향하여 제자들 앞서서 당당히 마지막 골고다 언덕까지 가셨다. 바울도 오직 십자가의 길로 향했다. 만류해도 치우치지 않고 예루살렘으로 갔다. 요셉은 유혹에 치우치지 않았다. 보디발 아내의 유혹의 눈빛에 치우지지 않고 걸어갔다. 그는 자기를 팔아넘긴 형님들에 대한 분노에 치우치지 않고 용서하고 하나님의 뜻을 행하는 일에 자기, 모든 관심을 모았다. 아브라함은 안일에 치우치지 않았다. 본토, 친척, 아비 집을 떠나라는 주님의 음성을 듣고 주님의 길로만 갔다.

번제물로 여호와께 드리고

좌우로 치우치지 않고 벧세메스까지 온 두 암소는 사명을 다하고 아름다운 최후를 맞이했다. 두 암소는 번제물로 하나님 앞에 드려졌다. 우리가 걷는 사역의 길 끝에서도 나는 사라지고 오직 주님의 영광만 남아야 한다. "수레가 벧세메스 사람 여호수아의 밭 큰 돌 있는 곳에 이르러 선지라 무리가 수레의 나무를 패고 그 암소들을 번제물로 여호와께 드리고"(삼상 6:14) 송아지를 돌려보내고 먹고 싶은 것도 못먹고 벧세메스로 왔는데, 상을 받아야 할 두 암소가 번제물로 드려졌다. 그리스도인의 가장 큰 영광은 주님의 영광을 회복시키고, 하나님의 이름을 높이고 나는 그 앞에서 완전히 죽어버리는 제물이 되는 것이다. 내가 뭔가 했다고 자랑하며 내게 돌아오는 영광과 칭찬을 바라지 말고, 마땅히 할 것을 했다고 고백하며 나의 모든 것을 번제로 드리는 것이다. 나는 죽고 주님만 남는 거룩한 주님의 백성의 모습이다.

선교사 시절 여러 곳을 방문했다. 어느 한 교회에 방문했는데, 그 교회의 설립자였던 것 같다. "목사님, 제가 이걸 다 지었습니다!!!" 그때 이런 생각이 들었다. '음, 당신이 바로 이 교회의 문제군요' 내가 이 교회를 했다! 이런 생각은 위험한 것이다. 암소의 영광은 번제로 드려지고 사라지는 것이다. 다 사라지고 주님의 이름만 높아져야 한다. 내게 돌아올 영광과 칭찬을 기다리지 말자. 마땅히 할 일을 했을 뿐이다. 우리는 무익한 종이다. 내가 살아 있으면 잘하고도 헛것이다.
예수님을 태우고 예루살렘 성문으로 들어간 나귀 새끼는 아무것도 아니다. 입성하시는 예수님을 보고 사람들이 박수쳤다. 그것은 나귀 새끼를 향한 것이 아니다. 자기가 괜히 좋아하면 안된다. 갈채는 주님의 것이다. 어느 날 길을 가는데 어떤 사람이 웃으며 손을 흔들었다. 나를 보고 하는 줄 알고 나도 손을 흔들며 웃었다. 그런데 내가 아닌 내 뒤에 오는 사람에게 하는 것이었다. 얼마나 부끄럽던지… 금방 손을 내렸다. 우리 뒤에 있는 주님이 박수를 받고 모든 영광을 받으셔야 한다. 괜히 내가 영광을 받으려고 하면 안된다. 우리는 번제물로 없어져 버리는 것이 우리의 영광이다.

십자가는 아버지의 뜻만 이루는 곳, 나는 죽는 곳이다. 우리는 회복의 사역을 위해 부름 받았다. 아버지가 하신다. 우리는 도구일 뿐이다. 절대로 뒤로 돌아가지 말라. 돌아가지만 않으면 회복된다. 낙심하지 않으면 이루어진다. 때가 되면 거두게 된다. 내가 거두는 것이 아니라 주님이 거두게 하신다. 좌우로 치우지지 말라. 돈, 사람들의 갈

채 소리, 이런 저런 것을 바라보지 말고 주님만 바라보라. 나를 맡기면 주님이 도우셔서 벧세메스까지 가게 하실 것이다.

　내가 초등학생 때 글씨를 아무리 써도 괴발개발 엉망이었다. 그런데 예쁘고 인자한 선생님이 오셔서 나의 손을 잡더니 글씨를 쓰셨다. 나의 공책에는 명필이 써내려져 갔다. 선생님이 하는 대로 있었더니 아주 멋진 글씨가 써졌다. 다 쓰고 나서 선생님이 나를 칭찬하셨다. 주님은 이렇게 하기 원하신다. 내 손에 힘을 주고 내가 하려고 해봤자 졸필밖에 나오지 않는다. 주님께 맡기고 성령이 내 손을 잡아서 쓰시고자 하는 것을 마음껏 쓰게 하면, 아름답게 주님 앞에 드려지는 제물이 된다.

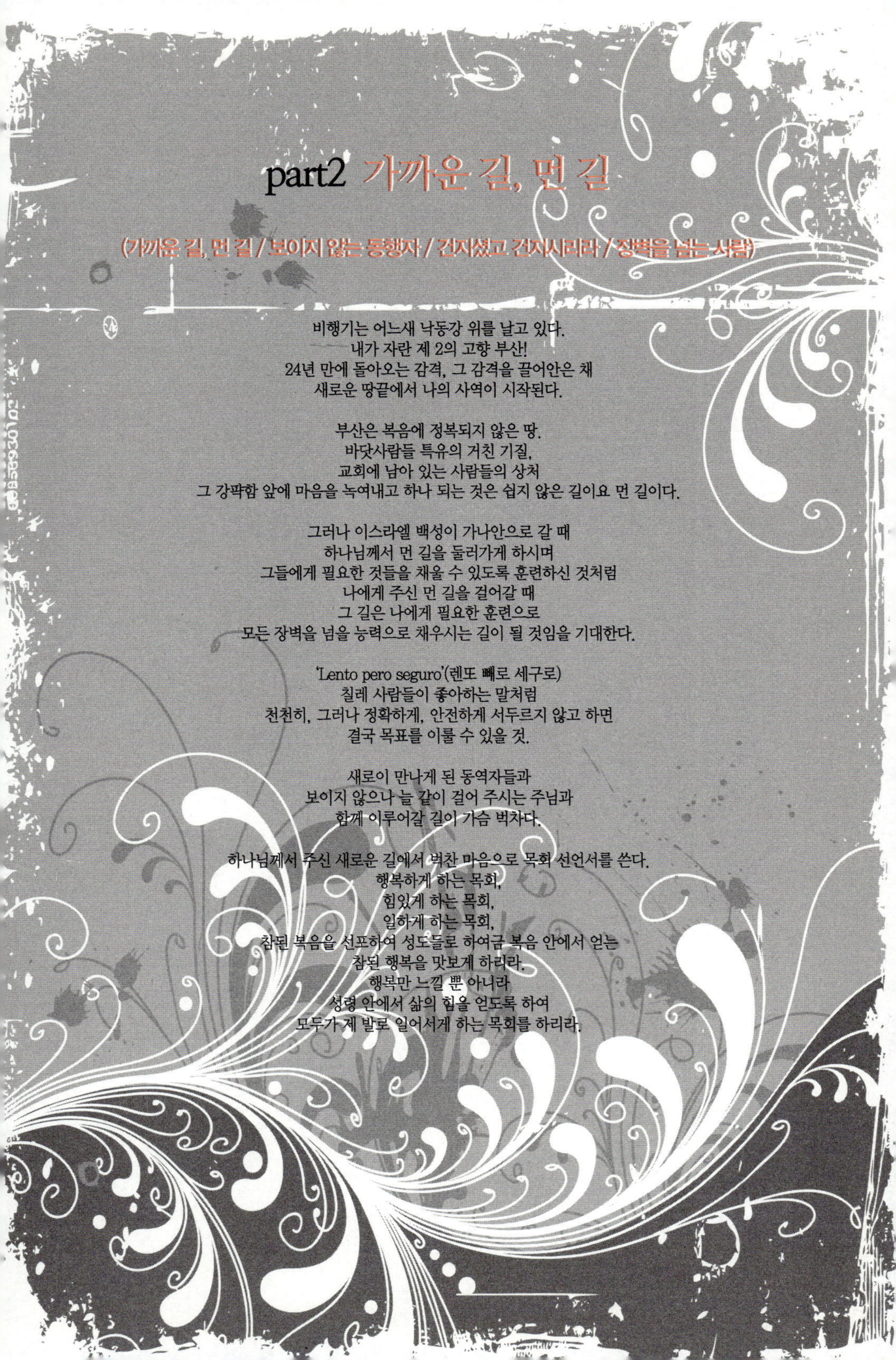

part2 가까운 길, 먼 길

(가까운 길, 먼 길 / 보이지 않는 동행자 / 건지셨고 건지시리라 / 장벽을 넘는 사람)

비행기는 어느새 낙동강 위를 날고 있다.
내가 자란 제 2의 고향 부산!
24년 만에 돌아오는 감격, 그 감격을 끌어안은 채
새로운 땅끝에서 나의 사역이 시작된다.

부산은 복음에 정복되지 않은 땅.
바닷사람들 특유의 거친 기질,
교회에 남아 있는 사람들의 상처
그 강퍅함 앞에 마음을 녹여내고 하나 되는 것은 쉽지 않은 길이요 먼 길이다.

그러나 이스라엘 백성이 가나안으로 갈 때
하나님께서 먼 길을 둘러가게 하시며
그들에게 필요한 것들을 채울 수 있도록 훈련하신 것처럼
나에게 주신 먼 길을 걸어갈 때
그 길은 나에게 필요한 훈련으로
모든 장벽을 넘을 능력으로 채우시는 길이 될 것임을 기대한다.

'Lento pero seguro'(렌또 뻬로 세구로)
칠레 사람들이 좋아하는 말처럼
천천히, 그러나 정확하게, 안전하게 서두르지 않고 하면
결국 목표를 이룰 수 있을 것.

새로이 만나게 된 동역자들과
보이지 않으나 늘 같이 걸어 주시는 주님과
함께 이루어갈 길이 가슴 벅차다.

하나님께서 주신 새로운 길에서 벅찬 마음으로 목회 선언서를 쓴다.
행복하게 하는 목회,
힘있게 하는 목회,
일하게 하는 목회,
참된 복음을 선포하여 성도들로 하여금 복음 안에서 얻는
참된 행복을 맛보게 하리라.
행복만 느낄 뿐 아니라
성령 안에서 삶의 힘을 얻도록 하여
모두가 제 발로 일어서게 하는 목회를 하리라.

chapter 1

가까운 길, 먼 길 (출 13:17-22)

먼 길로 가게 하시는 하나님

스페인 바르셀로나에서 어떤 사람이 지붕이 없는 반트럭을 타고 가고 있었다. 그런데 걸어가던 사람이 그 차를 좀 얻어 타려고 차를 세웠다. 차 뒤에 그 사람을 타게 했다. 타고 보니까 거기는 관이 하나 있었다. 한참을 가다 보니까 비가 쏟아지기 시작했다. 비를 맞지 않으려고 관 뚜껑을 열고 그 안에 들어갔다. 거기서 그만 잠이 들어버렸다. 얼마가 지났을까. 그 뒤에 또 지나가는 두 사람이 타게 되었다. 이윽고 관 속에서 잠자던 사람이 일어났다. 그는 관 뚜껑을 열고 "아, 잘 잤다." 하고 나왔다. 뒤에 탄 두 사람은 그만 혼비백산해서 달리던 트럭에서 뛰어내리다 한 사람은 기절하고, 한 사람은 죽고 말았다. 실제로 일어난 웃지 못할 일이었다.

살아가다 보면 별의별 일을 다 만난다. 둘러가는 길도 만나고, 지름길도 만난다. 빨리 가는 길도 만나고, 천천히 가는 길도 만난다. 아주 황당한 사건도 경험하게 된다. 그러나 절대 뛰어내리면 안된다. 정신을 차리고 일의 전후를 살펴보아야한다. 잘 보면 충분히 견딜 수 있는 일이 대부분이다. 하나님께서 우리를 다 주관하시기 때문에 우리는 어떤 경우에도 두려워할 필요가 없다. 하나님의 인도를 믿고, 찬찬히 살펴보면 다 하나님이 우리에게 펼쳐나가시는 일에는 이유가 있다.

이스라엘 백성이 하나님 은혜 가운데 드디어 출애굽했다. 그리고 젖과 꿀이 흐르는 가나안 땅을 향해서 가고 있었다. 당시 가나안 땅까지 가는 여정은 두 가지가 있었다. 하나는 직선거리로서 지중해 해변을 끼고 가는 길이다. 그리고 또 한 길은 빙 둘러가는 홍해 광야 길이다. 지중해 길로 바로 가는 첫 번째 길은 4일이면 도착할 수 있는 짧은 거리다. 그런데 돌아가는 두 번째 길은 이 지중해 길에 비해서 6배가 더 길다. 하나님은 이 두 가지 길 가운데 짧은 길을 선택하지 않고 멀리 돌아가는 그 길을 선택해서 백성을 인도하셨다.

왜 하나님께서는 이렇게 짧은 길을 두고 먼 길로 인도하셨을까? 우리 하나님이 지리에 어두우셔서, 하나님의 백성이 먼 길을 돌면서 빙빙 돌아다니며 고생하는 걸 보는 악취미가 있어서…. 하나님이 하나님의 백성을 인도하는 데에는 다 이유가 있다.

사람들은 보통 최단거리로 가는 것을 좋아한다. 초고속 승진을 대단히 좋아한다. 그래서 빨리빨리 높은 자리로 올라가게 된 것을 보고 "성공했다." 라며 축하를 한다. 그러나 아주 더디게 올라가고, 많이 돌아서 살게 되는 사람을 보고 "고생 많은 사람이다." 또 "재수가 없는 사람"이라고 말을 하기도 한다. 그러나 단지 최단거리로, 일사천리로 나가는 것만을 하나님의 축복으로 보아서는 안된다.

혹시 지금 빙빙 둘러가고 있는가? 좀 빨리 가고 싶은데, 내가 원하는 것을 빨리 성취하고 싶은데 그대로 되지 않고 빙빙 둘러가서 속이 상하는 상황인가? 잡힐 듯 잡힐 듯 한데 잡히지 않아서 마음이 답답한가? 우리 인생은 절대로 달리기 경주가 아니다. 누가 빨리 가느냐, 누가 빨리 목표지점에 도착하느냐 그것을 규정짓는 그런 경기가 아니라는 것이다. 주님은 내 인생의 가까운 길과 먼 길에 대해서 말씀하기를 원하신다. 돌아가는 인생길의 비밀을 발견해 보자.

우리에게 주신 맞춤여정

하나님이 우리 인생을 가까운 길이 있음에도 불구하고 먼 길로 인도하시는 이유가 있다. 그것은 하나님이 우리를 잘 아시기 때문이다. 그래서 우리의 모든 여건과 사정을 고려하셔서 우리에게 맞추어 주시는 맞춤여정이라는 사실을 기억해야 한다. 우리는 하나님이 내 인생에 정확하게 맞추신 하나님의 맞춤여정을 잘 인식해야 한다. 그것이 나에게 가장 적당하기 때문에 하나님은 우리의 인생 여정을 그렇게 맞추어 주신다. 17절 말씀에 이렇게 적혀 있다. "바로가 백성을 보낸 후에 블레셋 사람의 땅의 길은 가까울지라도 하나님이 그들을 그 길로 인도하지 아니하셨으니 이는 하나님이 말씀하시기를 이 백성이 전쟁을 하게 되면 마음을 돌이켜 애굽으로 돌아갈까 하셨음이라" 하나님은 이스라엘의 수준을 아셨다. 그 수준에 맞게 비록 돌아가는 길이지만 이스라엘 백성에게 꼭 맞는 여정을 준비하셔서 그들을 인도해 주셨던 것이다.

　요즘 건강에 대한 중요성이 인식되면서 운동을 하는 사람들이 많아졌다. 그러나 몸에 좋다는 운동도 자기가 하고 싶은 대로 한다고 다 유익한 것은 아니다. 자기 체질에 맞는 운동, 자기 수준에 맞는 운동을 해야 몸의 건강에 도움이 된다.

　마찬가지로 하나님은 우리에게 여정을 주시는데 나에게 꼭 맞는 필요한 여정을 우리에게 허락해 주신다는 사실이다. 비교적 평탄한 이삭형 여정이 있다. 이삭은 모리아산으로 한 번 올라간 것 외에는 아주 평탄한 인생 여정을 걸어왔다. 그것보다는 조금 더 피곤합니다만 야곱형이 있다. 그는 루스 들판에서 돌베개를 베고 잠을 잤다. 그리고 라반 외삼촌 집에서 많은 고생을 했다. 그 여정보다 좀더 심각한 여정, 그것은 바로 요셉형이다. 아주 기가 막히게 복잡한 인생을 살았다. 인생 여정이 너무나 힘들었다. 그러나 그 모든 여정을 준비하시는 분은 하나님이시다. 하나님께서 잘 보고, 그 사람에게 맞추어서 맞춤 여정을 주신다는 사실을 기억해야 한다. 너무 돌아온 것 같아도 사실은 내가 감당할 수 있기에 그렇게 나에게 먼 길을 돌도록 허락해 주신 것이다. 지금의 길도 마찬가지다.

　고린도전서 10장 13절 말씀에는 "사람이 감당할 시험 밖에는 너희가 당한 것이 없나니 오직 하나님은 미쁘사 너희가 감당하지 못할 시험 당함을 허락하지 아니하시고 시험 당할 즈음에 또한 피할 길을 내사 너희로 능히 감당하게 하시느니라"고 기록되어 있다. 하나님께서 우리의 상황을 다 아시고, 수준을 아시고, 우리의 형편을 아신다. 가장 적당하게, 가장 필요한 것들로 채워 주신다.

　미국의 달라스 신학교의 교수이신 유명한 하워드 헨드릭스 박사, 그가 젊은 시절에 한 여자를 사랑했다. 그래서 매일매일 기도했다. "주님, 저 여자랑 꼭 결혼하게 해 주세요. 나 저 여자 없으면 못 삽니다." 열심히 기도했다. 그런데 하나님이 그 기도를 들어주지 않으셨다. 그리고는 결혼은 결국 다른 여자랑 하게 되었다. 지금의 부인 지나와 결혼했다. 어느 날 그는 사람들에게 말했다. "만약 그때 하나님이 내 기도를 들어주었으면 큰일 날 뻔했다. 하나님은 어떻게 그렇게 내 사정을 알고, 내 기도에 응답하지 않으셨을까? 만약에 들어주었으면 이 좋은 부인을 만나지 못했을 테니." 그는 하나님께 영광을 돌렸다고 한다.

　우리의 인생에 가지 못한 길은 무엇인가? 로버트 프로스트의 '가지 못한 길'이라고 하는 시에는 이런 대목이 있다.

　노란 숲속에 길이 두 갈래로 있었습니다.
　나는 두 길을 다 가지 못한 것을 안타깝게 생각하면서
　오랫동안 서서 한 길이 굽어 꺾여 지나가는 데까지,
　바라볼 수 있는데 까지 멀리 바라보았습니다.
　그리고 똑같이 아름다운 다른 길을 택했습니다.

　시인은 한숨을 쉬고 이야기한다고 했는데 우리는 그럴 필요가 없다. 지금까지 진행된 내 모든 인생의 여정에서 하나님은 가장 좋은 길, 가장 합당한 길을 우리에게 허락하셨기 때문이다. 한숨 대신 감사할 것 밖에 없다.

하나님은 가장 적당한 길을 우리에게 허락해 주셨고, 앞으로도 그럴 것이다. 가장 좋은 길, 맞춤여정을 나에게 맞추서서 허락하시고, 나는 그 길을 감사하고 찬양하며 갈 때, 하나님의 뜻을 발견하게 될 것이다. 하나님이 내 인생의 모든 길, 그 길을 가까운 길이 아닌 먼 길로 인도하시는 것이 느껴지거든 우리는 그것이 바로 하나님의 맞춤여정이라고 여겨야 한다.

하나님 뜻에 맞춘 훈련계획

하나님이 나에게 맞춘 것처럼 보이지만 사실은 더 깊이 생각하면 하나님의 뜻에 맞추셨다. 하나님은 내 인생을 그냥 두기를 원치 않으시고, 내 인생 가운데 개입하셔서 우리의 인생으로 하여금 훈련받게 하는 하나님의 훈련계획이었다는 사실을 꼭 기억해야 한다. 우리 인생이 굽어지며 돌아가게 되고, 늦어지게 되고, 점점 더 힘들어지는 여정 속으로 들어가거든 '아, 하나님께서는 나를 훈련시키기 위하여 지금 이런 여정으로 접어들게 하셨구나' 하고 생각해야 한다. 주님은 약한 나를 그냥 버려두기를 원치 않으시기에, 개입하셔서 나를 강하게 하기 위하여 나를 연단하셔서 하나님 앞에 연단 받은 사람으로 설 수 있도록 하기 위하여 하나님은 우리 인생 속에 개입하신다.

18절 상반절에 이렇게 적혀 있다.
"그러므로 하나님이 홍해의 광야 길로 돌려 백성을 인도하시매"
"그러므로". 너무나 분명하다. 왜 먼 길 돌아가게 하시는가? 하나님의 이유가 있다. 둘러가게 하시는 이유는 홍해 앞에 서서 절망 가운데 하나님만 바라보고, 기도하며 응답 받아 믿음이 자라고, 그 믿음으로 홍해를 가르고 나갈 수 있도록 훈련하기 위한 하나님의 뜻인 것이다. 뒤에서 애굽 군대가 쫓아오는 그 진퇴양난의 위기에서 하나님을 바라보고 응답받도록 하는 훈련이 필요했기에 그리로 인도하셨던 것이다. 광야 길로 내모신 이유가 무엇인가? 아무것도 먹을 것 없는 그곳에서 하나님이 우리로 하여금 하나님을 의지하고, 하늘로부터 오는 만나를 체험 받아 살도록, 하나님의 훈련을 광야에서 받게 하기 위하여 우리를 광야로 몰아내시는 것이다. 물이 없을 때에 하나님을 바라보고, 하나님이 광야에서 생수가 터지게 하시고, 또한 반석에서 샘이 터지게 하는 그 은혜를 경험하게 하기 위하여, 그래서 우리의 믿음이 성장하고, 우리가 하나님 앞에 든든히 연단 받은 사람으로 설 수 있도록 하기 위하여 우리를 훈련시켜주시는 것이다.

토끼가 지도하는 호랑이 100마리의 군대가 강할까, 호랑이가 지도하는 토끼 100마리의 군대가 강할까? 생각해 보자. 누가 더 강할까? 토끼가 인도하는 100마리 호랑이보다 호랑이가 인도하는 100마리 토끼가 훨씬 강하다. 왜? 누구를 따라 가느냐에 따라 그 모든 것은 바뀌기 때문이다.

우리는 연약할지라도 우리의 대장이 되시는 예수 그리스도, 그분을 따르는 백성이 되었다. 그분을 통해 우리가 훈련 받고, 연단 받기만 하면 우리는 부족해도 강력한 하나님의 군대로 거듭나 하나님의 뜻을 이루는 백성이 될 것이다. 욥도 이렇게 고백하지 않았는가? "내가 가는 길을 그가 아시나니 그가 나를 단련하신 후에는 내가 순금같이 되어 나오리라(욥 23:10)” 하나님이 단련하시고, 연단하신 다음에 우리는 정금같이 나오게 될 것이다.

정글의 비밀을 아는가? 정글 속에는 큰 동물이 살고 있지 않는다는 것이다. 큰 동물은 정글에 살 수가 없다. 왜? 뿔이 걸리고, 목이 걸려서 정글 속에는 큰 동물이 살 수가 없는 것이다. 주로 약하고, 조그마한 동물들이 산다. 왜? 숨을 곳이 많기 때문에. 약한 동물은 숨을 곳이 필요하다. 늘 숨어 다니기 때문에 거기에는 작은 짐승들, 힘없는 것들밖에 못사는 것이다. 그러나 저 아프리카의 사바나 초원 가운데는 숨을 곳이 없다. 거기에는 사자도 살고 얼룩말도 산다. 큰 짐승들은 초원에 살게 되는 것이다.

하나님께서 우리를 광야 가운데로 몰아내시거든, 숨을 곳이 없게 되었을 때에는 기억하자. “아하, 하나님께서 나를 크게 만드시려고 그러는구나. 아하, 하나님께서 나를 연단하셔서 나를 크게 하시고, 나를 통해 큰 영광 받기를 원하시는구나.”

지금 홍해를 만났는가? 광야라고 생각하는가? 아무도 나를 도울 자가 없다고 생각하는가? 하나님의 훈련임을 기억하자. 오직 주님만 바라보며, 나를 키우려고 훈련을 베푸시는 하나님께 감사하자. 홍해는 당연한 것, 광야는 예상한 것. 불평 대신에 감사하고, 잘 훈련을 받아 주의 크신 뜻을 잘 이루는 믿음의 복된 용사들이 되자.

훈련과 실전의 차이가 뭘까? 훈련은 전부 계획이 되어 있다. 훈련해서 죽을 사람은 아무도 없다. 왜? 전부 그 한계가 정해지고, 진행되는 과정이 다 준비되어 있기 때문이다. 실전은 뭘까? 실전은 그냥 하면 예상하지 못한 일들이 벌어진다. 그래서 기도하는 것이다. 우리 인생이 하나님의 훈련이라고 믿을 때, 하나님께서 철저하게 내 인생의 모든 것을 간섭하신다. 훈련이기 때문에 하나님은 완벽한 공급계획을 세워두고 계신다. 훈련이기 때문에 하나님은 그 도를 지나치지 않게 하실 것이다. 적당한 때에 공급해 주실 것이다. 적당한 때에 먹을 것을 공급하시고, 마실 것을 공급하시고, 필요한 환경을 공급하실 것이다. 하나님의 훈련이기 때문에 하나님은 필요한 모든 것을 하나님의 적절한 때에 우리에게 허락해 주실 것이다.

적절한 때에 공급하시는 하나님은 이스라엘 백성을 위하여 구름 기둥과 불 기둥을 준비하셨다. 이스라엘 백성을 위하여 만나와 메추라기를 공급하셨다. 마시게 하기 위하여 광야의 생수와 반석의 샘이 터지도록 하나님은 준비해 주신 것이다. 21~22절을 보자. "여호와께서 그들 앞에서 가시며 낮에는 구름 기둥으로 그들의 길을 인도하시고 밤에는 불 기둥을 그들에게 비추사 낮이나 밤이나 진행하게 하시니 낮에는 구름 기둥, 밤에는 불 기둥이 백성 앞에서 떠나지 아니하니라"

우리나라의 초대 대통령은 이승만 박사이다. 그런데 이승만 박사는 예수님을 믿지 않았다. 1899년 독립협회 사건 때문에 투옥된다. 그는 독립운동을 일찍이 시작했고, 황선감옥에 투옥되었다. 그때 게일이라는 미국선교사가 그에게 복음을 전했다. 성경을 몰래 들려주었다. 그의 온몸은 묶여 있었고 수갑까지 차고 있었다. 한 사람은 망을 보고,

한 사람은 성경을 넘겨주었다. 그는 그렇게 성경을 보았다. 그가 성경을 보는 가운데 하나님의 은혜를 깨달았고 주님을 영접하게 되었다. 그는 거듭났다. 감옥에서 6년 반을 있는 동안 그는 완전히 새로운 사람이 되었다. 하나님이 그를 그 광야로 인도하셨다. 하나님이 그를 홍해로 인도하셨다. 그는 그 곳에서 하나님을 만났고 훈련을 받았다. 6년 반은 길었다. 돌고 돌아가는 길이었다. 그러나 그것은 참으로 하나님과 함께하는 아름다운 지름길이 되었다. 그 감옥에서 훗날 근대한 국사를 거대하게 장식하는 위대한 한국의 지도자들 대부분이 예수 그리스도를 믿게 된다. 이것은 우리나라 역사의 중요한 사건이었다.

가장 빠른 길은 주님과 함께 하는 길

길이 멀고 가까운 것은 중요한 것이 아니다. 하나님의 구름 기둥과 불 기둥을 보는 것이 중요하다. 주님의 공급을 체험하는 것이 중요하다. 주님의 임재를 믿는 것이 중요하다. 하나님이 이스라엘 백성 앞에서 행하셨다. 하나님 임재의 상징인 구름 기둥과 불 기둥이 함께 했다. 백성을 떠나지 않았다. 주님과 함께 하면 먼 길도 가까이 갈 수 있다. 주님이 함께 하지 않으면 가까운 길도 먼 길보다 피곤하게 느껴지는 법이다.

부산에서 서울까지 제일 빨리 가는 방법이 무엇일까? 비행기로 이동하는 것, KTX를 타고 가는 것, 그것보다 훨씬 빨리 가는 길이 있다. 그것은 여러분이 제일 사랑하는 사람과 함께 가는 것이다. 옆에서 같이 대화하고 있으면 1분처럼 지나간다. 그러나 괴로운 사람과 가면 아무리 빨리 가도 10년 같을 것이다. 우리 주님이 우리와 동행하시는 인생이 복된 인생이다. 긴 길, 돌아가는 길 그건 중요한 것이 아니다. 주님과 함께 하고, 주님의 임재를 확신하며, 주님이 채워 주시는 구름 기둥과 불 기둥을 보면서 가는 인생 그는 언제나 행복하게 인생길을 갈 수 있는 사람이 될 것이다.

우리가 좋아하는 영화 '벤허'를 보면 거기에 주님의 얼굴이 나타나지 않지만 주님의 뒷모습만 나타나는 그런 장면이 나온다. 벤허가 위기를 당할 때마다 예수님이 나타나셔서 물을 주기도 하고, 그를 도와주기도 하신다. 얼굴은 보이지 않는다. 우리 주님이 그러하시다. 얼굴이 없다. 보이지 않는다. 그러나 언제나 우리 곁에 계셔서 우리를 지켜 보시고, 우리의 삶을 채워 주시는 능력의 주님이 되어 주신다. 가장 힘없던 엠마오로 가던 제자들, 주님께서는 뒤에서 동행해 주셨다. 그들을 먹여 주셨다. 은혜를 공급해 주셨다. 그래서 다시 힘있게 인생길을 가도록 인도해 주셨다.

가장 쉬운 지름길로 가기를 원하는가? 자꾸만 멀고 먼 홍해 광야 길로 가고 있는 것 같아서 불만인가? 자꾸만 일이 꼬이고 있는 것 같아서 실망하는가? 모든 인생길은 주님의 맞춤여정이다. 내게 꼭 맞는 길을 지금까지 인도하셨고, 앞으로도 인도해 주실 것이다. 주님께 감사할 것밖에 없다. 원망과 불평을 중단하시기를 바란다. 주님이 버리라고 하는 것은 버리고, 자르라고 하는 것은 잘라버리고, 주님의 훈련을 잘 받으며, 주님의 공급하시는 바 그 아름다운 공급을 체험하시기를 바란다. 구름 기둥과 불 기둥을 보고, 주님이 채우시는 만나를 경험하라. 하나님은 내 인생의 가장 적절한 때에 공급해 주실 것이다. 내가 지쳐 쓰러지기 전에 주님은 새로운 길을 뚫어 주실 것이다. 주님만 의지하며, 주님의 공급을 믿고, 주님의 시간을 기다려야 할 것이다. 무엇보다 주님이 나와 동행하시는 것을 믿고, 그의 손을 든든히 잡고, 주님과 함께 행복한 인생 여정을 계속해야 한다. 먼 길도 주님과 함께 가깝게 느끼면서 잘 달려가는 복된 인생을 살게 될 것이다.

chapter 2

보이지 않는 동행자(눅 24:25-35)

우리는 모두 동행자가 필요하다.

우리는 인생을 살면서 외로움을 느낄 때 같이 가 줄 동행자가 있었으면 하는 생각을 하게 된다. 어려운 문제를 만났을 때 이 문제를 도와줄 수 있는 강력한 동행자가 있었으면 하는 생각을 하게 된다. 슬픔을 느낄 때 나를 위로해 줄 좋은 동행자가 어디에 있을까 이런 생각을 하게 된다. 어디 그렇게 완벽한 동행자가 없을까? 우리를 실망시키지 않고 우리를 위로해 주며 우리의 모든 필요를 채워 줄 만한 완벽한 동행자가 어디 없을까? 성경 말씀을 보면 한 동행자를 만날 수 있다. 이 동행자는 우리 모든 사람들의 요구를 만족시켜 줄 수 있는 완벽한 동행자이다.

제자들에게 나타난 동행자

예수님이 십자가에 못 박혀 돌아가신 후, 주님을 따르던 제자들은 낙심과 실망 가운데 자신의 살 길을 찾아서 뿔뿔이 흩어지고 말았다.

두 제자는 비통한 가운데 자기의 모든 생활을 정리해서 엠마오라는 곳으로 가고 있었다. 그들은 지금까지 주님을 따라왔던 삶을 생각하며 후회했다. 허탈함에 빠졌다. 결국에는 혼자가 되고 말았다. 혼자 걸을 수밖에 없는 그런 절망감에 빠져, 힘없이 엠마오로 가고 있었던 것이다. 그들은 지금 제자가 아닌 다른 종류의 삶을 구상하며 길을 가고 있었다. 그런데 바로 이런 상황 가운데 동행자가 나타났던 것이다. 이 동행자는 제자들과 함께 동행하면서 급기야는 그들의 방향을 바꾸어 주었다. 그들의 실망을 희망으로 바꾸어 주었고, 그들의 슬픔을 기쁨으로 바꾸어 주었고, 그들의 모든 절망을 소망으로 채워 주는 놀라운 동행자였다. 이 동행자는 과연 어떤 동행자였을까?

침묵의 동행자

이 동행자는 먼저 침묵의 동행자였다. 15, 16절 말씀에 이렇게 기록되어 있다. "저희가 서로 이야기하며 문의할 때에 예수께서 가까이 이르러 그들과 동행하시나 그들의 눈이 가리워져서 그인 줄 알아보지 못하거늘"

두 제자는 지금 열심히 자기들의 이야기를 하고 있다. "이것 봐! 소문 들었나?" "어떤 소문?" "우리 예수님이 부활하셨다는 소문 말이야!" "글쎄 말이야! 죽은 사람이 어떻게 살아나겠나? 공연한 헛소문일 걸? 그건 그렇고 앞으로 우리는 무엇을 하면서 살지? 괜히 예수님만 따라 다니다가 돈도 벌지 못하고 손해가 막심해!" "글쎄 말이야! 결국 우리는 비참해졌군!" "혼자 남아서 그래." 이들의 대화 속에는 의심이 있다. 푸념이 있다. 신세타령이 있다. 원망과 절망이 배어 있다. 그런데 중요한 것은 아무 말도 하지 않고 조용히 그들의 대화를 듣고 그들과 함께 동행하시는 침묵의 동행자 예수님이 거기에 같이 계시다는 것이다. 두 제자는 그 동행자를 알아보지 못했다. 그래도 묵묵하게 동행하셨던 것이다.

우리도 가끔 그럴 때가 있다. 혼자 간다고 느낄 때가 있다. 불평하고 원망하면서 실망 가운데 낙심하며 중얼거리며 길을 갈 때가 있다. 그러나 내가 홀로 길을 가고 있다고 느끼는 그 순간에도 우리 주님은 침묵의 동행자로 내 곁에서 묵묵히 같이 걷고 계신다는 사실을 아는가? 믿음이 부족하고 우리 눈이 세상의 염려와 근심 때문에 어두워져 주님인 줄 알아보지 못해도 우리 주님은 우리 곁에 계속해서 묵묵하게 우리와 함께 동행하시는 침묵의 동행자이시다.

아브라함이 약속의 땅을 떠나서 애굽 땅으로 내려가고 있을 때 우리 하나님은 묵묵히 침묵의 동행자로서 그와 함께 따라가셨다. 야곱이 도망자가 되어서 루스 들판을 헤맬 때에도 우리 주님은 침묵의 동행자가 되어서 그를 따라가셨다. 요셉이 종이 되어서 애굽을 헤매고 있을 때에도 저 깊은 감옥에 빠질 때에도 우리 주님은 침묵의 동행자로서 묵묵히 그 모든 고난의 현장, 고통의 현장에 같이 가 주셨던 것이다. 요나가 하나님의 말씀을 거역하고 니느웨로 가지 않고 다시스로 가는 배를 타고 있을 때에도 우리 주님은 묵묵히 그와 동행해 주셨다. 결국 그를 되돌려서 사명의 길을 갈 수 있도록 하나님은 그를 인도해 주셨던 것이다.

칠레에서 선교를 하고 있을 때, 어느 날 모든 하루 일과를 마치고 집으로 돌아가고 있을 때였다. 길을 한참 걷고 있는데 앞에 눈에 익은 개구쟁이 꼬마 하나가 걸어가고 있었다. 슬쩍 보기만 해도 아들 성진 이인 줄 알았다. 빨리 가서 '애야, 같이 가자.'라고 손을 잡고 싶었는데 더 재미있는 생각이 들었다. '어디 한 번 따라가 보자.' 그리고 전봇대 뒤에 숨어서 아이를 지켜보기로 했다. 얼마나 재미가 있던지! 아이가 한참 가다가 땅바닥에 앉아 무엇인가 그렸다. 나도 멈추어 섰다. 또 한참 가더니 땅에 있는 돌을 찼다. 또 한참 가다가 손에 돌을 집어 들 어 멀리 던진다. 나는 살금살금 발자국 소리를 내지 않고 아이를 따라 갔다. 드디어 우리 집 대문 앞에 도착했다. 그 때 재빨리 뛰어가서 "성 진아!"하고 불렀다. 아이가 돌아보고는 외쳤다. "아빠!" 그 아이는 제 가 따라가고 있다는 사실을 몰랐던 것이다. 나는 말했다. "아빠가 너 를 쭉 뒤에서 지켜 보면서 같이 왔었지!"

이 말이 곧 주님이 천국 문에서 우리에게 하실 말씀이다. 우리 일생 을 다 마치고 천국 문에 이르러 주님 앞에 설 때 주님은 아마 이렇게 말씀하실 것이다. "사랑하는 아들아, 사랑하는 딸아 내가 너와 함께 동행했었단다. 너를 계속 지켜보고 있었단다. 한 번도 너를 홀로 둔 적이 없었단다. 네가 홀로 길을 가고 있을 때, 네가 울고 있을 때, 네 가 기뻐하고 있을 때 나도 너의 곁에서 묵묵히 너의 기쁨을 나누고 너 의 슬픔을 나누며 함께 걸었단다. 나는 너의 동행자였느니라."

주님은 우리에게 스바냐 3장 17절을 통해 말씀하신다. "너의 하나님 여호와가 너의 가운데에 계시니 그는 구원을 베푸실 전능자이시라 그가 너로 말미암아 기쁨을 이기지 못하시며 너를 잠잠히 사랑하시며 너로 말미암아 즐거이 부르며 기뻐하시리라 하리라" 우리 하나님은 우리를 잠잠히 사랑하신다. 한 사람 한 사람을 바라보시며 기쁨을 이기지 못하시며, 지켜보고 묵묵하게 함께 걸어오시는 침묵의 동행자가 되신다. 우리를 사랑하셔서 우리의 인생길에 조용히 따라오시는 동행자가 되신다.

어떤 사람과 대화할 때 가장 지겨운가? 자기 말만 하는 사람과는 대화하기가 싫다. 제자들이 지금 자기 말만 하고 있다. 그러나 주님은 묵묵히 그들을 따라갔다. 그들의 모든 이야기를 들어주셨다. 주님이 동행하시는 것도 모르고, 자기뿐이라고 하는 그들과 주님은 동행해 주셨다. 누구와 같이 있는 것이 답답한가? 자기를 몰라주는 사람, 옆에 있어도 아무것도 모르는 사람과 있으면 얼마나 답답한가? 우리가 우리밖에 모르고 세상을 모르고 길을 가고 있을 때라도, 주님을 전혀 바라보지 않고 길을 갈 때라도 침묵의 동행자 예수님께서는 우리 곁에서 묵묵히 우리와 동행하시며 우리와 함께 길을 걸으신다. 나 혼자 인생길을 걸어간다고 생각하지 말자. 지금 소리 없이 주님이 동행하고 계신다. 내 모든 말을 다 들으시고, 내 모든 사정을 아시고, 참으로 나의 모든 것을 돌보시는 침묵의 동행자 예수님을 확신하며 담대하게 인생길을 가는 복된 주님의 동행자가 되기를 바란다.

침묵의 동행자이신 예수님은 계속해서 침묵을 지키시는 분이 아니다. 때가 되면 그들에게 말씀하시는 주님이시다. 우리 주님은 우리에게 침묵하며 따라오시지만 때가 되면 필요할 때 말씀하시는 동행자가 되신다.

말씀하시는 동행자

누가복음 24장 17절 말씀을 보자. "예수께서 이르시되 너희가 길 가면서 서서 주고받고 하는 이야기가 무엇이냐 하시니 두 사람이 슬픈 빛을 띠고 머물러 서더라." 지금 누가 먼저 말을 걸고 있는가? 제자들인가, 예수님인가? 예수님이 제자들을 향해 먼저 말을 걸고 있다. 주님은 말씀을 시작하신다. 실망하고 있는 제자들, 의심하고 있는 제자들, 슬퍼하고 있는 제자들, 낙심하고 있는 제자들에게 말씀하신다. 그런데 여러분 말씀의 핵심은 무엇인가? "너희와 함께 동행하고 있는 내가 성경의 예언대로 죽음 가운데 살아나서 지금 내가 너희들과 함께 걸어가고 있느니라. 왜 의심하느냐, 왜 슬퍼하느냐, 왜 낙심하느냐?" 이런 말씀이 아니겠는가!

주님 앞에 나온 우리 마음은 제자들처럼 때로는 의심 가운데 빠져 있다. 슬픔 가운데 있다. 낙심 가운데 있다. 절망 가운데 사로잡혀 있을 때가 있다. 그러나 주님은 말씀하신다. "내가 너와 함께 동행하고 있어. 나는 너로 인해 죽었고 너를 위해 다시 살아났고 너와 함께 지금 동행하고 있고 너의 미래까지 책임질 너의 동행자이니라."

한 성도가 몹시도 억울한 일을 당했다. 너무도 답답해서 견딜 수가 없었다. 가슴을 치다가 드디어 하나님 앞에 갔다. 그리고 기도한다. 고함을 지르면서 "하나님, 이럴 수가 있습니까? 답답해서 죽겠습니다!"라고 한참을 기도하다가 깜빡 잠이 들었다. 잠을 자는데 꿈 속에 이상한 모습이 나타났다. 어떤 어머니가 아기를 업고 있는 모습이었다. 아기를 보니 얼굴에 피를 흘리고 다친 아기였다. 아기가 울고 있다. 그런데 이 아기 어머니도 함께 울고 있는 것이다. 슬프게 운다. 아기보다 더 크게 운다. 그 모습을 보다가 잠을 깼다. 그는 그 순간 하나님의 메시지가 가슴에 와 닿는 것을 느꼈다. "아하 그렇구나! 내가 가슴이 답답하고 원통해서 울고 있는데 우리 하나님이 나보다 훨씬 더 답답하여 지금 나 때문에 울고 계시는구나!" 그는 하나님의 음성을 들을 수가 있었다. 그는 감격하며 하나님께 감사를 드릴 수가 있었다고 한다.

우리는 성경을 통해 계속해서 우리와 동행하시고 우리와 함께 슬퍼하시는, 그리고 우리와 함께 고통을 당하시는 주님이심을 들을 수 있어야 한다. 주님은 우리에게 계속해서 말씀하신다. "나는 너의 고통과 함께 하며 너의 슬픔과 함께 하며 너의 원통함과 함께 하는 너의 동행자이니라."

주님의 동행을 경험하는 자, 가슴이 뜨거워진다

제자들은 지금 말씀하시는 동행자의 말을 듣자 가슴이 뜨거워지는 경험을 하고 있다. 32절 말씀이다. "그들이 서로 말하되 길에서 우리에게 말씀하시고 우리에게 성경을 풀어 주실 때에 우리 속에서 마음이 뜨겁지 아니하더냐 하고" 어디가 뜨거워졌나? 마음이 뜨거워졌다. 머리가 뜨거워지면 곤란하다. 하나님 말씀을 들을 때 "이것은 거짓말이야. 어떻게 사람이 죽었다 살 수 있어! 천국이 눈에 보이지도 않는데 어디에 있어! 주님 나와 함께 하신다더니 내 상황은 왜 이 모양이야!"라고 생각하여 내 머리가 복잡해지면 곤란하다. 머리가 뜨거워지면 곤란하다. 우리의 마음이 뜨거워져야 한다. '주님, 그렇습니다. 저와 함께 계신 것을 믿습니다. 주의 말씀은 사실이군요! 주님 약속대로 지키시는 진실하신 분이시군요!'

말씀하시던 동행자 예수님이 내가 가장 필요한 순간에 말씀하시는 것이다. 설교를 듣는 중 말씀하실 것이다. 성경을 읽는 중 말씀하실 것이다. 묵상 중에 말씀하실 것이다. 말씀하실 때마다 지금 주님께서 살아 계시는 것을 경험하게 된다. 살아 계시는 주님이 지금도 나와 함께 동행하신다. 우리는 가슴이 뜨거워져서 말씀하시는 동행자 예수님께 응답하고 함께 인생길을 걸어가는 성도가 되어야 한다.

말씀하시던 동행자 주님의 말씀을 듣던 제자들의 마음이 뜨거워졌다. 그러자 그 제자들은 예수님께 함께 하도록 청했다. "주님, 잠깐 더 머무셔서 더 귀한 말씀을 우리에게 해 주시옵소서." 예수님이 그 청을 받고 집안으로 들어갔다. 그리고 제자들에게 떡을 주셨다. 주님의 사랑의 떡을 먹는 순간 제자들의 눈이 밝아졌다. 지금까지 알아보지 못했던 예수님을 바로 알아볼 수 있게 되었다.

보이지 않는 동행자, 성숙한 제자들

31절 말씀을 보자. "그들의 눈이 밝아져 그인 줄 알아보더니 예수는 그들에게 보이지 아니하시는지라" 지금까지 실망한 그들을 조용히 따라오시던 침묵의 동행자, 말씀하시던 동행자, 말씀하는 동행자 그 예수님이 이제는 눈에 보이지 않게 되었다. 주님은 사라지셨다. 눈에 보이지 않는 동행자로 제자들 곁에 계시는 귀한 모습을 보여주고 있었다. 실망한 그들을 조용히 따라온 침묵의 동행자, 말씀하시던 동행자가 왜 이제는 눈에 보이지 않는 동행자가 되셨을까? 제자들은 이제 주님의 말씀을 듣고 주님이 주신 떡을 먹고 눈이 밝아져 주님을 알아보는 믿음의 눈을 가지게 되었다. 더 이상 주님이 눈에 보이지 않아도 믿음으로 그를 볼 수 있을 만큼 성장했기 때문이다.

아기를 키우다 보면 아주 갓난아기였을 때 어머니가 잠깐 눈에 사라져도 울고불고 한다. 고함을 지른다. 조금 자라게 되면 옆방에 있을 땐 괜찮다. 한 번씩만 가까이 와서 토닥이고 가면 충분히 혼자서 놀 수 있다. 이제 조금만 더 자라게 되면 어머니가 이야기한다. "얘야, 시장에 갔다 올테니 잘 놀고 있어." "그래 엄마 빨리 갔다 와야 해! 맛있는 거 많이 사가지고 와야 해!" 기다릴 줄 안다. 어머니가 다시 돌아오리라는 약속, 절대로 자기를 버리지 않을 것이라는 믿음이 생기게 되는 것이다. 이런 것을 우리는 성장이라고 한다. 성숙이라고 한다.

제자들은 이제는 성장했다. 성숙했다. 주님이 주신 말씀을 듣고, 주님이 주신 떡을 먹고, 눈이 밝아져 주님을 알아보았다. 이제는 믿음으로 주님이 살아 계시는 것을 알게 되었다. 주님이 동행하시는 것을 알게 되었다. 주님은 더 이상 눈에 보이지 않았다. 그러나 눈에 보이지 않아도 주님이 동행하신다는 것을 믿음의 눈으로 볼 수 있었던 것이다.

히브리서 11장 1절 말씀에 "믿음은 바라는 것들의 실상이요 보이지 않는 것들의 증거니"라고 쓰여 있다. 눈에 보이지 않아도 믿음으로 볼 수가 있다. 우리는 믿음으로 주님이 보이지 않지만 지금 우리와 동행하고 있는 것을 믿어야 한다. 지금 우리는 주님을 손으로 만질 수 없다. 그러나 믿음의 손으로 언제든지 나와 동행하시는 보이지 않는 동행자 주님을 만날 수 있게 되는 것이다. 우리 눈으로 볼 수 없지만 믿음의 눈으로 보면 바로 내 곁에 주님께서 보이지 않는 동행자로 나와 함께 길을 가는 것을 볼 수 있게 된다.

수잔 앤더슨이라는 부인이 있었다. 이 부인은 직장 생활을 하다 그만 사고를 당해서 실명하고 말았다. 1년 동안을 집에 있었다. 모든 마음의 상처를 치료하고, 1년 뒤에 직장 상사의 도움을 받아서 다시 출근하게 되었다. 그녀의 남편은 육군 장교였다. 그녀가 매일 아침 출근할 때 남편이 도와주었다. 한 달 정도를 그렇게 도와주다가 어느 날 남편이 말했다. "여보, 이제 나도 나의 생활에 리듬을 찾아야 될 것 같은데 당신 혼자서 출근하도록 해보오." 아내는 화가 났다. '아하, 남편에게 내가 짐이 되는 모양이구나! 남편은 이제 나와 함께 가지 않을 모양이구나!' "알았어요. 나 혼자도 출근할 수 있어요." 그렇게 화를 내고서 혼자서 버스를 타고 출근했다. 걸어가다가 넘어지기도 하고 다

치기도 하면서 어려운 출근길, 퇴근길을 오고 갔다. 한 보름쯤 지났을까? 그 날도 버스에서 내리려고 하는데 그 버스 운전기사가 말한다. "아주머니는 참 행복하십니다." "행복하긴 무엇이 행복합니까? 눈도 볼 수 없는데 행복하긴 무엇이 행복합니까?" "저 앞에 보이는 잘생긴 군인이 아줌마 남편이 아닙니까? 제가 아주머니를 태운 그 날을 보니 항상 이 시간쯤에 저 군인 아저씨가 늘 여기에 서서 아주머니가 사무실로 들어갈 때까지 계속 쳐다보시고는 손을 흔들고 돌아가시던데 오늘도 저기에 계시군요." 부인의 눈에서 눈물이 흐르기 시작했다. 걸어가면서 그녀는 자기와 동행하고 있는 남편의 사랑을 확신할 수가 있었다. 자기가 보지 못했을 뿐, 남편의 사랑은 거기에 있었던 것이다. 자기가 느끼지 못했을 뿐, 남편은 그와 동행하고 있었던 것이다.

눈에 보이지 않는다고 나와 동행하지 않는 것이 아니다. 눈에 보이지 않는 동행자가 지금도 내 곁에서 나와 동행하고 계신다. 그는 지금 성령으로 우리와 동행하고 계신다. 만질 수 없어도 성령으로 우리와 지금 동행하고 계시는 보이지 않는 동행자이다. 내 눈에 보이지 않아도 지금 내 곁에 계시는 동행자다. 주님의 사랑을 어떤 순간에도 의심하지 않길 바란다. 어떤 순간에도, 어떤 외로운 길을 홀로 갈 때도 사랑의 주님은 보이지 않는 동행자로서 우리 곁에서 우리를 지키시고 인도하시는 그런 주님이심을 신뢰하기 바란다. 지금 주님은 보이지 않는 동행자로 우리와 함께 계신다.

눈을 뜨고 보아도 예수님을 알아보지 못하는 제자들이 예수님의 말씀을 듣고 주님의 떡을 먹자 주님을 보게 되었다. 그들은 이제 그들의 길을 돌렸다. 실망의 길인 엠마오의 길에서 소망의 길인 예루살렘의 길로 그들의 길을 돌리게 되었다. 예수님과 함께 희망의 길을 향하여 발걸음을 옮겼다. 낙심과 절망의 길 엠마오는 바로 예루살렘의 길로 바뀌게 되었다. 그리고 예수님을 만났다고 그들이 소리치면 동행하는 예수님을 믿고 그들을 따라오셨던 주님, 침묵하면서 동행하셨던 주님, 말씀하셨던 그 주님을 확신하며 이제는 그 주님과 더불어 부활의 증인으로 담대하게 소리치는 사람이 되었던 것이다. 눈에 보이지 않아도 주님께서 나와 함께 계심을 믿고 지금 우리의 삶의 방향을 엠마오에서 예루살렘으로 향해 돌리는 시간이 되길 바란다. 주님이 옆에 계시지 않는가! 나 혼자 뿐이라고 움츠렸던 어깨를 다시 펴고 주님과 함께 다시 일어날 수 있기를 바란다. 아무것도 할 수 없다고 실망했던 얼굴을 주님을 향해 활짝 펴고 보이지 않는 동행자, 그러나 믿음으로 생생하게 볼 수 있고, 만질 수 있고, 느낄 수 있는 보이지 않는 예수님과 함께 힘차게 인생길을 달려가 보자.

chapter 3

건지셨고 건지시리라 (딤후4:9-18)

잊혀지지 않는 이름

우리들의 마음에는 잊혀지지 않는 이름들이 많이 있다. 그 이름 중에는 고마운 이름도 있고, 그리운 이름도 있고, 생각만 해도 흐뭇해지는 이름도 있다. 그런데 우리 마음에 그런 이름보다 더 깊이 새겨져 있는 이름은 우리에게 상처를 준 사람들의 이름이다. 우리를 괴롭게 했던 사람들, 우리에게 슬픔을 주었던 사람들의 이름이다. 그런 이름들은 좀처럼 사라지지 않는다. 내가 선교사였을 때 모두 세 번 고소를 당했다. 죄 없이 세 번 고소를 당해서 세 번 법정에 섰다. 그런데 아무도 내 곁에 없었다. 서 있던 변호사마저도 알고 보았더니 반대편에 매수된 변호사였다. 믿을 사람은 아무도 없었다. 더 기가 막힌 것은 내가 키우고, 나에게 은혜를 입고, 사랑을 받았던 원주민들이 나를 배반하고, 나를 고소하는 사람들 편에 서서 나를 향해 화살을 던지던 그때였다. 참으로 괴롭고 고통스러웠다. 안식기간을 보내며 하나님의 말씀을 깊이 묵상했다. 하나님께서 말씀을 통해 저의 지난 인생을 다시 한번 보여주셨다. 그리고 앞으로 나아가야 할 길을 다시 보여주셨다. 그런데 그 이름들이 떠오르기 시작했다. 배반했던 이름들이 기억되기 시작했다. 나에게 칼을 들이대었던 그 이름들이 기억나기 시작했다.

바울의 고백

사도 바울이 바로 그런 상황에 있었다. 사도 바울은 로마로 잡혀가서 재판을 당하게 되었다. 보통 로마에서 재판은 두 번 받는다. 1차 재판에서는 죄목이나 여러 가지 고소할 내용들을 확인하고 심문한다. 일종의 예비재판이다. 그 다음에는 판결하기 위한 두 번째 재판이 있다. 그때는 로마황제가 직접 나와 재판에 대한 판결을 하게 된다. 사도 바울이 1차 재판을 받을 때, 바울 옆에는 아무도 없었다. 혼자 외로이 서 있었다. 그런 가운데 1차 재판을 마치고 이제 2차 재판을 기다리고 있었다. 십중팔구 그는 사형선고를 받게 될 것이었다. 왜 그런고 하니 그의 죄목은 선동죄, 소란죄, 반역죄였기 때문이다. 로마 정부는 다른 것은 용서해도 이 반역하고 소란피우는 사람은 용서하지 않았다. 그의 앞길이 캄캄했다. 참으로 외로운 순간이었다. 혼자 있는 그런 순간 겨울은 찾아오고 있었다. 겉옷이 생각날 만큼 스산한 바람이 불어왔다. 바울은 지난 세월을 쭉 돌아보았다. 앞으로 전개될 인생을 쭉 한번 바라보았다. 아무리 생각하고 생각해 보아도 바울의 가슴속에서 한마디가 살아나고 있는 것을 느꼈다. 그것은 하나님께서 그의 일생동안 지금까지 건져 주셨다는 사실이었다. 죽음 가운데 건지시고, 죄 가운데 건지시고, 많은 핍박 가운데 건져 주시고, 1차 재판 중에서도 건져 주시고, 이제 2차 재판 가서 사형을 받게 될지도 모르겠지만 그때도 건져 주실 것이라고 하는 확신이 그의 마음속에 있었다.

그는 고백했다. "주님께서 나를 건지셨고, 건져 주시리라." 그에게 주마등처럼 스쳐가는 이름들이 많이 있었다. 자기를 괴롭게 했던 이름들이 있었다.

지금까지 살아오면서 어떤 이름들이 기억이 나는가? 하나님께서 그 모든 이름들을 새롭게 정리하고, 사랑으로 덮어 주며 용서하는 그런 은혜가 있기를 바란다. 바울은 그 모든 사건을 기억했다. 악한 자들을 기억하고, 악한 일들을 기억했다. 그러나 결국 그 모든 것이 중요한 것이 아니요 제일 중요한 것은 하나님께서 건져 주셨고, 앞으로도 건져 주실 것이라는 사실이다.

그리스도인, 건짐 받은 사람

예수 그리스도의 이름, 예수의 뜻이 무엇일까? 구원자. 그렇다. 건져 주는 자가 바로 예수 그리스도, 예수님의 이름의 뜻이다. 그리스도인의 이름의 의미가 무엇인가? 예수님이 건져 준 사람, 죄악 가운데 건지시고, 절망 가운데 건지시고, 또한 비극 가운데 건지시고, 무의미 가운데 건지시고, 무목적 가운데 건지시고, 무방향 가운데 건져 주신 사람, 그게 바로 그리스도인이 아니겠는가? 우리는 예수 그리스도의 은혜로 건짐을 받았다. 지금까지도 건져 주셨고, 앞으로도 주님이 건져 주실 것이다. 그런데 주님이 건져 주시는 사람, 이 사람은 살아가는 방법이 다르다. 말이 다르다. 생각이 다르다.

바울이 그러했다. 그는 하나님이 건져 주는 사람이었기 때문에 그는 보통 사람과는 다른 말을 할 수 있었고, 다른 생각을 할 수 있었다.

하나님이 건져 주는 이 구원의 은혜, 이 귀한 감격을 소유한 자는 적어도 몇 가지가 해결이 되어야 한다. 그는 지금까지 인생을 돌아보면서 자기를 괴롭게 했던 모든 사람들, 그들의 이름들을 기억하면서 그들에게 허물을 돌리지 않기로 결심했다. 허물을 다른 사람에게 돌리지 않는 것이 구원 받은 사람이 살아가는 중요한 방법이다.

바울은 1차 재판을 받는데 주변에 아무도 없었다. 믿을 만한 사람이 그 옆에 서서 변론해 주지도 않았다. 그러나 그는 결심했다. '비록 내가 혼자서 재판을 받았지만 아무도 허물을 돌리지 않기로 하였노라'

그리스도인, 먼저 풀어 주는 사람

가만히 생각해보면 괘씸한 사람이 기억나지 않는가? 또 이름을 기억하면 기분 나쁜 사람이 있고, 아픔을 준 사람도 있다. 그들을 기억하고 욕하고 아픔으로 기억하고 있는 동안에 우리는 그들에게 붙들린 포로들이다. 우리들은 기억의 포로요 사슬에 매인 죄수나 별 차이가 없는 그런 사람일 것이다. 어떤 사람을 원망하고, 어떤 사람을 향하여 이를 갈고 있는 동안 우리는 바로 그 사람에게 묶여 있는 사람이라고 말할 수 있다. 하나님이 건져 주시는 구원의 기쁨을 맛보며 살기 위해서는 다른 사람에게 허물을 돌리지 말아야 한다. 내가 먼저 어떤 사람을 풀어 주어야 한다. 내 기억에서 그 사람을 놓아 주어야 한다. 분노에서 풀려야 한다. 미움에서 풀려야 한다. 원망에서 풀려야 한다.

바울에게는 기분 나쁜 사람, 기억하면 머리가 아픈 사람의 이름이 몇 명 있었다. 제일 먼저 나오는 사람이 누구일까? 데마, '데마는 이 세상을 사랑하여 갔고' 그랬다. 이 데마는 바울이 처음 선교를 할 때, 동역자였다. 같이 일을 했다. 잘 도와주었다. 그런데 어느 날 로마로 왔는데 세상에 재밌고, 좋은 것이 거기 다 있는 것이다. 얼마나 화려하고 아름다운지, 데마의 눈이 돌아가기 시작했다. 바울을 따라다니면 너무너무 재미 없고, 세상에 나가 노는 것이 너무 재미있게 느껴졌다. 차츰차츰 데마의 발걸음은 세상을 향해 나가기 시작했다. 사람들을 만나기 시작했고, 마시기 시작했고 거기서 방탕하기 시작했다. 그리고 결국은 바울을 배반하고 가버렸다. 그리고 예수님도 버렸다. 믿음도 버리고 말았다. 그는 세상을 사랑하여 갔고, 그는 배반자였다. 또 한 명 있다. 구리 세공업자 알렉산더. 그도 역시 예수 믿는 사람이었다. 데마는 조용히 떠나갔지만 이 알렉산더는 조용히 떠나지 않았다. 다니면서 동네방네 바울을 헐뜯기 시작했다. '바울은 나쁜 사람이다. 생긴 것도 아주 못났고 사람이 형편없다.' 그리고 바울을 공격하기 시작했다. 그는 얼마나 바울의 가슴에 못을 박고 상처를 준 사람이었다. 또 이름이 나온다. 마가. 마가는 사실 바울이 1차 전도 여행 때 데리고 간 사람이다. 사람이 꽤 괜찮아 보였다. 기대를 하고 데리고 갔는데, 중간쯤에서 말도 하지 않고 집으로 가버렸다. 바울은 화가 머리 끝까지 났다. 믿었던 사람이 배반한 것이다. 실망하고 말았다. 마가라고 하면 아예 말도 하지 말라고 할 정도로 마음이 상했다. 2차 전도 여행을 갈 때에는 그 일 때문에 바나바와 싸웠다. 바나바는 피는 물보다 진하다고, 자기 조카인 마가를 데리고 가자고 했고, 바울은 '안돼, 그 청년은 희망이 없어. 절대로 내가 마가와는 일하지 않을 거야.' 해서 다투기까지 했다. 그래서 바울은 실라와 동행했고, 바나바는 마가하고 동행하여 서로 갈라졌습니다. 가슴에 남아 있는 이름, 생각하면 기분 나쁜 이름, 불쾌한 감정이 드는 그런 이름이었다.

우리는 우리 속에 있는 것을 풀어야 한다. 바울은 그 속에 맺혀 있는 것을 풀었다. 그래야 하나님께서 그를 풀어 놓으시고 그를 통해 축복도 풀어 놓을 수 있기 때문이다. 바울은 그 절망적인 순간, 1차 재판을 끝내고 2차 판결을 기다리는 그 순간에 그의 인생에 맺혀 있는 모든 것을 풀기 시작했다. '마가를 데리고 오라.'고 했다. 기분 나쁜 이름이었다. 그러나 바울은 그 이름을 이제 놓아 주기 시작했다. 풀어 주기 시작했다. 마가를 용납하기 시작했다. 용서하기 시작했다. '그럴 수 있다'라고 생각하고 마가를 데리고 오도록 했다. 바울은 마가를 든든히 세웠다. 그는 마가복음을 기록하는 위대한 사람이 되었다. 바로 바울이 그 옆에서 그를 풀어 주었기 때문에 마가가 된 것이다.

암스테르담에 가면 고흐 박물관이 있다. 이 고흐 박물관에 있는 그림을 보고 나는 깜짝 놀랐다. 얼마나 강렬하고 정렬이 넘치는지. 그런데 고흐의 뒷이야기들을 알 수 있었다. 그는 원래 목사의 아들이었다. 사명을 받았다. 그도 목사가 되기 위해서 벨기에 신학교를 갔다. 그리고 신학교를 졸업하고 벨기에 광산에 가서 선교하고 전도하는 하나님의 종이 되었다. 얼마나 열심히 일을 했는지 모른다. 그런데 벨기에 선교부에서는 이 고흐를 향해 수합 명령을 내렸다. 너무 정열적이었기 때문이다. 정열적인 것도 죄가 되나? 과연 그는 정열적인 사람이었다. 결국 그는 상처를 받고, 목회 일을 더 하지 않았다. 그리고 그림을 그리기 시작했다. 그러다가 정신 이상 증세를 보이기 시작했고, 칼로 자기 귀를 자르기도 하다, 결국 그는 자살에 이르고 말았다. 그 천재가 남긴 그림이 박물관에 빼곡히 들어차 있었다. 나는 그 그림들을 보면서 생각했다. '아하 만약 그 인생의 주변에 바울 같이 풀어 주는 사람이 있었다면 이런 그림들보다 더 귀한 하나님의 나라를 위하여, 하나님의 영광을 위하여 위대하게 쓰임 받는 그런 종이 될 수 있었겠구나!'

우리는 바울이 되어야 한다. 풀어 주는 사람이 되어야 한다. 하나님의 구원을 체험한 사람, 하나님이 건지시는 것을 기대하는 사람은 내가 먼저 풀어야 한다. 우리의 일생에 마가는 누구인가, 실망을 준 사람은 누구인가? 그를 풀어 주길 바란다. 용납해 주길 바란다. 하나님께서 내 인생도 풀어 주시고, 그의 인생도 풀어 주시고 하나님이 원하는 구원의 역사를 이루어 주실 것이다.

핑계를 남에게 돌리지 않길 바란다. 바울처럼 아무에게도 책임을 돌리지 않기로 결심하길 바란다. 허물을 남에게 돌리지 않길 바란다. 저 사람 때문에 내 인생이 잘 풀리지 않고, 저 사람을 잘못 만나서 내가 이렇게 힘들게 산다고, 저 사람만 없으면 좋을 텐데라고 허물을 돌리지 말아야 한다. 내가 풀어 주어야 한다. 그래야 하나님도 나를 풀어 주실 것이다.

내가 풀지 못한 것은 하나님께서

내가 풀 것은 내가 풀고 그 뒤에 하나님께서 우리를 풀어 주시는 그런 은혜를 경험하길 바란다. 그런데 사실 도저히 풀려고 해도 풀리지 않는 것이 있다. 용서하려고 해도 용서가 되지 않는 것을 어떻게 한단 말인가?

바울에게도 그런 사람이 있었다. 데마는 잊어버렸다. 마가는 용서해 주었다. 그러나 구리 세공사 알렉산더는 해결이 안된다. 이 알렉산더는 자신을 동네방네 욕하고 다녔고, 자기에게 반역하고 반대하는 그런 말을 서슴지 않는 그런 사람이었다. 이런 알렉산더는 어떻게 처리했을까? 하나님이 갚도록 해야 한다. 하나님께 맡겨야 한다. 완전히 하나님께 그 모든 것을 맡겨야 한다. 14절 말씀이다. "구리 세공업자 알렉산더가 내게 해를 많이 입혔으매 주께서 그 행한 대로 그에게 갚으시리니" 그는 자기가 할 수 없는 것은 주님께 맡기기로 했다. 주님께 그 일 전체를 맡겨야 한다. 뜯어 보려고 하지 말자. 이것저것 따지려고 하지 말자. 원수 갚는 것은 하나님께 맡기자.

다윗에게 있어서 한 사람 풀리지 않는 문제가 있었다. 그것은 바로 사울 왕이었다. 이것은 이론적으로 이해할 수가 없었다. 자기가 사위가 아니었겠는가! 도저히 납득이 안된다. 감정적으로 용서가 안된다. 다윗은 사울을 하나님께 맡겼다. 하나님이 아주 깨끗하게 사울을 정리해 주셨다.

　로마서 12장 19절에 우리에게 이렇게 말씀하신다. "내 사랑하는 자들아 너희가 친히 원수를 갚지 말고 하나님의 진노하심에 맡기라 기록되었으되 원수 갚는 것이 내게 있으니 내가 갚으리라고 주께서 말씀하시니라" 내가 원수를 갚으면 안된다. 내가 원수 갚는 순간에 내 손에 피가 묻는다. 그리고 원수는 또 새로운 원수를 만들게 된다. 내가 원수를 갚으면 나는 그 사람의 새로운 원수로 등장하는 것이다. 악순환의 연속이 된다. 그러나 우리는 이 악순환의 고리를 끊어 버려야 한다. 원수를 갚지 말고 원수를 그 하나님께 맡겨 드릴 때 하나님께서 그 모든 것을 끊어 주시고, 우리 인생은 구원 받는 인생으로 주님의 인도를 받게 될 것이다. 우리의 인내의 한계를 넘는 사람, 그건 내가 하려고 노력하지 말고 아예 맡겨 버려라. 아예 통째로 주님께 맡겨라. 그러면 주님께서 완벽하게 정리해 주실 것이다.

　내 인생의 마가는 누구인가? 내가 그렇게 탐탁치 않게 여긴 사람은 누구인가? 내 인생의 알렉산더는 누구인가? 정말로 생각하기도 싫은 사람은 누구인가? 나를 버리고 나에게 실망을 주고 떠나갔던 데마는 누구인가? 데마든지, 마가든지, 알렉산더든지 그 모든 이름들을 풀어 주기를 바란다. 하나님께 드리시기를 바란다. 그때야 비로소 하나님께서 우리 인생을 풀어 주시고, 우리를 새롭게 하시는 은혜의 손으로 다가오셔서 우리를 건져 주실 것이다.

　내가 풀고, 내가 용납하고, 내가 용서하고, 내가 맡길 것을 맡긴 다음에야 비로소 하나님이 구원하시는 것을 느끼게 되고, 그 구원 가운데 살게 된다. 그 다음은 주님이 건지시는 것을 믿으며 달려가자. 내가 풀 것을 내가 풀지도 않고, 하나님께만 구원해 달라고 하면 안된다. 내가 풀 것은 내가 다 풀어 놓고, 그 다음에 자연스럽게 나오는 고백이 있다. "주께서 건져 주실 것이다. 주님이 건져 주셨고, 앞으로도 건져 주실 것이다."라는 고백이 그때 비로소 나오게 되는 것이다. 바울이 혼자 있어도 두렵지 않았던 것은 주님께서 그를 건지시는 분임을 믿었기 때문이다.

건지셨고, 건지시리라.

고린도후서 1장 10절에서 이렇게 말씀한다. "그가 이같이 큰 사망에서 우리를 건지셨고 또 건지실 것이며 이 후에도 건지시기를 그에게 바라노라" 마치 사자의 입에 자기가 노출되어서 으르렁거리는 사자 앞에 있는 것처럼 그렇게 그는 상황을 만났다. 그런 사람들 속에 있었다. 그러나 그는 이렇게 고백하지 않았는가? "주께서 내 곁에 서서 나에게 힘을 주심은 나로 말미암아 선포된 말씀이 온전히 전파되어 모든 이방인이 듣게 하려 하심이니 내가 사자의 입에서 건짐을 받았느니라."

안식년 기간 동안 미국 필라델피아 부근에 있는 렌카스트라고 하는 곳에 성극을 보러갔다. 몇 시간 걸려서 갔는데 다니엘 연극을 하고 있었다. 연극이라고 해서 그저 앞에서 공연하겠거니 생각했는데 깜짝 놀랐다. 이 공연장 전체가 다 무대였다. 앞에서만 연극하는 것이 아니었다. 갑자기 뒤에서 말 타고 막 들어가는 역동적인 연극이었다. 드디어 다니엘이 이 간신들에 의하여 사자굴 속에 던져지게 되었다. 불이 꺼졌다. 어떻게 될까? 갑자기 으르렁하는데 보니까 관객 주변에 사자들이 빙 둘러섰다. 사자가 둘러서서 으르렁거리고 있는 것이었다. 연극은 진행되는데 내 눈에서 눈물이 떨어지기 시작했다. 울부짖는 사자, 그러나 절대로 우리를 삼킬 수 없는 사자를 보며 깊이 묵상했다. 지금까지 원수들이 나를 괴롭게 하고, 수많은 어려움들이 있었지만 하나님이 나를 보호해 주셨구나, 건지셨고 지금도 건지고 계시니 앞으로도 건지실 것이로구나. 이 사실을 기억할 때, 제 마음속에는 감격이 넘쳤다.

왜 하나님은 바울을 건져 주셨는가? 복음을 위하여, 선교를 위하여 그를 건져 주셨다. 하나님께서 우리 한 사람 한 사람을 지금까지 쓰시려고 건져 주셨다. 복음을 전하시려고 앞으로 하나님께서 귀하게 쓰시려고 건져 주셨다. 가만히 생각해 보면 우리 산성교회도 여러 번 하나님이 건져 주셨다. 산성의 역사 중 세 번, 교회가 없어질 뻔했다. 세 번이나 다른 교회와 합병하려고 했다. 말이 합병이지 우리가 거기 흡수되는 것, 없어지는 것이었다. 산성교회 이름이 없어지는 것이다. 만약 그 세 번 중 한 번이라도 합병되었다면 우리 교회는 지금 이렇게 존재하지 않을 것이다. 하나님께서 우리 교회를 건져 주셨다. 어려움 중에도 보호해 주셨다. 그런 이유가 무엇일까? 우리 교회를 통해 하실 일이 있기 때문이다. 선교사 100명 이상 보내야 되지 않는가? 수많은 교회들이 세워져야 되지 않겠는가? 하나님이 그 귀한 일을 하려고 우리 교회를 지금까지 건져 주셨고, 지금도 건져 주고 계시고, 앞으로도 우리 교회를 건져 주실 것이다.

우리나라도 오천 년 기간 동안에 거의 천 번 이상 없어질 뻔한 그런 어려움을 경험했다. 그러나 그때마다 하나님은 건져 주셨고, 계속해서 건져 주셨다. 일본에서도, 중국에서도, 러시아에서도 건져 주셨다. 모든 입에서 건져 주셨다. 이유가 무엇일까? 하나님께서 이 마지막 때에 쓰시기 위한 하나님의 계획이 있었기 때문이다. 그리스도인들은 부정적으로 말하지 말아야 한다. "이 나라 이러다가 망하지." 이런 말 대신 "우리는 하나님이 건져 주신다. 걱정하지 마라." 이웃사람에게 그렇게 말해 줘야 한다. "하나님이 보우하사 우리나라 만세" 그렇게 말해야 한다. 하나님은 지금까지 건져 주셨고, 앞으로도 건져 주실 것이다.

나는 지금도 기억한다. 몸이 너무나도 연약해서, 어느 기도원에서 희망도 없이 빛도 없이 기도하고 있었는데, 참새 한 마리 날아가는 것을 보고 그 포동포동한 참새를 부러워했던 적이 있었다. "참새야, 너는 좋겠다. 너는 마음대로 날아가고, 포동포동 살도 찌고 참 좋겠다. 내가 너라면 좋겠다." 그렇게 생각했던 때가 있었다. 하나님께서 그런 저에게 독수리처럼 새로운 청춘으로 회복시키는 은혜를 주셨다. 이유가 무엇일까? 써 주시려고. 주의 복음을 전하고, 하나님의 교회를 세우고, 선교사들을 보내고, 하나님 역사를 이루기 위하여 하나님께서 부족한 생명도 건져 주신 것이다.

우리는 다 건짐을 받았다. 과거의 가난에서 건짐을 받았다. 질병에서 건짐을 받았다. 죄악에서 건짐을 받았다. 앞으로도 건져 주실 것이다. 초기 기독교에 북아프리카의 프레릭 롤란이라고 하는 성도가 있었다. 도망을 가고 있었는데 한참 도망을 가다 동굴에 숨었다. 갑자기 어떤 거미 한 마리가 나타나더니 동굴 입구에 거미집을 짓기 시작했다. 밖의 추격자들이 와서 보더니 이렇게 말했다. "여기 거미줄이 있는 것 보니까 안에 안 들어간 것 같아. 가자." 그렇게 살아난 후 얼마나 감사한지 하나님께 이런 고백을 했다. "하나님이 함께 계시면 거미줄도 장벽보다 더 든든한 장벽이 되고, 하나님이 함께 계시지 않으면 아무리 든든한 장벽도 거미줄 같을지니."

주님은 지금까지 우리를 건져 주셨다. 지금도 건져 주고 계신다. 앞으로도 건져 주실 것이다. 원수의 공격에서 건지실 것이다. 악한 자에게서 건지실 것이다. 질병에서 건지실 것이다. 모든 사고에서 건지실 것이다. 건지고 건지실 것이다. 그리고 마지막 최고의 건짐은 무엇일까? 우리를 영원한 사망에서 건지시는 것이다.

하나님은 지금까지 단 한 번도 건지지 않았던 순간이 없다. 우리를 건지신 그 귀한 건짐은 중단되지 않는다. 처음 우리가 예수 믿을 때, 죄악에서 건져 주셨다. 지금까지 내가 산 건 주님의 은혜이다. 주님이 계속해서 건지고, 또 건지고 건지셨다. 성도에게는 절망이 없다. 늘 건지는 그런 은혜를 입고 살아가기 때문이다. 느낌을 믿지 마세요. 감정에 의존하지 마세요. 마치 하나님 나를 버린 것 같고, 건지지 않는 것 같다는 착각에 빠지지 마세요. 주님의 말씀을 기억하세요. 건지고, 건지시리라. 그가 건지셨고, 건지시리라. 하나님이 건지실 것을 믿고, 내가 풀어야 될 것은 다 풀어 버리자. 건지셨고, 건지시는 주님의 구원의 은총을 누리며 살자.

장벽을 넘는 사람 (행 10 : 17-23)

장벽을 넘는 사람, 역사를 진행시킨다

도미니카에는 콜롬버스의 동상이 세워져 있다. 그 당시 세계 사람들은 모두 다 선입견에 사로잡혀 있었다. 지구가 네모나기 때문에 멀리가면 떨어져 죽는다고 생각했던 것이다. 그러나 콜럼버스는 그런 생각의 노예가 되지 않았다.

그는 지구가 둥글다고 믿었다. 이사벨라 여왕을 찾아가 설득했다. 드디어 산타마리아호를 타고 긴 항해에 올랐다. 그리고 처음 발견했던 바로 그 장소가 도미니카가 있는 섬이었다. 그는 다른 사람들이 보지 못했던 땅끝을 볼 수 있었다. 비전이 있었다. 기어이 그 땅을 보고야 말았다.

이 콜럼버스는 정말로 위대한 사람이었다. 생각의 장벽을 넘는 사람, 자기 세계의 장벽을 넘는 사람, 한계의 장벽을 넘는 그 한 사람 때문에 역사는 지금까지 진행되어 왔다. 장벽을 넘지 않고는 역사가 진행되지 않는다.

장벽을 넘어선 사람, 베드로와 고넬료

본문에는 장벽을 넘어선 놀라운 두 사람이 나타난다. 오직 유대인만 구원받을 수 있다는 종교적인 장벽에 갇혀 있는 가운데 베드로는 그 모든 장벽을 넘어서 이방인에게도 복음이 전해져야 된다는 사실을 확신하게 되었다. 그리고 그 장벽을 넘어가서 고넬료에게 복음을 전했다. 그는 선입견의 장벽을 넘어섰다. 민족적 장벽을 넘어섰다. 종교적인 편견의 장벽을 넘어섰다. 최초로 이방인에게 복음을 전하는 복음의 놀라운 사도가 되었다. 그리고 복음이 온 열방에 전파되게 하는 기초석을 그가 놓았다. 그 뿐만이 아니다. 바로 오늘 등장하는 고넬료도 장벽을 넘은 사람이었다. 그는 로마의 백부장, 로마의 장교이다. 신분으로 볼 때 굉장히 귀한 신분이다. 그 당시 모든 로마 군인들은 흔히 지역에 있는 많은 사람들을 착취하기도 했고 폭군으로 군림하기도 했다. 그는 놀라운 자리에 있는 로마의 장교로서 마음대로 할 수 있었다. 그러나 그는 신분의 장벽을 넘고 인종의 장벽을 넘어서 바로 식민지의 이름 없는 한 전도자인 베드로를 모셔오는 귀한 일을 했다. 복음을 듣고 세례를 받고 성령을 받았다. 하나님의 역사는 장벽을 넘는 사람들 때문에 지금까지 진행되었고 이루어져 왔다.

우리에게도 수많은 장벽이 있다. 이 장벽들은 우리를 향해 소리치고 있다. '넌 안돼, 위험해, 할 수 없어, 그대로 머무는 게 좋아, 만약에 지금 그대로 나가면 낭떠러지에 떨어질 거야, 그러지 말고 되는 대로 사는 게 좋아, 지금 상태가 좋아, 너만 편하면 돼' 모든 장벽들은 우리를 향해서 그렇게 말하고 있다. 그러나 모든 장벽은 허물어지기 위하여 존재하는 것이다. 장벽은 내가 갇혀 살라고 세워진 것이 아니라 허물라고 하나님이 주신 것이다.

우리 주님은 죄의 장벽, 사망의 장벽, 절망의 장벽을 넘어서 우리에게로 오셨다. 우리를 구원하신 예수 그리스도가 우리를 초청하고 계신다. 와서 너도 장벽을 넘어라. 너의 인생에 가로막혀 있는 모든 장벽을 넘어서 내가 네게 보여주는 비전을 바라보고 앞으로 나아가는 장벽을 넘는 사람이 되라고 초청하고 계시는 것이다.

장벽을 넘음은 기도를 통해

장벽을 넘는 역사는 항상 기도와 함께 시작한다. 장벽을 넘는 기도는 우리의 모든 삶의 장벽을 넘게 한다. 로마 백부장 고넬료는 비록 이방인이었지만 기도하는 사람이었다. 그가 기도하는 사람이었기에 당시 로마 장교가 흔히 하는 수탈을 하지 않았다. 오히려 로마 군인의 한계를 넘어 많은 사람을 도와주었다. 유대인들, 식민지 백성들을 구제하는 그런 일을 했다. 하나님과 통하는 사람은 사람과도 통하게 되어 있다.

본문 2절 말씀이 이렇게 말씀한다. "그가 경건하여 온 집안과 더불어 하나님을 경외하며 백성을 많이 구제하고 하나님께 항상 기도하더니" 그의 기도는 하나님과 통했다. 그랬더니 신분을 넘을 수가 있었다. 장벽을 넘을 수가 있었다. 식민지의 이름 없는 전도자 베드로를 모셔오는 그런 귀한 사람이 될 수 있었다. 말씀을 듣고 세례를 받고 성령 충만한 사람이 될 수가 있었다. 베드로도 사실 장벽에 갇혀 있는 사람이었다. 그러나 그의 기도가 장벽을 넘게 했다. 기도 가운데 하나님과 통했다. 하나님의 뜻을 알았다. 그가 환상 가운데 보자기를 보았다. 그런데 그 보자기 안에는 유대인이 먹지 못할 여러 가지 음식으로 가득 차 있었다. "주여, 이런 음식은 먹을 수 없나이다. 주님이 먹지 말라고 하지 않았습니까? 안 먹겠습니다." "먹어라" "못 먹겠습니다." "내가 깨끗하다고 하는 것을 너는 더럽다고 하지 말라" 그것이 세 번씩이나 반복되었다. 정말로 자기의 고집과 간섭의 장벽을 그는 넘을 수가 있었다. 그 환상을 통해서 유대인의 고정관념을 넘을 수가 있었다. 자기의 고집, 인간적인 생각의 장벽을 넘을 수가 있었다. 기도는 하나님과 통하는 행위이다. 자기 고집을 꺾고 자기 선입견의 장벽을 넘는 역사가 바로 기도이다. 그래서 베드로는 유대인만 구원을 얻을 수 있다고 하는 생각의 장벽을 넘어서 고넬료에게로 갔다. 기도하면 모든 장벽을 우리는 넘을 수가 있다.

경북 대구 지방에 선교의 역사에는 아름다운 사건이 전해져 내려온다. 아담스라고 하는 선교사님, 그리고 존슨이라고 하는 선교사님 두 분이 열심히 선교를 하고 있었다. 그런데 손이 부족했다. 존슨 선교사가 기도했다. "주님, 사람이 부족합니다. 보내 주시옵소서." 간절히 기도했다. 그런데 기도하다 보니 하나님께서 지혜를 주셨다. 바로 자기 어머니의 친구의 아들 브루엔 선교사가 생각이 난 것이다. 그 청년은 대단히 선교에 관심이 많은 사람이었다. 뭘 하고 있을까 생각이 떠올랐다. 그리고 편지를 썼다. "어머니, 어머니의 친구 아들 브루엔이 있지않습니까? 뭘 하는지 알아봐 주시고 주소를 제게 알려 주세요." 그 편지가 미국에 도착했다. 그런데 공교롭게도 같은 시간에 브루엔이 보낸 편지가 어머니에게 도착했다. 뜯어보았다. "어머니, 어머니의 아들 존슨이 지금 한국에 갔다지요? 오늘 기도하다가 존슨이 생각났습니다. 나도 선교사가 되고 싶은데 존슨의 주소를 좀 가르쳐 주세요." 바로 편지를 보냈다. "브루엔아, 지금 방금 존슨의 편지가 와 있는데 네 주소를 달라고 했다." 브루엔은 곧 한국에 왔다. 이렇게 해서 아담스, 존슨, 브루엔 이 세 사람이 대구 선교의 3인방으로 불려가며 위대한 선교의 열매를 맺을 수가 있었다.

기도하면 하나님께서 모두를 통하게 하신다. 사람과 사람이 통하게 하시고 모든 장벽을 건너가게 하는 놀라운 은혜를 베풀어 주신다. 우리가 하나님께 기도하고 하나님과 통하면 하나님께서 다른 장벽들을 건너서 우리가 다시 진행해야 할 미래로 연결한다는 사실을 확신하길 바란다. 마치 인공위성과도 같다. 전파가 직진하다 보면 산을 만난다. 들판을 만난다. 어렵다. 끝까지 도착하지를 못한다. 그러나 인공위성이 있으면 그 위성을 통하여 지구의 끝까지라도 통할 수가 있다. 우리 하나님과 통하면 하나님은 장벽을 넘어서 모든 것들을 가능하게 하시며 주님의 놀라운 섭리를 이루게 되는 것이다.

어떤 장벽이 우리 앞에 있는가? 하나님께 장벽을 넘는 기도를 드릴 때 주님께서 우리 인생의 모든 장벽을 넘게 하시고 어떤 종류의 장벽이라도 넘어서 하나님의 뜻을 이루어 주신다고 하는 사실을 확신하게 되기를 바란다. 기도는 장벽을 넘는 능력이다. 내가 넘을 수 없는 장

벽은 주님께로 향하는, 장벽을 넘는 기도로 넘을 수 있다. 내가 넘을
수 없는 장벽은 내가 기도로 주님께 나아가기만 하면 주께서 넘겨주
실 것이다. 기도하면 내 생각과 내 고집과 내 편견이 허물어진다. 아
니, 허물어져야 한다. 기도하고 하나님과 통하고 있는데도 다른 사람
과 통하지 못한다면 그 기도는 잘못된 기도라고 할 수 있다. 하나님께
기도했는데 여전히 내 고집이 남아 있고 내 생각이 나를 주장한다면
역시 그 기도도 잘못된 기도일 것이다. 기도하고 난 뒤에는 반드시 이
웃과 단절된 모든 것이 통해야 한다. 내가 하나님께 기도한 다음 반드
시 내 삶에 있는 모든 고집들과 내가 가지고 있는 생각들이 허물어져
야 한다.

용납의 사람, 베드로

장벽을 넘는 기도를 드린 베드로는 결국 장벽을 넘는 용납의 사람
이 되었다. 자기가 그때까지 절대로 받아들이지 않았던 이방인을 받
아들이는 용납의 역사가 일어났다. 장벽을 넘는 기도는 장벽을 넘는
용납으로 이어지는 것이다. 그가 기도하는 가운데 하나님의 음성을
들었다. 보자기 환상을 보면서 자기 생각과 고집이 허물어지는 걸 느
꼈다. '야, 이게 무슨 뜻일까?' 궁금한 차에 똑똑똑 문소리가 들렸다.
바로 고넬료가 보낸 사람이었다. 그는 드디어 마음을 열었다. 문빗장
을 열었다. 팔을 활짝 벌리고 그 사람들을 용납했다. 받아들였다.

오늘 본문 23절 상반절이 이렇게 말씀한다. "베드로가 불러 들여 유

숙하게 하니라"

이것은 역사적인 순간이다. 유대인의 장벽에 갇혀 있던 베드로의 생각이 깨어지고 이방인을 용납하는 순간이었기 때문이다. 복음이 열방으로 향하는 하나님의 뜻이 이루어지는 놀라운 순간이었다. 우리가 신앙생활을 하면서 언제 은혜를 받는다고 느낄까? 진정한 은혜가 무엇일까? 기도하고 하나님의 말씀을 듣고 난 다음에 미워했던 사람, 거절했던 사람이 용납되는 느낌을 가지는 순간이다. 막 미웠는데 하나님의 말씀을 듣다보니 그 미움이 깨어짐을 느끼는 것, 그리고 그 사람을 내가 용서해야 되겠다고 하는 생각이 든다면 그건 틀림없이 은혜 받은 증거가 분명하다. 내가 말씀을 듣고 있다가 내 생각과 고집이 깨어지고, 그 말씀을 용납하게 되는 순간이 바로 은혜 받은 순간이다. 하나님 앞에 예배를 드리고 하나님의 말씀을 묵상하는데 저 멀리 있는 민족이 생각난다면 한 열방, 열방의 민족이 생각나고 내가 기도해 주지 않으면 안되겠다는 선교사의 얼굴이 떠오른다면 그게 은혜 받는 순간이다. 용납하게 되는 놀라운 은혜, 말씀을 듣고 있다가 갑자기 땅끝에서 복음을 듣지 못하고 죽어가는 민족이 생각나고 사람이 생각나서 긁고 기도하게 되는 것, 이게 은혜 받는 증거이다. 예배 드릴 때마다, 말씀 읽는 때마다 주님이 주시는 은혜가 바다 물결처럼 밀려와서 내 속의 장벽들이 무너지고, 주님이 내 가슴속에 안겨 주시는 용서와 사랑과 순종, 열방을 향한 뜨거운 열정이 우리 속에 불타오르는 놀라운 은혜를 맛보아야 한다.

1882년에 조선과 미국 사이에 통상조약이 맺어졌다. 조미통상조약, 드디어 그 통상조약과 함께 한국의 문이 열렸다. 그래서 미국이 처음으로 한국의 관리를 초청했다. 그래서 견미단, 신사유람단 6명이 미국을 방문하게 되었다. 정권공사에는 바로 민영익, 그리고 대리공사로는 홍영식, 수행원에 서광범, 유길준 등 이들이 미국을 갔다. 미국의 군함을 타고 샌프란시스코에 도착했다. 도포자락 휘날리며 갓을 쓴 조선 사람들이 미국 거리를 활보하고 있을 때 미국 사람들은 마치 동물원의 진귀한 동물을 구경하는 것처럼 보았다. 자기들끼리 손가락질하면서 웃었다. 드디어 기차를 타고 워싱턴D.C 백악관에 대통령을 만나러 갔다. 기차에 탄 사람도 다 손가락질하며 저 사람들 좀 봐, 저 수염을 좀 봐, 저 이상한 모자를 좀 봐, 아유 저 꾀죄죄한 모습을 좀 봐. 그래도 한국에서는 이름 있는 사람들인데 미국 사람들 눈에는 형편없이 보였다. 아무도 그들을 품지 않았다. 그런데 발티모어라고 하는 곳에 기차가 도착했을 때 한 사람이 탔다. 그 사람은 다우처라고 하는 목사님이었다. 보는 순간 그들을 품기 시작했다. 3일 동안 이 6명을 통해서 조선의 상황을 들었다. 이야기하면 할수록 점점 가슴이 불타올랐다. 조선을 품게 되었다. 그래서 주일에 자기 교회에 가서 설교를 했다. "여러분, 저는 지난 주간에 한 민족을 만났습니다. 조선입니다. 문이 열렸습니다. 우리가 복음을 전해야 합니다." 뜨겁게 말씀을 전하고 선교모금을 했는데 무려 2천불이 모아졌다. 그리고 선교 본부에다 보냈다. 그러나 선교 본부에서는 선교사를 보낼 수가 없었다. 그 당시 한국은 문이 닫혀 있었기 때문이다. 통상의 문은 열려 있지만 복음의 문은 닫혀 있었다. 그래서 그는 극동선교 담당 맥클레인 목사님에게 부탁해서 그가 직접 고종을 만나게 했다. 그리고 드디어 선교사를 보내도 된다는 허락을 얻게 되었다. 이렇게 복음의 문이 열려져서 그 문을 통해서 언더우드 선교사가 오고, 하나님의 귀한 백성들을 구원하기 위한 선교사들이 오게 되었다.

장벽을 넘어 용납의 사람으로

하나님께서 보여 주시는 것을 내가 가슴에 품는 것, 이것이 얼마나 큰 은혜인가? 우리는 장벽을 넘는 용납의 사람이 되어야 한다. 우리나라에 그렇게 하여 복음이 전해지게 된 사실을 기억하시기를 바란다. 주님이 나에게 주시는 은혜를 헛되이 받아서는 안된다. 오늘 내가 이 일을 꼭 해야 되겠구나, 내가 이 기도를 드려야 되겠구나, 그리고 내가 이 헌신을 해야 되겠구나, 주님이 주시는 도전에 귀기울어야 한다. 주님의 감동에 예민해야 한다. 베드로가 고넬료를 용납했듯이 주님의 비전을 받아들이고, 주의 말씀을 받아들이는 모든 장벽을 넘는 용납의 사람들이 되어야 한다. 기도하다가 하나님의 말씀을 받고 믿음의 놀라운 움직임이 시작이 되었다. 마음의 장벽이 허물어지게 되었다.

고넬료가 보낸 사람을 용납하게 된 베드로, 그걸로 끝이 아니었다. 다음 날 일찍 일어나서 그들과 함께 고넬료가 있는 가이사랴를 향하여 그는 걸음을 옮겼다. 장벽을 넘는 걸음, 주님이 가라고 하는 그 곳을 향해 가는 그 놀라운 걸음, 그 걸음이 하나님 역사를 이루었다.

장벽을 넘은 아름다운 발

사도행전 10장 23절 하반부 말씀에 이렇게 적혀 있다. "이튿날 일어나 그들과 함께 갈새 욥바에서 온 어떤 형제들도 함께 가니라" 위대한 발걸음이다. 함께 복음을 전하기 위하여 주님이 가라고 하는 그 곳으로 가고 있는 발걸음. 사마리아 성 밖에 있던 나환자들, 그들은 아람 군대 패배 소식을 들었다. 이스라엘 백성들이 이제 더 이상 굶주리지 않아도 될 아름다운 소식을 듣고 그들은 성 안으로 가고 있었다. 아름다운 소식을 전하기 위하여 가는 발걸음을 아름다운 발걸음이라고 말한다. 아시아로 가지 않고 성령이 가라고 하는 유럽을 향해 가는, 그리고 지중해를 배를 타고 건너가던 바울의 발걸음은 아름다운 발걸음이었다. 로마서 10장 14~15절이 이렇게 말씀한다. "그런즉 그들이 믿지 아니하는 이를 어찌 부르리요 듣지도 못한 이를 어찌 믿으리요 전파하는 자가 없이 어찌 들으리요 보내심을 받지 아니하였으면 어찌 전파하리요 기록된 바 아름답도다 좋은 소식을 전하는 자들의 발이여 함과 같으니라" 아름다운 발, 좋은 소식을 전하러 가는 아름다운 발, 그 발을 성경이 말씀하고 있다.

1883년 미국에 있는 모든 신학교의 대표들이 모였다. 그리고 한 목사님의 설교를 들었다. 엘버트라고 하는 목사님은 상기된 표정으로 나와서 이렇게 설교했다. "여러분, 작년에 조선의 문이 드디어 열렸습니다. 1,300만 조선 사람이 지난 1년 동안 주님을 모른 채 가난과 질병 가운데 죽어가고 있습니다. 우리는 지난 1년 동안 아무것도 못했습니다. 누군가 가야 합니다. 여러분 중에 누가 조선에 가겠습니까?" 바로 그 자리에 두 사람이 있었다. 언더우드와 아펜젤러. 두 청년이 그 말을 들었다. 가슴에 불이 붙었다. 언더우드가 집에 돌아와 기도했다. "하나님 아버지, 조선에 누구를 좀 보내 주시옵소서." 간절히 기도하는데 하나님 음성이 들렸다. "아무도 조선을 위해 가려고 하지 않는구나, 어떻게 할까?" 주님의 음성은 바로 언더우드의 마음속에 들려왔다. 그는 응답했다. "주여, 제가 가겠나이다." 이렇게 하여 그는 하나님의 말씀을 붙들고 충성하여 아름다운 발이 되어 장벽을 넘는 걸음으로 1885년 4월 5일 인천, 그 당시 제물포에 도착했다. 도착하자마자 그는 이렇게 기도했다. "사망의 권세를 이기시고 부활하신 예수님, 이 백성을 읽아맨 결박을 끊고 자유와 빛을 주시옵소서." 그 발걸음 때문에 우리가 여기 있는 것이다.

사망의 길을 헤치고 이 땅의 우리를 구원하기 위하여 장벽을 넘어오신 예수 그리스도께서 우리에게 원하는 것이 무엇일까? 우리도 장벽을 넘어 우리에게 복음을 전하기 위해 모든 삶을 바친 바울처럼, 베드로처럼, 허드슨 테일러처럼, 모리슨처럼, 저드슨처럼, 언더우드처럼, 아펜젤러처럼 장벽을 넘어서 땅끝까지 복음을 전하는 사람이 되기를 주님은 원하고 계신다. 비록 우리의 삶의 주변에 여러 가지 장벽들이 있어서 우리를 에워싸고 있다. 그러나 이 장벽들은 우리의 문제가 아니다. 이 장벽은 주님께서 넘게 하여 주실 것이다. 이것이 우리의 장벽이 아니다. 우리 마음속에 있는 절망과 좌절감이 더 큰 장벽이다. 우리는 우리의 장벽들을 다 넘어서 주님께서 보여 주시는 비전을 우리의 비전으로 삼고 땅끝까지 갈 수 있는 하나님의 사람들이 되어야 한다. 우리는 이 땅에서 어려움을 당하고 있지만 하나님이 주시는 진정한 비전만이 내 인생에 참된 비전이라는 사실을 확신해야 한다.

우리를 가로막고 있는 장벽을 두려워하지 말자. 물질의 장벽, 절망의 장벽, 질병의 장벽을 두려워하지 말자. 우리가 믿는 주님은 이 모든 장벽을 깨뜨려 주시기에 충분하신 분이시다. 우리 인생의 장벽은 주님 앞에 결단코 큰 장벽이 아니다. 더 큰 장벽은 우리 마음속에 있는 장벽, 이기심의 장벽, 편견의 장벽, 고집의 장벽이다. 나 하나만 믿으면 된다, 나만 구원 받으면 된다는 이기적인 장벽이 문제이다. 주님이 보여 주시는 비전을 품고 우리는 열방을 품어야 한다. 우리 교회는 날마다 지역주의와 현실주의의 장벽을 넘어 계속해서 땅끝을 향하고, 계속해서 열방을 향하는 하나님이 인정하는 교회가 되어야 한다. 우리 한 사람, 한 사람은 주님이 다시 이 땅에 오실 때까지 모든 장벽을 넘어서 열방을 품고 열방으로 나아가는 귀한 하나님의 백성들이 되자. 장벽을 넘는 용납으로 주변의 모든 것들을 받아들이고, 주님의 비전을 내 비전으로 받아들여 장벽을 넘는 걸음으로 일생 동안 하나님 나라와 교회와 영혼을 위하여 또한 선교를 위하여 열심히 달려가야 할 것이다.

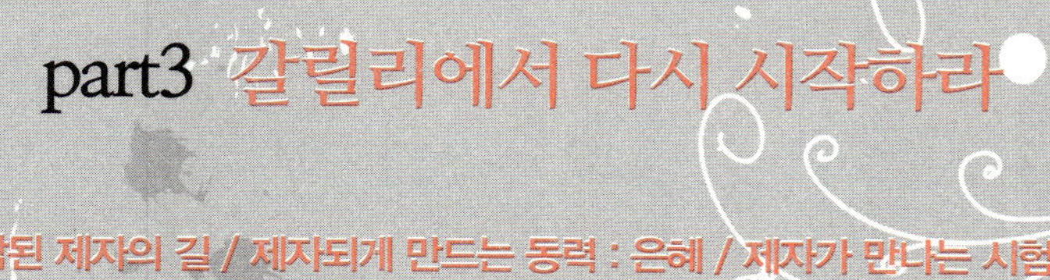

part3 갈릴리에서 다시 시작하라

땅끝 칠레에서 시작했던 제자훈련!
변하지 않을 것만 같던 칠레 사람들이 새롭게 태어나는 감격의 순간을 맛보았다.
제자훈련과 함께 선교 사역은 더욱 깊이 뿌리를 내렸다.

다시 돌아온 부산
7%만이 기독교인이라는 부산이야말로 진정한 땅끝이 아닌가!

갈등과 분열로 나누어져 있던 성도들의 마음을 향해 복음을 선포한다.
성도들의 마음에도, 교회에도 은혜로 덮여지기 시작한다.

성도들을 단순히 수많은 무리 속의 한 사람으로만 머물게 할 수는 없는 일
무리가 아닌 그리스도의 참된 제자로 세워야지

다시 땅끝 부산으로 돌아와 시작한 한국 목회,
주님은 칠레에서 했던 제자훈련을 다시 시작하도록 도전을 주신다.

변화되기 시작하는 성도들
변화된 당회, 언어생활이 변한 성도, 술을 끊은 성도, 삶의 우선순위를 바꾸는 성도들…
제자훈련이 더해갈수록
교회는 튼튼해지고
예배가 뜨거워지고
잠자던 일꾼들이 일어나기 시작한다.

이제 제자훈련은 필수 훈련과정이 되어
중직자를 세우고, 성도들을 세워
모두가 함께 일하는 성숙한 교회를 이룬다.

chapter 1

참된 제자의 길(눅14:25-33)

스위스는 세계에서 가장 부유한 나라 중의 하나이다. 그리고 또 가장 작은 나라 중의 하나이기도 하다. 스위스에 다보스라고 하는 조그마한 도시가 있는데, 아주 후미진 곳에 있는 도시다. 그런데 1년에 한 번씩 1월 말이 되면 전세계의 여러 석학들, 정치, 경제, 사회, 문화의 모든 지도자들이 바로 이곳에 모인다.

그 이름이 바로 다보스 포럼이다. 세계 경제 포럼이라고 그렇게 부르기도 한다. 금년에도 무려 3만 명이나 되는 사람들이 세계 각지에서 모였다. 그곳에 참여하기 위해서는 한 사람이 2천만 원이라는 회비를 내야 한다. 그럼에도 불구하고 왜 사람들이 꾸역꾸역 전 세계에서 그곳을 향해 모이는 것일까? 여러 가지 이유가 있겠지만, 그 중 한 가지는 그곳에 가면 대가를 만날 수 있기 때문이다. 각계 각층의 유명한 사람을 만날 수 있다. 그들을 통해서 귀한 지식을 얻고 정보를 얻을 수 있기 때문이다. 무엇보다 그 모든 것을 통해서 더 많은 돈을 벌고 또 세상에서 앞서가는 사람들이 되길 원하는 사람들이 그곳에 모이게 되는 것이다.

예수님 당시에도 예수님 주변에 항상 많은 사람들이 모였다. 여러 가지 이유가 있었겠지만 예수님에게 가면 먹을 것이 있기 때문이다. 떡이 생기기 때문이다. 굶주린 자에게 주님은 떡을 주셨다. 아픈 사람들에게 병을 고쳐 주시는 귀한 은혜를 주셨다. 〈무엇보다 큰 기대는 자기들이 지금 식민지로 있는 로마 제국으로부터 해방될 수 있다고 하는 그런 정치적인 기대감이 있기 때문이다.〉 〈그래서 많은 환자들, 많은 사람들이 오늘도 예수님을 따르고 있는 것이다.〉 그들은 자기들의 이익을 위해서 예수님을 따르고 있었지만, 사실 그들은 참 제자는 아니었다. 그냥 따라가는 사람들, 그저 예수님의 뒤를 따라가는 사람들이었지, 그들은 참으로 제자들이 아니었다. 자기 욕구가 만족되지 않으면 언제든지 주님을 떠날 수 있는 가능성을 가진 사람들이 바로 그들이었다. 그래서 자기를 따르고 있는 수많은 사람들을 돌아보시면서 주님은 참된 제자의 길을 말씀하시기 시작하셨다. 원래 '제자'라고 하는 말은 세 가지 의미를 가지고 있다.

제자란?

첫째는 '배우는 자'라는 뜻을 가지고 있다. 마치 수학을 공부하듯이 열심히 배우는 자, 그가 바로 예수님의 제자다. 둘째는 '훈련 받는 자'라는 뜻을 가지고 있다. 제자를 영어로 'disciple'이라고 한다. 'disciple'이라고 하는 말은 '훈련한다'는 말과 뜻을 같이 한다. 다시 말하면 제자는 '훈련받기를 즐거워하고 계속해서 훈련받는 사람'이 라고 하는 말이다. 지금 우리 교회는 70여 명의 성도들이 열심히 제자훈련을 받고 있는 중이다. 예배 시간에 부지런히 설교를 적고 있는 사람들을 발견할 수 있는데, 그들이 바로 제자 훈련생들이다. 상황이 어려워도 훈련받는 사람이 제자로 쓰임받을 수 있다. 신자는 믿음 하나만 가지고 있으면 되지만 제자는 훈련을 통해서 태어나기 때문이다. 셋째는 '따르는 자'라는 뜻을 가지고 있다. 주님을 따라가는데 좋은 곳에만 가는 것이 아니라, 괴로운 곳, 나쁜 곳, 아주 고통스러운 순간에도 주님을 끝까지 따라가는 사람, 이런 사람이 제자다. 주님을 따라서 예배의 자리에 나온 모든 성도들은 앞으로도 계속해서 주님의 뒤를 잘 따르는 제자들이 되어야 한다. 그러나 잘못하면 우리 자신의 소원이나 이루기 위하여, 떡이나 얻기 위하여, 병이나 고치려고 하는 이런 이기적인 목적을 가지고 주님을 따르는 군중이 될 위험이 있다. 그저 자기가 바라는 것을 얻기 위하여 주님을 따라가는 사람, 그런 사람들은 제자라고 말하지 않고 군중이라고 한다. 주님은 우리를 군중으로 부르지 않으셨다. 예배만 드리고 집에 가서 자기 일만을 할 수 있도록 하는 군중으로 부르지 않고, 하나님은 우리 한 사람 한 사람을 제자로 불러 주셨다. 주님을 바로 따르고, 바로 배우고, 또 주님에게서 바로 훈련받기 위한 그런 귀한 제자로 불러 주신 것이다. 이 말씀을 통해서 내가 참된 제자인가, 혹은 군중인가 하는 것을 점검해 보는 시간이 되어야 할 것이다.

참된 제자의 길 : 우선순위를 주님께

참된 제자의 길은 무엇인가? 먼저 미워하는 것이 참된 제자의 길이라고 말씀한다.

26절 말씀을 보자. "무릇 내게 오는 자가 자기 부모와 처자와 형제와 자매와 더욱이 자기 목숨까지 미워하지 아니하면 능히 내 제자가 되지 못하고"

미워하는 자가 참으로 주님의 제자가 된다고 말씀한다. 그런데 이 말씀을 잘못 해석하면 안된다. 무조건 모든 것을 미워하는 말이 아니다. 무조건 모든 것을 부정하는 금욕적이고 자학적인 종교를 말하고 있는 것이 아니다. 전에 박태선 전도관이라고 하는 곳이 있었다. 신앙촌이라고 한다. 거기는 바로 이 말씀을 문자 적힌 그대로 가르쳐 주었다. 심지어 부부까지도 미워해야 한다고 가르쳤다. 밤에 사람을 풀어서 혹시 부부가 같이 자고 있는지, 떨어져 자고 있는지 그것을 검사할 정도로 웃기는 일들을 많이 했다.

잘 기억하라. 미워하라고 하는 말씀은 '조금 덜 사랑하라. 조금만 사랑하라.'는 뜻을 가지고 있다. '주님을 먼저 사랑하고 다른 것들은 조금만 사랑하라.' 그것이 바로 미워하라고 하는 의미가 되는 것이다. 바로 삶의 우선순위에 대한 말씀인 것이다. 친구를 사랑해야 한다. 불신자라고 할지라도 사랑해야 한다. 그러나 주님보다 조금만 덜 사랑해야 한다. 주일날 그들이 우리를 만나자고 할지라도 주님이 먼저 서 있고, 그들을 조금 덜 사랑하는 사람은 그들과의 약속을 파기할 수 있는 용기가 있을 것이다. 만약 당신이 둘 중에 하나를 택해야 할 순간에는 주님을 먼저 선택할 수 있기를 바란다. 취미를 사랑하는가? 예수 믿는 사람도 취미를 가지는 것은 좋은 일이다. 취미를 사랑하라. 그러나 주님보다는 조금 덜 사랑해야 한다. 등산을 취미로 가지고 있는 사람들은 참으로 주일을 지키기가 어렵다. 주일마다 등산 가려고 하는 마음이 있기 때문이다. 그래서 항상 주님보다 덜 사랑하는 원리를 적용해야 한다. 자녀를 생명보다 더 사랑하는가? 한국 사람들은 자녀를 사랑하는데 정평이 나있다. 그러나 주님보다 조금 덜 사랑해야 한다. 강한 자존심이 우리에게 있다. 체면도 우리에게 있다. 우리는 자존심을 사랑하고 체면을 사랑한다. 그러나 주님보다 나의 자존심과 나의 모든 체면을 조금 덜 사랑해야 한다. 그것이 바로 자기를 미워하는 그런 삶이 될 것이다.

어떤 시골에 아주 믿음이 좋은 집사님이 있었다. 송아지 두 마리를 얻어서 잘 키웠다. 너무 너무 탐스러워서 부부가 의논했다. "여보, 하나님 은혜에 너무 감사한데 한 마리는 하나님께 드립시다." 그래서 한 마리를 드리기로 했다. 밖에서 남편이 일을 하고 있는데 그만 두 마리 가운데 송아지 한 마리가 죽어 버리고 말았다. 뛰어 들어와서 말한다. "여보! 하나님의 송아지가 죽어 버렸어." 아내가 물었다. "아니, 우리가 어느 것을 하나님 것으로 지정하지도 않았는데 당신이 그것을 어떻게 알아요?" "척 보면 알 수 있어. 하나님의 송아지가 죽었어. 우리 것은 괜찮아."

이렇게 되면 곤란하다. 우선순위를 자기 이익에 따라서, 상황에 따라서 바꾸면 안된다. 우선순위를 정하기가 곤란한 경우가 있는가? 덜 사랑하는 원리를 적용하라. 나에게 불리한 쪽이 바로 하나님의 것이 될 것이다. 죽은 송아지를 향해 내 것이라고 말할 수 있는 것 이것이 바로 참된 제자의 길이라는 사실을 기억하라. 하나님께 항상 더 좋은 것을 드리고 내게 불리한 것을 선택하는 원리, 조금 덜 사랑하는 원리, 이것이 바로 제자가 선택해야 할 제자의 길이다.

마태복음 4장 19~20절 말씀을 보자. "말씀하시되 나를 따라오라 내가 너희를 사람을 낚는 어부가 되게 하리라 하시니 그들이 곧 그물을 버려 두고 예수를 따르니라"

베드로와 안드레는 자기 그물을 사랑했다. 어부의 밥그릇이 아니겠는가? 얼마나 귀중한 그물이겠는가? 그러나 그들은 예수님보다 그물을 덜 사랑했다. 그렇기 때문에 그물을 버리고 예수님을 따라 갈 수가 있었던 것이다. 야고보와 요한도 배와 부친을 사랑했다. 그러나 주님보다 조금 덜 사랑할 수 있었기 때문에 그 모든 것을 버리고 주님을 따라갈 수 있었다.

당신이 사랑하는 것들은 무엇인가? 그 모든 것에 순서를 정해 보라. 무엇이 당신의 1번인가? 그러나 중요한 것이 있다. 1번은 주님으로 비워 두어라. 내게 아무리 귀중한 것일지라도 그것을 1번으로 정해서는 안된다. 주님이 1번이고 2번부터 당신이 자유롭게 우선순위를 정하라. 주님께 우선권을 드려라. 주님 앞에 모든 귀한 것들을 드릴 수 있기를 바란다. 그 외 다른 모든 것들은 주님보다 조금만 덜 사랑하기를 바란다. 이것이 참으로 모든 것을 사랑하는 길이요 주님의 인정을 받는 참된 제자의 길이 될 것이다. 미워하는 원리, 조금 덜 사랑하는 이 원리를 적용해서 참된 제자의 길을 가기를 바란다.

참된 제자의 길 : 자기 십자가를 지는 길

한걸음 더 나아가서 십자가를 지는 것은 바로 참된 제자가 가야 할 길이다.

27절 말씀을 보자. "누구든지 자기 십자가를 지고 나를 따르지 않는 자도 능히 내 제자가 되지 못하리라"

예수님 당시에 사형수들은 그냥 가서 죽는 것이 아니었다. 미리 자기에게 주어진 십자가를 끌고 가야 했다. 처형 장소까지 자기가 매달려 죽을 십자가를 끌고 가서 그곳에서 처형을 당했다. 주님을 따르는 자는 빈손으로 가지 않는다. 주님이 오라는 그곳까지 갈 때는 반드시 우리에게 지어 주신 십자가가 있다. 각자 그것을 지고 주님이 오라는 곳까지 우리가 가야 되는 것이다. 원래 우리가 지고 있던 짐은 사실은 십자가가 아니었다. 원래 우리는 무슨 짐을 지고 있었는가? 죄의 짐을 짊어지고 있었다. 근심의 짐, 걱정의 짐, 염려의 짐, 생활의 짐, 욕심의 짐들을 우리가 지고 있었다. 그러나 주님께서는 이 모든 저주와 근심과 염려의 짐들을 대신 다 맡아 주셨다.

마태복음 11장 28절을 보면 주님의 귀한 선포가 있다. "수고하고 무거운 짐 진 자들아 다 내게로 오라 내가 너희를 쉬게 하리라”

이렇게 주님께서 우리를 받아 주셨다. 짐을 맡아 주셨다. 우리의 모든 저주의 짐, 근심의 짐, 죄악의 짐을 다 맡아 주시고 우리에게 그 대신 십자가를 지어 주셨다. 괜히 쓸데없는 짐을 지고 그것을 십자가라고 생각하지 말라. 흔히 독재자들이 그것을 많이 이용한다. 그들은 “내가 민족을 위하여 십자가를 지겠노라.”고 말한다. 그러나 그것은 다 거짓말이다. 십자가는 그렇게 사용하는 것이 아니다. 예수 믿는 이웃 때문에 당하는 어려움, 하나님께 영광 돌리기 위하여 당하는 불이익, 믿음을 지키기 위하여 당하는 고통이 십자가다. 주님을 모시고 사는 까닭에 내가 겪게 되는 불이익이 바로 십자가라고 할 수 있다. 말씀대로 살기 위해 당하는 여러 종류의 갈등이 바로 십자가인 것이다.

어떤 수도사가 사막에서 열심히 기도하고 있었다. “하나님, 좀 도와 주십시오. 어디 계십니까? 주님, 저를 도와 주소서. 이 고통에서 벗어나게 해 주십시오.” 그때 주님의 음성이 들리기를, “나는 네 마음속에 있느니라. 그리고 나는 네 가슴에 머리를 대고 쉬고 있느니라.” “주님, 이상합니다. 주님은 내 마음속에 계신데 왜 내 마음에는 아픔이 있습니까?” 그때 주님이 하신 말씀이 있다. “내 머리에는 가시 면류관이 있기 때문이니라.”

주님을 모신 자는 큰 소망과 기쁨 중에 살게 된다. 그러나 주님을 모셨기 때문에 남들이 모르는 십자가를 지게 되는 것이다. 남들은 죄를 범해도 괜찮은데 우리는 조그만 죄를 범해도 양심의 가책을 느끼게 된다. 남들은 대충 대충 자기 욕심을 따라 살지만 우리는 진실하고 바르게 살기 위하여 남들이 모르는 갈등과 고통을 가지며 살게 되는 것이다. 이것을 '거룩한 아픔'이라고 한다. 거룩한 십자가를 우리가 지고 있기 때문이다. 십자가를 지기만 하면 참된 제자의 길로 우리는 접어들 수가 있다. 십자가를 회피하지 말라. 그것을 내가 지면 제자의 길로 들어갈 수 있는 것이다.

마태복음 11장 29~30절 말씀을 보자. "나는 마음이 온유하고 겸손하니 나의 멍에를 메고 내게 배우라 그리하면 너희 마음이 쉼을 얻으리니 이는 내 멍에는 쉽고 내 짐은 가벼움이라 하시니라"

내 짐을 메라고 하신다. 내 멍에를 메라고 말씀하신다. 그 당시에는 멍에를 소 한 마리에 끄는 것이 아니라 항상 소 두 마리가 끄는 그런 멍에를 사용했다. "와서 멍에를 메라. 십자가를 지라."는 말씀은 우리 혼자 십자가 메고 가라는 말씀이 아니다. 내가 만일 내 십자가를 지면 그 옆은 누가 계시는가? 우리 주님이 계셔서 같이 내 짐을 져 주시고 같이 내 모든 십자가를 져 주셔서 함께 그 모든 짐들을 넉넉하게 짊어지고 갈 수 있도록 은혜를 주시겠다는 말씀이다.

지금 내 짐이 무겁다고 탄식하고 있지는 않은가? 남들에 비해 나는 너무 어려운 십자가를 졌다고 그렇게 생각하고 있지는 않은가? 그렇지 않다. 하나님께서 나에게 맞는 가장 적절한 십자가를 주셨다. 주님이 나에게 주신 그 십자가를 기쁨으로 지고 주님 앞으로 나아가자. 그때 우리는 참된 제자의 삶을 살 수 있게 되는 것이다.

콜럼버스는 아메리카 대륙을 발견한 사람이 아닌가? 그의 원래 이름은 크리스토퍼 콜럼버스이다. 크리스토퍼는 "그리스도를 지고 가는 자"라는 뜻이다. 훌륭한 이름이다. 그러나 그는 일생 동안에 그리스도를 지고 가지 않았다. 황금을 지고 다녔다. 그의 눈은 황금 찾기에 혈안이 되어 있었다. 그는 그의 인생이 끝나가고 있을 때 괴로워하면서 하나님 앞에 기도했다. "주님, 내 이름은 그리스도를 지는 자인데 지금까지 저는 헛된 것만 졌습니다. 그리스도를 지는 크리스토퍼가 되게 해 주시옵소서." 그렇게 기도하며 그는 결심했다. 죽기 14년 전부터 그는 하나님의 영광을 위하여 그리스도만 지고, 십자가만 지고 사는 거룩한 삶을 시작했던 것이다.

괜히 황금의 짐을 머리에 지고 무겁다고 말하지 말라. 하나님이 우리를 이 땅에 보내 주신 것은 그런 물질의 짐, 염려의 짐, 욕심의 짐, 이런 짐을 지고 살라고 보내 주신 것이 아니다. 물론 우리도 돈을 벌어야 한다. 여러 가지 사업도 해야 한다. 그러나 중요한 것은 그 모든 짐이 우리의 짐은 아니라는 사실이다. 그 짐은 주님이 대신 맡아 주실 것이다. 주님께 모든 짐들을 맡길 수 있기를 바란다. 우리의 짐은 따로 있다. 우리의 짐은 십자가다. 우리의 십자가를 져야 한다. 하나님을 위한 순종의 십자가, 교회를 위한 충성의 십자가, 사람들을 위한 사랑의 십자가, 이런 십자가만 우리의 짐이 되는 것이다. 만약 오늘 쓸데없는 것을 지고 있으면 이 시간 주님 앞에 그 짐을 다 맡기길 바란다. 물질의 십자가, 욕심의 십자가, 모든 근심의 십자가 그 모든 짐들은 다 맡겨라. 오직 주님이 내게 맡겨 주시는 거룩한 십자가, 하나님의 나라와 하나님의 교회와 하나님의 선교를 위하여 이웃을 사랑하기 위한 복된 십자가를 지고 가기를 바란다. 내가 사랑으로 용납해 주어야 할 사람은 누구인가? 내가 순종해야 할 일은 무엇인가? 내가 충성해야 할 일은 무엇인가? 십자가를 잘 지고 참된 제자의 길로 나아가기를 바란다.

참된 제자의 길 : 포기하는 길

한걸음 더 나아가서 참된 제자의 길은 포기하는 길이다.

33절 말씀을 보자. "이와 같이 너희 중의 누구든지 자기의 모든 소유를 버리지 아니하면 능히 내 제자가 되지 못하리라"

예수님께서 이 말씀을 하시기 전에 두 가지 비유를 해 주셨다. 첫번째는 망대 짓는 비유이다. 그 당시 망대를 많이 지었는데 망대를 짓기 전에는 먼저 예산을 세워야 한다. 계산을 해야 한다. 그래서 끝까지 잘 마칠 수 있도록 준비한 다음에 망대를 지으라는 말씀이다. 또 한 가지 비유는 무엇인가? 전쟁터에 출전하기 전에 군대가 얼마나 필요한지 미리 잘 살펴보고 전력을 평가해야 한다. 이길 것인지, 질 것인지 그것을 다 확인한 다음에 전쟁에 나가서 전쟁을 하라는 그런 말씀이다. 왜 예수님께서 이런 말씀을 하셨는가? 제자의 길을 가기 전에 미리 알고 가라는 말씀이다. 이 길이 무슨 길인지, 가면 어떤 일이 있는지를 분명히 알고 가라는 말씀이다.

내가 처음 신학교에 들어갔을 때 서울에 있는 모 여자대학에서 '자기 남편의 직장, 자기 남편의 직업으로 무엇을 선호하느냐?' 이런 앙케트가 있었다. 법관, 의사로 시작해서 순번이 내려오는데 아무리 찾아보아도 목사는 없었다. 몇 번째에 나타났을까? 17번째인데 16번은 이발사였다. 학우들끼리 웃으면서 말했다. "야! 이제 우리 장가가기는 다 틀렸구나." 그런데 요즘은 17번이었던 '목사직'이 4위권 안으로 올라갔다고 한다. 거짓말인지 사실인지는 모르겠지만 순번이야 어떻게 됐든 참으로 하나님의 뒤를 따르는 자는 포기하고 주님을 따르지 않으면 안된다.

이것은 목사만의 이야기가 아니다. 우리들은 주님 앞에서 내가 가는 길이 어떤 길인지를 알고 가야 한다. 당신은 왜 예수를 믿었는가? 지금 왜 주님을 따라가고 있는가? 예수 믿으면 병도 낫고, 자녀도 잘 되고, 장사도 잘 되고 또 출세도 하기 때문에 하나님이 이런 여러 가지 물질적이고 현세적인 복을 주시기 때문에 주님을 따라가는가? 그러다가 만일에 여러분 뜻대로, 기대대로 되지 않으면 어떻게 하겠는가? 분명히 알고 따라가기를 바란다. 주께서 우리에게 복을 주셨다. 우리를 구원해 주셨다. 그러나 제자로 사는 길을 가는 중에 고난도 당할 것이다. 부족함도 경험할 것이다. 억울함도 맛볼 것이다. 답답함도 경험할 것이다. 손해도 볼 것이다. 자존심도 상할 것이다. 그래도 괜찮은가? 그렇다. 그래도 따라가는 사람이 바로 제자다. 제자의 길은 이익만 있는 것이 아니라 손해도 있는 길이다. 우리는 주님을 따르는 제자들이다. 주님이 욕을 당하셨으니 제자도 욕을 당할 수 있어야 한다. 주님이 우리를 위해 고통을 받으셨으니 우리도 주님과 함께 고난을 당해야 한다. 우리도 주님과 이웃을 위해 당할 고난을 감수해야 되는 것이다. 참된 제자는 자기의 이익을 포기한다. 자기 생각을 포기한다. 자기 욕심을 포기한다.

우리는 포기하는 제자의 길을 걸어가야 한다. 아무리 계산해도 망대 지을 비용이 나오지 않는 성도가 있을 것이다. 이럴 때, 어떻게 해야 하는가? 혼자서 열심히 계산하지 말고 내게 있는 모든 것들을 포기하고 주님께 드리기 바란다. "주여, 이것밖에 없습니다. 어떡합니까? 주님이 받으셔서 우리가 망대 지을 수 있는 넉넉한 비용을 주님이 채워 주실 줄로 믿습니다." 이것이 포기하는 자에게 오는 귀한 축복이다.

이중표 목사님께서 내게 이런 재미있는 이야기를 해 주신 적이 있다. 하루는 그 교회 부자 장로님들과 함께 식당에 가서 식사를 했다고 한다. 옷을 벗어 두고 식사를 다 마친 다음에 웃옷을 다시 입고 하루종일 살 것을 사고, 지불할 것은 지불했는데 원래 이목사님의 지갑은 아주 얇은 지갑이었다고 한다. 돈이 얼마 없는 지갑, 그런데 그날따라 지갑이 얼마나 두둑하던지 아주 굵은 지갑으로 변해 있었다고 한다. 그래서 하루 종일 돈을 많이 썼다고 한다. 그 다음 날에야 알게 된 사실이 있는데, 그 옷에 들어 있는 그 지갑은 바로 장로님의 지갑이었다고 한다. 남의 지갑의 돈을 가지고 썼던 것이다. 그렇게 정신없이 산다고 하는 얘기를 들으면서 우리는 웃었다. 그러나 포기하는 원리가 여기에 있다. 당신의 얇은 지갑을 보고 있는가? 아무리 계산해도 부족하다. 망대 짓는 비용이 나오지 않을 것이다. 여기에 포기의 원칙이 있다. 이것을 주님에게 드려라. 그리고 주님이 우리를 위해 준비해 놓은 주님의 옷을 받아 입어라. 주님의 옷 속에 있는 굵은 지갑을 소유하기를 바란다. 주님은 오늘도 준비해 놓은 자기의 모든 것을 포기하고 주님을 바라보는 자를 위하여 새로운 옷을 입혀 주시고 굵은 지갑을 쥐어 주신다. 우리로 인하여 수많은 일들을 해나가는 망대를 세워 위대한 인생이 되도록 해 주실 것이다.

한 아이가 보리떡 5개, 물고기 2마리를 가지고 있었다. 자기가 가지고 있었던 것을 주님 앞에 드렸다. 작은 것, 모든 것이 드려질 때 주님의 손에서는 5천 명을 먹이는 놀라운 양식이 되지 않았는가! 내 힘으로 내 인생의 망대를 세우려고 하지 말라. 포기하고 주님께 드릴 때 참으로 얻게 될 것이다. 또 우리는 군사가 부족하다고 느낄 때가 많을 것이다. 아무리 세어 보아도 만 명밖에 안되고 적군은 이만 명이다. 이런 상황을 경험할 것이다. 힘이 부족하다. 지혜가 부족하다. 재능이 부족하다. 아무리 생각해 보아도 내 힘으로 안될 것 같은 그런 절망의 순간을 경험하고 있는가? 포기할 수 있기를 바란다. 내가 가진 모든 것을 주님 앞에 맡기면 주님은 새롭게 우리를 받으시고 우리와 함께 연합군을 만들어서 그 어떤 적군이라도 넉넉하게 이길 수 있는 위대한 군대로 만들어 주실 것이다. 내 부족한 능력과 지혜와 재능을 주님께 내어 놓으면 주님께서 모든 전쟁과 대적을 책임지시고 우리로 하여금 승리하도록 복을 내려 주실 것이다.

내게 있는 물질과 지혜와 재능 이런 것들을 내가 만약 움켜쥐고 있으면 이것은 그대로 부족한 것이 될 것이다. 그러나 반대로 손을 펼치면 주님이 사용해 주신다. 주님 앞에 포기하며 바치라. "주님, 이것이

저의 지혜입니다. 이것이 제가 가진 모든 능력입니다. 제 힘으로는 할 수 없습니다. 주님 받으소서." 이렇게 바치는 순간에 우리 주님은 연약한 우리의 모든 것을 받으셔서 강하게 사용하시고 위대한 하나님의 군대로 사용해 주실 것이다.

나 혼자 하려고 하지 말고 포기하라. 주님과 합쳐서 주님과 함께 일을 하자. 나 자신만의 목표를 포기하고 주님의 목표를 내 것으로 삼기를 바란다. 나 자신의 모든 것을 포기하고 주님과 함께 하여 주님의 풍성함을 누리는 참된 제자의 길을 가기를 바란다. 참으로 주님을 사랑하기를 원하는가? 주님을 위해 모든 것을 조금 덜 사랑하기 바란다. 참으로 성공하기 원하는가? 십자가를 피하지 말라. 엉뚱한 것을 짐이라고 지지 말고 다 주님께 맡겨라. 주님의 십자가를 내가 지자. 참으로 모든 것을 얻기 원하는가? 주님 앞에 모든 것을 포기하고 맡기면서 드리자. 그러면 주님께서 우리를 통해서 큰 역사를 이루어 주실 것이다.

순례자의 노래에 이런 가사가 있다. "우리는 그가 가신 길을 따라가네. 우리의 발이 찢어진들 어떠리. 그가 표해 놓으신 길에서는 덩굴과 가시가 환영을 받는다네. 보이지도 않고 들리지도 않고 인정받지도 못하고 미움 받고 상하고 명성을 얻지도 못하지만 우리의 노래 속에 있다네. 예수님, 모두를 버리고 당신을 따르려 나는 내 십자가를 졌습니다. 가난했고 멸시받고 버림받은 당신은 지금부터 나의 전부입니다. 온 세상이 당신을 버릴지라도 주님의 은혜로 나는 주님을 따르겠습니다." 이렇게 기도하며 주님을 따르는 참된 제자로 살아가기를 바란다. 이것이 당신의 고백이 되기를 바란다.

chapter 2

제자 되게 만드는 동력 : 은혜
(딛2:11-14)

프랑스에 니스라고 하는 아름다운 곳이 있다. 그 근처에 에지라고 하는 곳이 있는데 거기에는 자연주의자들이 모여 살고 있다. 말이 자연주의자이지 이 사람들이 사는 방식은 독특하다. 옷을 입지 않고 살아간다. 에덴동산 시절처럼 그렇게 살아가는 사람들이 거기에 모여 살고 있는 것이다. 그런데 한 목사님께서 그곳에 복음을 전하기 위해서 그 사람들과 시간 약속과 장소를 잡았다. 거기 있는 사람들이 모두 그곳에서 목사님을 기다렸다. 사람들은 목사님과 전도사님이 출발하기 전에 의논했다. "어떻게 할까? 전부 벗고 올 사람들을 위해서 복음을 전할 터인데 어떻게 하면 제일 좋을까? 에이, 우리도 벗자." 그렇게 해서 전부 벗고 드디어 그 장소로 도착했다. 그런데 거기에 있던 사람들은 목사님이 오신다니까 어찌 옷을 벗고 맞이하겠는가? 전부 옷을 입고 기다리고 있었다.

목사님과 전도사님이 도착하고 보니까 벗은 사람은 자기들밖에 없었다. 나머지 일은 상상해 보기를 바란다.

율법과 은혜

이 이야기를 통해서 우리는 율법이 무엇이며, 은혜가 무엇인지를 짐작하게 된다. 율법이라고 하는 것은 벗고 있는 그들에게 찾아가서 옷을 입은 채로 "너희들 그게 무슨 짓이냐? 당장 옷을 입지 못하겠느냐?" 이렇게 말한다면 이건 율법인 것이다. 그러나 이 목사님처럼 자기도 똑같이 옷을 벗고 그들의 모습으로 그들에게 다가가서 하나님의 사랑의 말씀을 전할 때 그것을 우리는 은혜라고 말할 수 있다. 율법은 우리를 훈계한다. 율법은 우리에게 "그것은 나쁘다, 그것은 좋다." 이렇게 판단한다. 율법은 우리의 죄를 깨닫게 해 준다. 율법은 우리의 한계를 깨닫게 한다. 그래서 결국은 우리로 하여금 두 손, 두 발 다 들고 절망하도록 만든다. "난 안되겠구나."하고 절망하게 만든다. 그러나 하나님의 은혜는 우리를 살려 준다. 은혜는 우리를 구원해 준다. 은혜는 우리를 용납해 준다. 하나님의 은혜는 우리를 자라게 해 준다. 아무리 큰소리를 지르면서 그렇게 하지 마라 하여도 그 말 때문에 안 하게 될 사람은 아무도 없다. 율법이 우리를 자라게 하는 것이 아니라 하나님의 은혜가 우리를 자라게 해 준다.

버리게 만드는 힘 : 은혜

이 말씀은 은혜가 우리를 양육하는 구체적인 모습을 말씀한다. 은혜는 우리로 하여금 버려야 할 것을 버리게 해 준다. 가져서는 안될 것들을 과감하게 버릴 수 있도록 해 준다. 정욕을 버리게 하고, 죄를 버리게 하고, 나쁜 것들을 버리도록 우리에게 은혜를 주신다.

11~12절 상반부 말씀을 보자. "모든 사람에게 구원을 주시는 하나님의 은혜가 나타나 우리를 양육하시되 경건하지 않은 것과 이 세상 정욕을 다 버리고"

은혜는 우리로 하여금 버릴 수 있도록 해 준다. 신앙생활을 처음 시작하면 제일 걸림돌이 되는 것이 무엇인가? 그게 바로 버리는 것 아니겠는가? 주님을 따라가기로 작정한 그날부터 버려야 될 것이 왜 그리 많은지 모르겠다. "이것도 하지 말라, 저것도 하지 말라." 이전에 했던 재미있는 일을 이제는 못하게 되었다. 그것이 너무 힘들고 어려워졌던 그런 경험을 한 사람이 많이 있다. 그래서 전도를 하다 보면 "예수 믿어라" 그러면 조금만 더 재미있게 살다가 다 늙고 병든 다음에 내가 믿겠노라고 이렇게 말하는 사람을 만나게 된다. 혹은 이 문제가 해결이 안돼서, 버리는 것이 너무 힘들어서 주님 앞에 나오지 못하는 사람들도 많이 있다. 그러나 버리는 것 그것이 먼저가 아니다. 버리려고 힘쓰는 것보다 더 중요한 것이 있으니 그것은 바로 은혜의 근원되시는 예수 그리스도 앞에 나오는 것이다. 그 주님께 나와서 은혜를 받으면 자기도 모르게 버려야 될 것을 버리게 된다는 말씀이다.

그런데 왜 버리고 싶은데 버릴 수 없는 것인가? 원숭이를 잡는 방법은 여러 가지가 있다. 그 가운데 대표적인 방법 하나가 이것이다. 원숭이가 자주 다니는 길에 유리병을 설치해 놓고 거기에 손이 들어갈 만큼 좁은 구멍을 만들어 두고 그 앞에 바나나 같은 것을 놓아둔다.

그러면 원숭이가 구멍 속에 손을 집어넣고 바나나를 잡는다. 그리고 그것을 먹으려고 당기는데 구멍에 걸려서 나오지를 않는다. 낑낑대면서 30분, 1시간 이상을 싸운다. 놓으면 될 텐데 이 미련한 원숭이는 놓지를 못한다. 그래서 그냥 가까이 가서 그렇게 낑낑대고 있는 원숭이를 잡아가면 되는 것이다. 그런데 원숭이가 쥐고 있는 것을 놓게 하는 방법이 있다. 그것은 원숭이 쪽으로 가서 원숭이가 더 좋아하고 더 맛있는 것을 눈에 보이게 하는 것이다. 그리면 원숭이가 바나나를 보고 있다가 더 맛있는 것을 보는 순간 자기도 모르게 손을 놓아 버리고, 그 맛있는 것을 향해 손을 뻗어서 그것을 잡는 것이다. 여기에 원리가 있다. 어떻게 우리가 버릴 수 있는가? 그냥은 못 버린다. 버릴 수 있는 원리는 예수 그리스도를 맛보는 것이다. 하나님의 은혜를 체험하는 것이다. 하나님이 우리에게 주시는 그 거룩한 사랑을 체험하는 것이다. 그리스도의 은혜, 그것을 맛보게 되면 우리도 모르게 이전에 좋아하던 모든 것들 버리게 된다. 더 맛있는 것, 더 귀한 것을 잡기 위하여 손을 뻗다 보면 이전에 즐기던 모든 것을 놓아 버리게 된다. 이것이 바로 은혜다.

바울이 그랬다. 그가 이전에 귀하게 여기던 것, 좋아하던 것 그 모든 것을 예수 그리스도를 만난 다음에 전부 버리고 말았다. 왜? 주님이 너무 귀하고, 너무 아름답기 때문이라고 그는 고백한다.

빌립보서 3장 7~8절을 보자. "그러나 무엇이든지 내게 유익하던 것을 내가 그리스도를 위하여 다 해로 여길 뿐더러 또한 모든 것을 해로 여김은 내 주 그리스도 예수를 아는 지식이 가장 고상하기 때문이라"

이태리 명장 스트라디바리우스가 만든 바이올린은 굉장히 비싼 악기다. 수백만 불에 달한다. 돈으로 계산할 수 없을 만큼 귀한 바이올린이다. 그런데 왜 저렇게 비싼 값에 팔릴까? 공명이 좋기 때문이다. 잘 울리기 때문이다. 거장이 아주 기술적으로 잘 깎아서 만들었다. 그래서 소리가 얼마나 잘 공명이 되고 퍼져나가는지 모른다. 명기가 되기 위해서는 잘 비워야 한다. 효과적으로 비워야 한다. 비워낼 때 거기에 귀한 소리가 담길 수 있다.

영성이 무엇인가? 영성은 바로 비우는 것이다. 내가 하나님의 은혜로 비우게 되면 하나님의 거룩한 은혜가 내 속에 가득 차게 되는 것이다. 내가 비워서 바로 하나님의 은혜를 채우는 것, 그것이 바로 믿음의 성장이라고 말할 수 있다. 제자는 늘 주님과 동행하면서 성장하고 자라야 한다. 그래야 참된 제자라고 할 수 있다. 그러므로 우리는 내 속에 하나님의 소리를 채워야 한다. 하나님의 은혜를 채워야 한다. 예수님을 바로 만나면 자기도 모르게 비워지게 된다. 주님의 은혜가 내 속에 있는 것을 전부 비우게 만든다. 비우게 되면 이전에 좋아하던 것이 싫어지게 된다. 이전에 값어치 있게 보이던 것이 무가치하게 된다. 이전에 즐거웠던 것이 이제는 너무 재미가 없게 된다. 이전에 내가 향기롭게 맡았던 냄새들이 지금은 악취로 여겨지게 된다. 비우기 위해 예수 그리스도의 은혜를 맛보기를 바란다. 주님의 사랑을 맛볼 수 있기를 바란다. 주의 은혜를 체험하게 되면 자기도 모르게 버리게 된다. 비우게 된다. 말씀의 맛을 보기를 바란다. 기도의 달콤함을 맛볼 수 있기를 바란다. 예배의 감격에 빠질 수 있기를 바란다. 하나님의 은혜를 맛볼 수 있기를 바란다. 그러면 나도 모르게 경건치 않은 것을 버리게 될 것이다. 세상 정욕을 버리게 될 것이다. 하나님의 은혜를 맛보라. 그리스도 앞에 나와서 날마다 그 은혜를 체험하며 그 은혜를 받을 때 당신은 버리게 되는 귀한 영적인 성장으로 나가게 될 것이며, 주님의 제자가 되어 갈 것이다.

은혜 받은 제자가 붙잡게 되는 세 가지 줄

그뿐 아니라 한걸음 더 나아가서는 마땅히 가져야 될 것을 취하게 되는 그런 힘을 받는다. 은혜가 취하게 한다. 은혜가 붙잡게 한다. 은혜가 잡아야 될 것을 잡게 만든다.

12절 말씀을 보자. "우리를 양육하시되 경건하지 않은 것과 이 세상 정욕을 다 버리고 신중함과 의로움과 경건함으로 이 세상에 살고"

여기에 세 가지가 나온다. 신중함과 의로움과 경건함이다. 은혜를 받은 제자는 참으로 중요한 세 가지를 붙잡게 된다.

먼저는 자기와의 관계에서 신중하게 된다. 옛날 개역한글판 성경에서는 '신중'이라는 단어가 '근신'으로 번역되어 있다. 그렇다면 '근신'이라고 하는 것이 무엇인가? 자신을 자제하고 조절하고 통제하는 능력이다. 하나님의 은혜가 스스로 자기 자신을 통제하게 만들어 준다. 조절하게 만들어 준다. 자제하게 만들어 준다.

그뿐 아니라 은혜 받은 제자는 다른 사람과의 관계에서 의로움을 찾게 된다. 의로움이란 무엇인가? 의로움이라고 하는 것은 다른 사람에게 선을 행하는 것, 다른 사람에게 잘 대하는 것, 바로 대하는 것 이것이 바로 의로움이다. 은혜를 받으면 참으로 다른 사람들과의 관계에서 항상 선을 행하게 된다.

그뿐 아니라 은혜 받은 제자는 하나님과의 관계에서 경건하게 살게 된다. 경건함이라고 하는 것은 하나님 앞에서 하나님의 뜻대로 살아가는 것, 하나님이 원하는 삶을 살아가는 것이 바로 경건함이다. 하나님의 은혜를 받은 제자는 나도 모르게 이 세 가지 줄을 잡게 된다. 자기 자신의 줄을 잡게 된다. 잘 절제하게 된다. 그리고 자신을 통제하게 된다. 다른 사람들과의 관계에서 항상 친절하고 선을 행하게 된다. 그뿐 아니라 하나님 앞에서 하나님 기뻐하는 것을 붙들게 된다. 선을 행하는 사람이 된다.

은혜 받은 제자를 붙들어 주시는 줄 : 은혜의 줄, 사랑의 줄

그런데 가만히 보면 내가 이 세 줄을 잡고 있는 것처럼 보이지만 그렇지 않다. 저 뒤에 가면 그 줄을 잡고 있는 분이 따로 계신다. 그 줄을 잡고 있는 분은 바로 예수 그리스도, 우리가 가슴 속에 모셔 드렸던 그분이다. 우리 주님을 모시게 되면 그분이 우리를 은혜의 줄과 사랑의 줄로 꽁꽁 묶어서 나도 모르는 사이에 스스로를 통제하게 만든다. 다른 사람에게 선을 행하게 만든다. 하나님의 뜻대로 움직이도록, 하나님이 기뻐하는 일을 행하도록 만들어 준다. 우리는 지금 여기까지 하나님의 사랑의 줄에 매여서 왔다. 우리가 지금 이 삶의 자리에 자유롭게 서 있는 것처럼 보이지만, 사실은 하나님이 사랑의 줄로 다 묶으셔서 이곳까지 끌고 오신 것이다. 우리는 지금까지 사랑의 줄에 매여서 인생을 살아왔다. 앞으로도 이 줄이 우리를 놓지 않게 될 것이다. 이 은혜의 줄이 우리를 묶게 되면 우리는 우리도 모르게 신중하게 되고, 의로움을 추구하게 되고, 경건하게 사는 주님의 제자로 살게 될 것이다. 은혜가 나로 하여금 취하도록 만들어 준다. 이 귀한 끈이 은혜 받은 제자를 붙들어 준다. 이 은혜의 끈이 다른 사람들과의 관계를 화목하게 만들어 준다. 이 은혜의 끈이 하나님 앞에서 경건하게 살도록 우리를 인도한다.

지난 주일에 인도네시아 발리에서 오던 비행기가 큰 사고를 당했다. 갑자기 상공에서 에어포켓이라고 하는 난기류를 만났다. 비행기가 100m 아래로 떨어져 버리고 말았다. 40여 명이 다쳤다. 그런데 누가 다쳤을까? 비행기 안에서 돌아다니던 사람들이 다쳤다고 한다. 그리고 안전벨트를 매고 있지 않던 사람들도 다 다쳤다고 한다. 안전벨트를 느슨하게 매고 있던 사람들도 다쳤다. 떨어지는 동안에 목이 천장에 닿아서 머리를 다친 것이다. 안전벨트를 꼭 하라. 식사할 때도 하고, 그냥 불이 꺼져도 안전벨트를 하고 다니기를 바란다.

우리는 하나님의 은혜의 줄에 묶여 있어야 한다. 항상 24시간 365일 내내 일생 다가도록 하나님의 은혜의 줄이 우리를 묶고 우리를 붙들고 있도록 그 줄에 매여 있어야 할 것이다. 스스로 그 줄에 매여 있기를 힘쓸 수 있기를 바란다. 매일매일 은혜를 받아 그 줄이 나를 매도록 할 때 우리는 하나님의 은혜 속에 이 세상을 승리하며 살게 될 것이다. 많은 에어포켓들이 있다. 많은 난기류들을 만나게 될 것이다. 그러나 하나님의 사랑의 줄에 매여 있는 사람은 절대로 사고를 당하지 않는다. 은혜가 우리를 붙들어 주기 때문에, 은혜가 우리의 자신을 절제해 주기 때문에, 은혜가 다른 사람들과의 관계를 바로 잡아 주기 때문에, 은혜가 하나님 앞에서 우리가 원하는 것을 하나님이 원하는 것으로 바로 살도록 인도하기 때문이다.

어떤 성도가 고속버스를 탔다. 그런데 옆자리에 아주 교양 없는 아주머니가 앉게 되었다. 아기를 둘이나 데리고 왔다. 아이를 좀 돌보면 될 텐데 이 아주머니는 아이를 돌보지 않는 것이다. 아이들은 떠들면서 자기에게 장난을 걸어왔다. 그런데 이 아주머니는 껌을 짝짝 씹다가 잠이 들었다. 드르렁 드르렁 코를 골고 자는데 얼마나 그 모습이 미운지 아주 힘들었다. 이 아이들 때문에 견딜 수가 없는 것이다. 화를 좀 내려고 이 아주머니를 깨워서 아이들 좀 잘 보라고 한 번 훈계를 해 주고 싶은데 하나님의 말씀이 들린다. "야, 참아라. 그 아이들을 네 아이처럼 잘 볼 수 없느냐?" 그 순간에 깨달음이 왔다. 그리고 하나님께 감사했다. "하나님, 이 여자 남편은 평생을 이 여자랑 살아야 되는데 하나님, 감사합니다. 저는 몇 시간만 참으면 되니까 얼마나 감사합니까?" 그렇게 하고는 그 아이들을 잘 봐줬다는 것이다.

은혜는 이런 작은 일 하나까지 우리를 절제하게 해 준다. 다른 사람들에게 선을 행하게 해 준다. 이 귀한 은혜의 줄이 하나님 기뻐하는 일을 하게 해 주는 것이다. 우리를 잡고 있는 은혜의 끈이 우리로 하여금 자신을 지켜줄 것이다. 이웃과의 관계를 지켜줄 것이다. 하나님 앞에서 경건한 삶을 살게 해 줄 것이다. 날마다 하나님의 은혜의 끈에 매여서 살게 되기를 바란다.

서해상에 나가면 고기를 잡는 배들이 있다. 우리 한국 배도 있고, 중국 배도 있다. 그런데 똑같은 고기이지만 중국 배에 잡힌 고기는 굉장히 싸구려 고기가 된다. 그러나 같은 고기라도 한국 배에 잡히면 비싼 고기가 된다. 귀하신 몸이 되는 것이다. 조기 한 마리가 얼마나 비싼지 아는가? 한국 배에 잡히면 그 고기는 대접을 받는다. 사람들이 얼마나 귀하게 여기는지 모른다.

이왕 잡힐 것 이라면 하나님의 은혜의 줄에 잡히기를 바란다. 세상에 붙들리면 우리의 삶은 정신없는 삶이 된다. 세상이 이끄는 대로 간다. 싸구려 인생을 살 수밖에 없다. 허망한 인생을 살 수밖에 없다. 그러나 주님의 사랑과 은혜의 줄에 붙들린 제자의 인생은 그때부터 아주 고귀하고 존귀한 인생으로 변하게 될 것이다. 세상의 정욕과 이기심에 붙잡힌 싸구려 인생으로 살지 말라. 예수 그리스도의 은혜의 줄에 매여서 우리의 인생이 신중함과 의와 그리고 또한 경건함을 날마다 취하며 사는 값비싼 인생의 주인공들이 되기를 바란다. "주님, 나를 은혜의 줄로 묶어 주시옵소서. 주의 사랑에 매여 바른 것을 취하고 주님이 원하시는 것을 붙들어 이 세상 속에서 승리하는 사람으로 살게 해 주옵소서." 이 모든 것이 우리의 아름다운 소원들이 될 수 있기를 바란다.

은혜 받은 제자가 바라보는 것

하나님의 은혜가 우리를 자라게 해 준다. 우리를 버리게 해 준다. 버려야 될 것을 버리게 해 줄 뿐 아니라 잡아야 할 것을 잡게 만들어 준다. 그뿐 아니라, 하나님의 은혜를 받으면 그때부터 비로소 볼 것을 바로 보게 만들어 준다. 은혜가 우리를 바라보게 해 준다. 현재를 보지 않고 미래를 보게 해 준다. 고난을 보지 않고 고난 뒤에 있는 하나님의 뜻을 보게 해 준다. 물질을 보지 않고 물질 뒤에 역사하시는 하나님의 섭리를 보게 해 준다. 고통을 보지 않고 고통 뒤에 하나님께서 주시는 축복을 바라보는 귀한 은혜를 우리에게 주신다.

13절 말씀을 보라. "복스러운 소망과 우리의 크신 하나님 구주 예수 그리스도의 영광이 나타나심을 기다리게 하셨으니"

우리의 믿음이 성장하려면 버릴 것을 먼저 버리는 것이다. 취할 것을 취하는 것이다. 그리고 나아가서는 바라볼 것을 바라볼 줄 알게 하는 것이다. 무엇을 바라보고 살 것인가 하는 것을 깨닫는 것이다. 비전의 문제다. 삶의 목표에 대한 문제다. 하나님의 은혜는 우리를 제대로 바라보게 한다. 어떤 경우에도 복된 소망이 되시는 그리스도를 바라보게 해 준다. 땅을 보지 않고 하늘을 바라보게, 현재를 보지 않고 미래를 보게 한다. 순간을 보지 않고 영원한 것을 보도록 우리를 인도해 주신다.

스데반이 돌에 맞아 죽어갈 때, 스데반은 돌 던지는 사람을 보지 않

았다. 만약에 그들을 보았으면 증오로 이글거렸을 것이다. "너 두고
보자. 잘될 줄 아느냐? 나 죽이고 너 잘될 줄 아느냐?" 아마 그렇게 원
한을 품었을지도 모른다. 돌을 보지 않았다. 날아오는 돌은 얼마나 무
서운 돌인가? 자기를 아프게 하는 돌도 보지 않았다. 하나님의 은혜가
스데반으로 하여금 하늘을 보게 했다. 하나님의 비전을 보게 했다. 그
보좌 우편에 서 계신 예수 그리스도를 보게 했다. 오히려 돌 던지는
그들을 위하여 기도했다 "주여, 저들을 용서하옵소서. 저들의 죄를 용
서하옵소서. 저들에게 돌리지 마옵소서." 그 말을 하고 스데반은 하나
님의 품에 안겼다.

우리가 이 세상에서 물 흘러가는 대로 그럭저럭 살게 되면 우리도
모르게 그만 이 땅의 것들을 바라만 보게 될 것이다. 무엇을 보게 될
까? 돈을 보게 될 것이다. 일주일 내내 돈만 보게 될 것이다. 돈에 따
라서 얼굴 색깔이 바뀌게 될 것이다. 돈이 들어올 때는 얼굴이 돈 색
깔처럼 누렇게 변할 것이다. 돈이 빠져 나갈 때는 얼굴이 새파랗게 변
할 것이다. 사람을 보고 살면 사람이 자기에게 잘해 줄 때는 발그레한
홍조를 띨 것이다. 사람이 자기를 배신할 때는 얼굴이 온통 붉은 색깔
로 변할 것이다. 화로 충만한 얼굴이 될 것이다. 이 세상의 환경만을
보게 되면 환경이 나를 속이고, 환경이 나를 핍박할 때 절망하게 될
것이다. 하얗게 질리게 될 것이다. 또한 환경이 잘 풀려갈 때는 기분
이 좋아질 것이다. 그러나 우리는 그런 것들을 보지 않아야 한다. 하
나님의 은혜는 땅을 보지 않게 한다. 돈을 보지 않게 한다. 사람을 보
지 않게 한다. 환경을 보지 않게 한다. 하나님의 은혜는 하나님을 바
라보게 한다. 예수 그리스도를 바라보게 한다. 그분이 준비하신 미래

를 보게 한다. 그분께서 우릴 위해 펼쳐 놓으실 아름다운 역사들을 바라보게 하는 놀라운 능력을 우리에게 주신다. 그러나 우리가 하나님 은혜 속에 있으면 나도 모르게 이 귀한 은혜가 나의 삶 전체를 미래로 옮겨 놓는다. 눈에 보이는 것을 보지 않고, 보이지 않는 것을 보게 된다. 순간을 보지 않고, 영원을 보게 된다. 땅을 보지 않고, 하늘을 바라보게 되는 것이다. 은혜 받은 제자는 하늘을 바라보게 된다.

어떤 젊은이가 경비행기를 타고 가다가 추락했다. 정글에서 조난을 당했다. 아무리 기다려도 구조대가 오지 않았다. 절망해 버리고 말았다. 배는 고프고 힘은 빠져갔다. 결국 그는 인생을 포기한 채 누워 있었다. 한편 그 젊은이의 아버지가 구조대를 만들어서 찾아 나섰다. 그리고 아이디어를 생각해 냈다. 전단지를 만들었는데 이런 글을 인쇄했다. "아들아, 내가 너를 사랑하노라. 조금만 참아라. 곧 찾으러 가겠다." 그걸 그 넓은 밀림에 다 뿌렸다. 과연 그 생각은 적중했다. 아들은 바로 날아오는 종이를 받았다. 아들은 그 글을 읽는 순간에 놀라운 기쁨이 생겼다. "아들아, 내가 너를 사랑한다." 사랑한다는 말을 들었다. 찾아오고 있다는 말을 들었다. 그는 그 자리에서 벌떡 일어났다. 그리고 옷을 벗어서 흔들기 시작했다. 얼마 뒤에 그는 아버지가 타고 오는 비행기를 볼 수 있었다. 그리고 무사히 구출 받을 수 있었다.

하나님께서 말씀하신다. "아들아, 사랑하는 딸아, 내가 너희를 사랑한다." 주님의 그 귀한 사랑을 확인한 제자는 언제든지 고개를 들어 하늘을 바라볼 수 있게 된다. 예배를 드릴 때, 예배 가운데 임재하시는 주님께서 우리로 하여금 고개를 들어 주님을 바라보게 한다. 하늘을 바라보게 한다. 기쁨 가운데 새로운 희망을 가지고 소망 가운데 일어서게 한다.

설교가 무엇인가? 설교는 하나님께서 하나님의 백성들을 향해 "사랑하는 아들, 딸들아, 내가 너희를 사랑하노라."하고 말씀하시는 메시지다. 하나님께서 사랑한다고 말씀하시는 메시지, 위로의 메시지, 능력의 메시지다. 그것이 우리에게 선포될 때, 은혜는 우리로 하여금 일어나게 한다. 바라보게 한다. 현재를 보지 않고, 미래를 보게 해 주는 것이다. 나도 모르게 내 고개를 들어서 나와 함께 계시는 여호와 하나님을 바라볼 수 있도록 해 주는 것이다. 그래서 하나님의 은혜는 오늘도 우리로 하여금 선한 일에 열심을 내는 하나님의 친백성이 되도록 이끌어 주시는 것이다. 은혜가 우리를 바라보게 한다. 그 바라보는 것을 향해서 좇아가며 하나님을 위하여, 하나님의 역사를 위하여 힘을 내고 열심을 내는 하나님의 백성이 되게 해 주시는 것이다. 전도에 열심을 내게 한다. 예배에 열심을 내게 한다. 선교에 열심을 내게 한다.

제자 되게 만드는 동력 : 은혜

프랑스에 가는 사람들은 베르사유 궁전을 만날 수 있다. 그 화려한 베르사유 궁전과 루이 14세를 우리는 기억한다. 그는 창문 하나를 설계할 때에도 길게 만들었다. 그 이유는 밖에서 볼 때, 그림자가 길게 나타나서 신처럼 보이게 하기 위하여 그렇게 길게 지었다고 한다. 그러나 그가 남긴 것은 죽은 박물관이 되었을 뿐이다. 우리가 잘못하면 이 땅에 죽은 유물을 남길 수 있다. 하나님이 기뻐하시는 살아 있는 생명의 유산, 복음의 유산, 거룩한 유산을 남겨야 한다.

　은혜가 우리를 양육한다. 은혜 받은 제자는 성장한다. 주님의 제자가 되게 만드는 동력은 하나님의 은혜다. 어떻게하든지 은혜를 받아야 한다. 우리의 삶에 우선순위 제 일번은 은혜를 받는 것이 되어야 한다. 은혜를 받아야 버릴 수 있기 때문이다. 은혜를 받아야 잡을 수 있기 때문이다. 은혜를 받아야 바라볼 수 있기 때문이다. 은혜를 받아야 하나님이 기뻐하는 일을 행할 수 있기 때문이다. 하나님의 은혜를 받아라. 예배를 통해, 새벽기도를 통해, 성경공부를 통해, 구역을 통해서 은혜를 받아라. 훈련을 통해 힘있는 성도로 성장하라. 또한 하나님 앞에 은혜를 받아서 하나님의 기뻐하시는 선한 일을 위해서 선교를 위해서 열심을 내며 일하는 성도, 선교하는 성도, 주님이 기뻐하는 삶을 살아가는 복된 주님의 제자가 되기를 바란다.

chapter 3

제자가 만나는 시험 : 올라가는 길
(막10:32-34)

어느 마을에 10년 만에 처음 나는 대단한 홍수가 나서 온 동네가 물바다가 되어 버렸다. 한 사람이 물을 피하여 급한 김에 지붕위로 올라갔는데, 물이 점점 차올라 와서 무릎까지 왔다. 이제 곧 죽게 생겼다. 다급해진 이 사람은 하나님께 기도하기 시작했다. "하나님! 나 좀 도와주십시오." 이제 거의 생명이 얼마 남지 않은 것을 알고 마지막 소원을 아룁니다. "하나님! 나 마지막 소원이 있어요." 하나님이 나타나서 말씀하시기를, "그래, 이제 마지막 죽을 때가 되었으니 내가 한 가지 소원 들어주마. 뭘 원하느냐?" 그랬더니 이 사람이 마지막 소원을 말하기 시작했다. "하나님! 나 한번만 살려주세요."

사람의 소원이 수십 수백 가지가 있지만 그 가운데 제일 중요한 소원이 무엇이겠는가? 생명의 관한 소원이다. 오래 사는 것, 조금이라도 더 사는 것, 그것을 사람들은 다 원하고 있는 것이다.

한강에서 구조 활동을 오랫동안 벌였던 사람들의 글을 모아놓은 것을 읽어본 적이 있다. 그런데 한강다리에서 떨어져 자살하는 사람들이 참 신기하게도 그냥 가만히 죽으면 되겠는데 열이면 열, 그들이 외치는 소리가 있다고 한다. 무엇일까? "사람 살려." 참 이상하지 않은 가? 자살하는 사람인데 왜 마지막 순간에 "사람 살려" 그렇게 말할까? 사람에게는 생명에 대한 애착이라고 하는 것이 그만큼 크다.

그런데 한 사람이 있었다. 이분은 태어날 때도 죽기 위하여 태어났고, 살아가는 모든 생활 가운데서도 계속해서 죽는 방향을 향해서 달려갔던 사람이다. 틈만 나면 사람들에게 '내가 죽을 것이다.' 이렇게 말했으며, 제자들에게도 죽을 것이라고 늘 말씀하는 분이 계셨다. 그리고 기회를 보고 있다가 드디어 가장 좋은 기회를 포착하고 죽기 위하여 여행을 시작하셨다.

올라가는 사람들

우리는 살기 위하여 지금도 아등바등 살아간다. 많은 사람들은 자기 몸을 보호하고, 생명을 유지하기 위하여 갖은 애를 쓴다. 그런데 죽기 위하여 자기 몸을 많은 사람의 대속물로 주기 위하여 걸어가고 있는 분이 계신다. 그 분이 누구신가? 예수 그리스도이시다. 그 분은 예루살렘으로 올라가는 길로 가고 계셨다. 지형 상으로 그 길은 북쪽에서 남쪽으로 내려가는 길이다. 그런데 왜 올라가고 있다고 말씀하는가? 이건 우리나라 사람의 어법과 비슷하다. 우리도 옛날에 그랬다. 저 평양에 사는 사람들도 한양에 내려간다 하지 않고, 올라간다 말했다. 부산에서 올라가는 것은 이해가 되지만, 저 북쪽에서 왜 올라간다고 말할까? 수도로 간다는 말이다. 큰 도시로 간다는 말이다. 이스라엘도 그랬다. 예루살렘은 성전이 있는 도시다. 그리고 번화한 수도였다. 그렇기 때문에 어느 쪽에서 가든지, 북쪽에서 내려와도 올라간다고 말하고 있는 것이다.

자, 그런데 사실상 예루살렘을 향해 올라가는 모든 사람들의 마음은 사실은 올라가는 것을 기대하며 간다. 정치가들은 거기 가서 정권을 쥐기 위하여 올라간다. 경제인들은 돈 벌기 위하여 올라간다. 어떻게 하든지 거기 한번 올라가서 권세를 잡기 위하여, 돈을 벌기위하여 큰 꿈을 가지고 예루살렘을 향해 올라간다. 그렇기 때문에 올라간다고 하는 표현을 쓰고 있는 것이다. 예수님께서 예루살렘에 입성하실 때 많은 사람들이 손에 종려나무 가지를 들고 예수님을 영접했다. 그들은 예수님을 환영했다. 그리고 그들이 다 예수님에 대하여 한 가지 기대가 있었다. 바로 이스라엘을 위하여 왕이 되어주실 것과 로마 모든 세력들을 제거하고 자기 민족을 위한 왕이 되실 것을 바라는 것이 그들의 기대였다.

동상이몽

동상이몽이라는 말을 들어보았는가? 같은 침대에 자고 있지만 각자 다른 꿈을 꾸는 것이 동상이몽인 것이다. 예수님과 제자들은 똑같이 예루살렘으로 올라가는 길을 가고 있는데 서로 다른 생각을 하고 있었다. 주님은 그 길을 죽으러 가는 길이라고 생각하고 계셨다. 그러나 제자들은 그게 아니었다. 출세하러 가는 길, 예수님이 이제 한 자리를 차지하시면 자기들도 좋은 자리, 예수님이 왕이 되시면 자기들도 주님의 아래에서 아주 좋은 자리, 한 몫 하겠다고 하는 꿈에 부풀어서 올라가고 있었다.

올라가는 길은 곧 내려가는 길

그러나 우리 주님께서는 분명히 예루살렘 길로 올라가는 그 길의 성격을 밝히셨다. 그 길은 바로 죽으러 가는 길, 다른 말로는 내려가는 길이라고 분명히 말씀하신다.

33절 말씀을 보자. "보라 우리가 예루살렘에 올라가노니 인자가 대제사장들과 서기관들에게 넘겨지매 그들이 죽이기로 결의하고 이방인들에게 넘겨 주겠고"

예루살렘으로 올라가는데 사실은 올라가는 것이 아니라 내려가는 길이라, 죽으러 가는 길이라, 포기하러 가는 길이라, 넘기우기 위하여 가는 길이라 주님은 말씀하신다. 올라가는 길이지만 내려가는 길이라고 하는 주님의 분명한 선포를 우리는 잘 들어야 한다.

내려가는 길은 곧 살리는 길

예수님이 만약에 문자 그대로 예루살렘을 향하여 죽으러 가지 않고, 내려가지 않고, 올라가셔서 왕이 되셨다면 무슨 결과가 있었겠는가? 만약에 이스라엘을 위한 왕이 되셨다면 우리가 교회 와서 예배드리고 있었겠는가? 만약에 그때 주님께서 내려가는 길, 죽으러 가는 길을 선택하지 않고, 올라가는 길, 영광 받는 길, 왕으로 추대되는 그 길로 가셨더라면 우리는 구원받지 못했을 것이다. 여전히 죄인으로 있었을 것이다.

예수 믿는 우리가 흔히 하는 착각은 무엇인가? 주님을 영접하고 우리는 하나님 자녀가 되었다. 죄를 씻음 받았다. 하나님나라 백성이 되었다. 복을 받았다. 지금까지 복을 받고 살았다. 이렇게 큰 은혜를 받다보니까 점점 오해를 하기 시작한다. "아, 예수 믿는 길은 무조건 올라가는 길이로구나. 사람에게 인정받고, 칭찬받고, 사람들 위에 떠오르면서 인기도 차지하고, 그저 좋은 것 밖에는 없는 모양이다." 이런 잘못된 착각이 우리 마음속에 있을 수 있다.

그러다보니까 우리에게 조금만 어려운 일이 생겨도 참지를 못한다. 예수님 때문에 조금만 고난당해도 힘겨워한다. 손해 보기를 싫어한다. 다른 사람보다 올라가기를 원한다. 교회 안에서 신앙생활하면서도 어떻게든 올라가보려고 애를 쓰는 잘못된 길로 갈 가능성이 있다. 그러나 주님이 초대한 예루살렘으로 올라가는 길은 사실상 내려가는 길이다. 주님 때문에 고난당하는 길이다. 주님 때문에 손해 보는 길이다. 주님 때문에 어려움을 극복해야 하는 길이다. 포기해야 하는 길이다.

그렇기 때문에 주님이 마태복음 16장 24절에서 이렇게 말씀하신다. "이에 예수께서 제자들에게 이르시되 누구든지 나를 따라오려거든 자기를 부인하고 자기 십자가를 지고 나를 따를 것이니라".

올라가기 위해 몸부림쳤던 사람

세계적으로 인기 있는 가수 중에 '마이클잭슨'이라는 가수가 있다. 그는 원래 흑인이었는데 수술을 여러 번 해서 백인 비슷하게 변했다. 자기 돈을 엄청나게 투자했다. 그런데 수술이 되기는 됐는데 얼굴이 많이 망가졌다. 수술을 너무 많이 해서 햇빛도 보지 못하는 얼굴이 되었다. 그만큼 백인이 되고 싶은 열망이 강했던 것을 알 수가 있다.

내려가기 위해 몸부림쳤던 사람

그런데 백인 가운데서도 흑인이 되기 위하여 몸부림쳤던 사람이 있다. '존 그리픽'이라고 하는 사람이다. 그는 1920년대 미국에서 흑인을 차별하는 것이 가장 강력했을 그때 태어났다. 그리고 예수를 믿게 되었다. 하나님 앞에 은혜 받고 보니까 이 억압받는, 차별받는 흑인들을 보고 너무 가슴이 아팠다. 그래서 이 흑인을 차별하는 인종차별 정책을 반대하는 운동을 벌이기 시작했다. 흑인들을 위로했다. 그런데 흑인들이 뭐라고 했는지 아는가? "당신도 우리처럼 흑인이 진짜 되어보지 않으면 우리 사정을 알 수가 없을 것입니다." 그 말을 듣고 그는 결심했다. "나도 흑인이 돼야지." 그래서 약품을 얼굴에 발랐다. 방사선을 이용했다. 염료를 이용했다. 자기 얼굴을 검게 만들기 위하여 애를 썼다. 그랬더니 점점 얼굴이 검게 변했다. 그리고 흑인들 틈에 가서 그들에게 하나님의 사랑을 전했다. 그가 쓴 책은 〈우리 같은 흑인〉이라는 책이다. 자기도 흑인이라는 것이다. 그는 흑인이 쓰는 화장실을 사용했다. 흑인이 타는 기차 칸을 이용했다. 그러다가 그가 60세 되던 해 너무 많이 방사선을 쬐고, 염료를 많이 사용해서 그만 피부암이 걸려서 그는 죽고 말았다.

제자의 삶의 가치는 내려가는데 있다.

하나님의 아들 예수그리스도 그분은 하나님이셨다. 그런데 인간이 되기 위하여 모든 것을 포기하시고 내려오셨다. 가장 낮은 마구간에서 탄생하셨다. 그리고 계속해서 내려가셨다. 세리와 죄인들의 친구가 되셨다. 병든 자들의 친구가 되셨다. 결국 가장 낮은 십자가 위에서 우리를 위하여 돌아가셨다. 그는 내려오고, 또 내려오는 그런 귀한 삶을 사셨다.

그리스도인의 진정한 삶의 가치는 올라가는 데 있는 것이 아니라, 내려가는 데 있다는 사실을 기억하라. 아직도 올라가서 영광 받고, 인정받고, 칭찬받는 것에 마음이 가 있다고 하면 우리는 주님의 초대를 받아야 한다. "우리 예루살렘으로 올라가자. 그 길은 올라가는 길이 아니라, 내려가는 길, 죽으러 가는 길이라." 주님은 우리를 초대하고 계신다.

내려감의 신비: 실상은 올라감

제주도에 가면 도깨비 고개가 있다. 분명히 올라가는 것처럼 보이는데 가보면 내려가는 길이다. 내려가는 길처럼 보이는데 또 가보면 올라가는 길이다. 신비의 도로라고 한다. 물론 눈의 착각에 의해서 그렇게 보일 뿐이다.

그러나, 바로 예루살렘으로 가는 길이 그런 길이다. 그 길은 올라가는 것처럼 보이지만 사실은 내려가는 길이다. 내가 낮아지고, 손해보고, 포기하고, 겸손하게 계속 주님과 더불어 죽으러가는 길, 그 길이 바로 우리가 가는 이 십자가의 길, 예루살렘으로 가는 길인 것이다. 그러므로 우리는 주님과 더불어 함께 죽기 위하여, 낮아지기 위하여, 섬기기 위하여, 모든 것을 포기하며, 자기를 희생하면서 주님과 함께 예루살렘으로 올라가야 할 것이다.

이렇게 내려가고, 희생하고, 죽는 예루살렘길 그 끝에는 부활의 놀라운 영광이 있다. 이 길은 부활로 가는 길이다. 만약 죽음으로 내려가는 것으로 모든 것이 끝난다면 이 길의 의미는 없을 것이다. 그러나 이 고생의 길, 포기의 길, 자기희생의 길, 내려가는 길의 끝에는 부활의 영광이 기다리고 있다. 그렇기 때문에 예루살렘으로 올라가는 길은 부활로 가는 길인 것이다.

34절 말씀을 보자. "그들은 능욕하며 침 뱉으며 채찍질하고 죽일 것이니 저는 삼일 만에 살아나리라 하시니라"

삼일 만에 살아난다고 말씀한다. 만일 우리가 주님 때문에 고생하고, 손해보고, 믿음 때문에 어려움을 당하고, 고난당하는 것으로 끝이라면 바울의 고백처럼 우리는 세상에서 가장 불쌍한 사람이 될 것이다. 만약에 그렇다면 예수 믿을 필요도 없다. 그러나 고난의 끝에는 부활의 영광이 기다리고 있다. 이 길을 쭉 따라가면 부활의 아침이 기다리고 있다. 우리는 부활의 기쁨을 미리 앞당겨서 오늘을 살아야 한다. 이 길의 끝에는 부활의 영광이 기다리고 있으니 오늘 그 부활의 영광을 미리 앞당겨서 맛보고 살아가기를 바란다.

지금은 이미 고인이 되었지만 한국의 역사에 정말 중요한 위치를 차지했던 사람이 있다. 바로 정주영 전명예회장이다. 현대그룹을 창설했던 사람이다. 그런데 이 사람이 교육은 받지 못했지만 그가 했던 말들이 너무 귀하다. 그는 매일 출근하면서 이런 말을 했다. "나는 소풍가는 마음으로 내 사무실에 갑니다." 늘 기쁜 마음으로 자기 사무실에 갔다는 것이다. 그런데 그 큰 기업에 문제가 없을 수 없다. 매일매일 문제가 있는데 그 모든 문제를 앞에 두고도 기쁘게 가냐고 기자가 물었더니, "나는 그 일이 해결된 다음에 기쁨을 미리 앞당겨 생각합니다. 그것 생각하면 너무 기분이 좋아서 소풍가는 아이처럼 내 사무실에 가서 일을 합니다."

예수 믿는 것이 바로 그런 것이다. 우리가 인생을 힘 있게 살아가지만 인생 가운데 만나는 문제가 너무 많다. 고난과 어려움이 있다. 그러나 부활을 믿는 사람의 마음은 무엇인가? 이것이 해결된 다음에 주님이 나에게 주실 부활의 영광, 주님이 나에게 펼쳐주실 부활의 새 아침을 바라보면 오늘 어떤 어려움도 고난도 견딜 수 있게 될 것이다. 고난이 너무 심하다고 생각하는가? 우리 주님이 돌아가시고 3일 후에 부활하셨다. 아무리 힘들어도 3일을 못 견디겠는가? 부활의 영광이 기다리고 있다. 조금만 참으면 된다. 낙심하지 말고, 절망하지 말고, 조금만 더 참으면 주님께서 주님의 때에 부활의 아침을 우리에게 펼쳐 주실 것이다.

일본 큐슈 지방에 가면 온천이 많이 있다. 그 가운데 노천온천이 있다. 흔히 지옥온천이라고 한다. 지난여름에 신학교 동문수련회가 있어서 거기에 가 본 적이 있다. 9개가 있는데 온도가 90°~110°에 달한다. 거기 들어가면 다 익어서 죽는다. 거기서 달걀을 삶아서 먹었는데 맛이 아주 좋았던 기억이 있다. 그런데 그곳에 얽힌 역사적인 사건을 알고 깜짝 놀랐다. 기독교인들이 박해를 당할 때, 예수 믿겠다고 끝까지 믿음을 지킨 사람들이 거기에 다 끌려왔다고 한다. 끌려온 사람들이 거기서 마지막 말을 들었는데, 만약에 예수 믿지 않기로 생각하는 사람 있으면 지금 말하면 살려주겠지만 끝까지 믿기로 고집한다면 여기에 다 집어던지겠다는 것이다. 그러나 그 가운데 많은 그리스도인들이 배반하지 않고, 그 펄펄 끓는 온천 속으로 던져져서 기쁨 가운데 찬송하며 순교했다는 이야기를 들었다. 그들이 그 뜨거운 유황온천의 고통을 어떻게 참았을까? 펄펄 끓어오르는 그 증기만 보고도 사람이 질리는데 어떻게 참을 수 있었을까? 왜냐하면 부활의 영광을 바라보았기 때문이다. 하나님의 영광의 나라를 바라보았기 때문이다.

오늘을 견디는 것이 중요하다. 지금 현재 당하는 모든 어려움, 지금 당하는 고난은 장차 우리에게 나타날 영광과 족히 비교할 수 없을 것이다. 한 아이가 담벼락에 붙어 서서 이상하게 고함을 지르면서 펄쩍펄쩍 뛰고 있다. 지나가는 사람들이 전부 서로 바라보면서 이렇게 말한다. "아마 이 아이가 좀 미친 것 같아." 한 신사가 다가가서 말하기를, "애야, 너 왜 그렇게 혼자 뛰면서 고함을 지르고 있냐? 너 왜 그러냐? 너 정신이 좀 이상하냐?" "아저씨, 아니에요. 여기 좀 보세요." 보니까 벽에는 구멍이 하나 있었다. 구멍으로 들어가 보니까 그 안에는 야구가 진행되고 있는 것이 아닌가. 방금 홈런을 한방 때렸는데 이 아이가 그걸 보고 너무 좋아서 껑충껑충 뛰었던 것이다.

오늘 현재 내 눈 앞에 벌어지는 나의 문제, 내 고통, 내 모든 것들을 바라보면 웃음이 나지 않는다. 소망을 가질 수가 없다. 그러나 우리는 부활을 보아야 한다. 하나님나라를 보아야 한다. 하나님이 앞으로 펼쳐 가실 부활의 아침을 기다려야 한다. 그걸 보는 사람은 오늘 기뻐할 수 있다. 오늘 찬송할 수 있다. 오늘 하나님께 영광을 돌릴 수 있다. 지금 내 앞에 있는 여러 가지 어려움과 문제만을 보지 말고, 저 건너편에 벌어지고 있는 하나님의 역사를 바라보기를 바란다. 하나님께서 앞으로 해나가실 놀라운 부활의 역사를 바라보고, 기대하며 오늘을 견뎌나가는 복된 믿음의 사람들이 되기를 바란다.

스데반도 돌이 지금 날아오고 있지만 돌을 보지 않았다. 사람들이 이빨을 갈고 있지만 그 이빨 가는 소리를 듣지 않았다. 그는 저 멀리 하나님, 보좌에 앉아계신 하나님 그 우편에 서 계신 예수그리스도 그분을 바라볼 수 있었다. 그 얼굴을 바라보자 스데반의 얼굴은 천사처럼 바뀌었다. 부활의 영광을 바라보라. 고난 저편에 있는 주님의 나를 바라보라. 주님의 놀라운 때를 바라보라.

주님과 함께 예루살렘으로 올라가는 길은 사실상 내려가는 길이다. 죽으러 가는 길이다. 손해 보는 길이다. 그러나 쭉 따라서 가면 이 길 끝에는 부활의 기쁨이 있을 것이다. 실상은 진짜 올라가는 길인 것이다. 예루살렘 길은 진짜 올라가는 길이다. 죽으러 가는 길이었으나 끝에는 부활의 아침이 있기 때문이다.

힘들다고 예루살렘으로 올라가는 길을 이탈하지 말라. "에이, 기도해도 소용없어. 내가 하나님을 믿었는데도 되는 것이 없어. 그만 갈래." 하면서 절대로 예루살렘으로 올라가는 길에서 이탈하거나 중단하지 말라. 끝까지 믿음으로 나아가라. 이 길 끝에 부활의 영광이 우리를 기다리고 있을 것이다. 조금만 더 참고 믿음으로 나아가라. 부활의 영광을 바라보며, 날마다 승리하는 믿음의 성도들이 되기를 바란다. 주님은 예루살렘으로 올라가는 길의 성격을 잘 아셨다. 이 길은 죽으러 가는 길이었지만, 그 뒤에는 반드시 부활의 영광이 있다는 사실을 너무나 잘 아셨다. 그렇기 때문에 그는 그 예루살렘 길을 향하여 아주 당당하게 아주 단호하게 제자들을 앞장서서 나가셨다. 앞장서서 나가시던 길, 그 길이 바로 예루살렘으로 올라가는 길이었다.

성숙한 제자: 앞장서서 가는 제자

32절 말씀을 보자. "예루살렘으로 올라가는 길에 예수께서 그들 앞에 서서 가시는데 그들이 놀라고 따르는 자들은 두려워하더라."

제자들은 예수님이 조금의 주저함도 없이 앞장서서 당당하게 나가시는 모습을 보고 놀랐다. 사람들은 예수님의 그 결의에 찬 모습을 보고 두려워했다. 어릴 때 주사 맞던 기억이 나는가? 어렸을 때는 누구나 주사 맞는 게 싫었을 것이다. 그런데 어른이 되어서는 왜 그렇게 주사를 잘 맞는 것일까? 성숙의 차이다. 그때는 눈에 보이는 주사 바늘만 겁이 났던 것이다. 그래서 도망가고, 울었다. 그러나 이제 철들었으니까 주사를 맞고, 참으면 몸이 건강해지고 몸이 낫는다는 것을 알기 때문에 잘 참는다.

우리의 영적인 성숙도 마찬가지다. 오늘 내가 당하는 그 모든 어려움, 모든 고난을 잘 견디면 반드시 뒤에 부활의 영광이 있다는 것을 믿고, 당당하게 오늘 모든 고난의 현장에서 앞장서서 나아갈 수 있는 그런 믿음의 사람이 되는 것이다. 우리는 당당하게 앞서갈 수 있는 사람이 되어야 한다. 신앙이 어린 자는 눈치 보면서 간다. 때로는 억지로 간다. 가기 싫은데 끌려서 가기도 한다. 그러나 성숙한 성도는 앞장서서 간다. 당당하게 간다. 기꺼이 고난을 직면한다. 주님을 위해 두려워하는 제자들을 두고 앞장서서 주님이 가셨다. 주님이 앞장서서 가는 이 자리에 우리를 초대하신다. "너 나하고 같이 가자. 앞장서서 가자." 주님은 그것을 원하신다. 손해 보는 자리에 기꺼이 앞장서기를 원하고 계신다. 교회를 위하여 섬기는 일에 기꺼이 앞장서기를 원하고 계신다. 복음을 위하여 고난당하고, 선교를 위하여 헌신하는 그 일에 앞장서는 성도가 되기를 바라고 계신다.

우리 한국교회 성도의 온 존경을 받는 주기철 목사님, 그는 신사참배를 위하여 앞장섰다. 많은 사람들이 그 당시에 신사참배를 했다. 목사님도 다 참배를 했다. 총회가 그것을 다 결정하고, 그것은 우상숭배가 아니라, 민족의식이라고 하고 다 총회석상에서 신사참배를 했다. 그러나 우리 주기철 목사님은 끝까지 반대하는 일에 앞장섰다. 고난이 따랐다. 그것 때문에 투옥이 되었다. 고문을 당했다. 손톱 밑을 침으로 찌르는 고문을 당했다. 물고문, 고춧가루고문, 별의별 고문을 다 당했다. 마지막에는 송판에다가 못을 박아놓고 그 위로 걸어가는 그런 고문까지 당했다. 그런데 그 고문을 행하기 전에 같이 투옥된, 신사참배를 반대하는 성도들이 감옥에 있었다. 일본 형사가 말했다. "당신들, 존경하는 이 목사님 만약에 당신들이 끝까지 신사참배를 하겠다고 하면 이 송판위로 목사님 걸어가게 할 터이니 지금이라도 늦지 않았으니 다 신사참배를 하시오." 그 말이 떨어지기가 무섭게 주기철 목사님은 그 말을 가로막았다. "성도 여러분, 나 주기철을 보지 마시고, 하나님을 바라보세요. 하나님의 계명을 바라보세요." 그리고는 앞장서서 그 송판위로 올라갔다. 그러고는 "환란과 고난 가운데 성도는 신앙 지켰네" 노래를 부르면서, 찬송하면서 걸어가기 시작했다. 발자국마다 붉은 핏자국이 얼룩졌다. "환란과 핍박 중에도 성도는 신앙 지켰네." 그는 믿음으로 당당하게 그 송판 위를 걸어갔다. 투옥된 지 6년 만에 1944년 감옥에서 따뜻한 숭늉 한 그릇 먹었으면 좋겠다는 말을 남기고 돌아가셨다.

성숙한 제자: 주님과 함께 올라가는 제자

주님은 우리와 함께 예루살렘으로 올라가기를 원하신다. 그리고 함께 입성하고, 같이 골고다로 오르시며, 같이 우리와 더불어 죽기를 원하신다. 주님은 홀로 그 길로 올라가셨고, 혼자 십자가에서 우리 위해 죽으셨다. 그가 죽으심으로 우리 죄는 사함 받고, 우리는 하나님의 자녀가 되었다. 하나님의 백성이 되었다. 그 주님이 우리에게 원하시는 것이 그것이다. "나와 함께 예루살렘으로 올라가자." 이 길은 죽으러 가는 길이다. 헛된 욕심을 버려야 한다. 주님 위하여 나의 욕망과 정욕을 포기하자. 섬김 받는 길이 아니라, 섬기러 가는 길이다. 살기 위해 가는 길이 아니라, 죽으러 가는 길, 높아지는 길이 아니라, 낮아지는 길이다. 오늘 이 예루살렘으로 올라가는 길에서 끝없이 자꾸만 올라가려고만 하는 우리의 마음들을 다시 주님의 십자가 앞에 굴복시키자. 그러나 이 길은 부활로 가는 길이다. 부활의 영광만을 보고, 오늘의 모든 어려움을 견디는 성도가 되자. 부활의 소망을 오늘 내 삶의 현장에 미리미리 앞당겨 맛보고 살아가는 성도가 되자. 이왕 주님과 함께 가는 길, 눈치 보지 말라. 기웃거리지 말라. 계산하지 말라. 당당하게 앞장서서 가자. 각오를 하고, 주님처럼 앞장서서 하나님의 교회를 위하여, 주의 복음을 위하여, 하나님의 나라를 위하여, 선교를 위하여, 당당하게 나아가는 예루살렘으로 올라가는 성도가 되자.

갈릴리에서 다시 시작하라 (요21:15-19)

기억상실증에 걸린 사람

서로 뜨겁게 사랑하던 부부가 있었다. 그런데 그만 아내가 큰 충격을 받는 일이 생겨 기억 상실증에 걸리고 말았다. 남편과 자식을 알아보지 못했다. 남편은 답답해서 유명하다는 병원은 다 데리고 다녔지만 아내의 기억은 돌아오지 않았다. 사랑하는 아내가 남편을 옆집 아저씨 보듯 보니 얼마나 기가 막혔겠는가! 남편이 한 가지 묘책을 생각해냈다. 아내를 처음 만났던 장소로 가기로 했다. 아내의 손을 잡고 처음 만나서 사랑을 고백했던 장소로 갔다. 아내가 바로 그 장소에 도착했고 처음 사랑을 고백했던 그때 그 모습 그대로 돌아갔다. 그때 입었던 옷을 입고, 예전 그 모습대로 꽃을 꺾어서 무릎을 조아리면서 그때 그 어조로 사랑을 고백하기 시작했다. 한참 지난 다음에야 이 아내의 기억이 희미하게 돌아오기 시작했다. 그리고 남편을 향해 "여보"라고 말했고 드디어 기억이 돌아왔다. 그리고 그 부부는 서로 부둥켜안고 사랑을 나누게 되었다.

사명을 잃은 제자

이런 비슷한 사건이 갈릴리에서 있었다. 베드로는 주님을 세 번씩이나 모른다고 부인을 했고, 제자들은 예수님이 십자가에서 돌아가신 이후로 뿔뿔이 흩어졌다. 실망하고 낙심하여 떨어진 자리에 있었고, 엠마오로 가는 제자도 있었다. 그들은 마치 기억 상실증에 걸린 사람들처럼 주님과의 그 뜨거운 사랑을 다 잊어버리고 말았다. 벳세다 들녘의 기적도 잊어버렸다. 수많은 병자를 고치시던 주님의 영광의 모습도 잊어버렸다. 예루살렘에 입성하던 그 영광과 환희도 모두 다 잊어버리고 말았다. 그러나 주님이 부활하시던 그 새벽에 여인들을 통하여 메시지가 도착을 했다. 예수님이 살아나셨는데, 갈릴리에 가면 예수님이 기다리고 있을 것이니 그 곳에서 다시 만나자는 전갈을 받았다. 제자들을 짐들을 챙겨서 갈릴리로 향하기 시작했고, 그들이 갈릴리에 도착을 했을 때, 주님은 그 곳에서 기다리고 계셨다.

처음 사랑을 기억하는 제자

왜 주님께서는 제자들과 다시 만나는 재회 장소를 갈릴리에 선택하셨을까? 갈릴리는 그들에게 특별한 장소이기 때문이다. 예수님과 제자들이 처음 만나는 장소였다. 처음 사랑을 고백하던 장소였다. 처음 주님을 따르기로 작정하던 그런 장소였다. 처음 사랑에 빠진 곳이었다. 처음 열심히 정신없이 예수님을 쫓아다니기 시작하던 장소였다. 그 곳에서 우리 주님은 베드로의 사랑을 회복시켜 주시기를 원하셨다. 제자들의 처음 사랑을 회복시키기를 원하셨던 것이다. 그들의 처음 열심을 회복하기를 원하는 주님은 갈릴리를 재회 장소를 택하셨다.

　갈릴리에서 예수님이 제자들을 다시 만났다. 어떻게 베드로의 처음 사랑, 잃어버린 첫 사랑의 기억을 주님은 회복시킬 수 있었을까? 주님은 첫 사랑의 장소에서 그의 처음 사랑을 회복시키기 위하여 일 년의 사건들을 준비해 놓으셨다. 오늘 이 사건들을 통해 주님의 마음과 의도를 읽어 볼 수가 있다. 먼저 주님은 제자들에게 이렇게 질문을 하고 있다. "너희에게 고기가 있느냐?" 5,6절 말씀이다. "예수께서 이르시되 얘들아 너희에게 고기가 있느냐 대답하되 없나이다 가라사대 그물을 배 오른편에 던지라 그리하면 얻으리라 하신대 이에 던졌더니 고기가 많아 그물을 들 수 없더라." 첫 사랑의 장소에 돌아온 베드로는 마땅히 처음 사랑에 대하여 생각해 보는데 자기가 원래 고기를 잡는 일을 생각을 했다. 고기를 잡았다. 밤새도록 고기를 잡았는데 한 마리도 잡지를 못했다. 우리 주님께서 첫 사랑의 장소를 베드로를 위하여 준비해 놓으신 사건이 시작되었다. 이상하게도 고기가 잡히지 않는 사건이었다. 옛날 베드로가 처음 만나기 전에도 이런 일이 있었다. 밤새도록 고기를 잡았는데 한 마리도 잡지를 못했고 예수님이 오셔서 깊은 데로 가서 그물을 던지라고 말씀하셨을 때 그 말대로 던졌더니 고기를 많이 잡는 사건이 있었다. 그런데 그 사건이 지금 재현되고 있는 것이다. 그때는 깊은 데로 가서 고기를 잡으라고 했는데 지금은 주님께서 오셔서 하시는 말씀이 "배 오른편으로 그물을 던져라."고 하셨고, 베드로는 그 말을 듣고 배 오른편으로 그물을 던졌다. 그물을 던지며 베드로의 마음속에 생각이 나기 시작했다. 바로 3년 전에 사건이 다. 주님인 줄 알아보지 못하고 있지만 3년 전에 사건을 기억하며 그물을 배 오른편으로 던지기 시작했다. 놀라운 일이 벌어졌다. 그물이 찢어질 만큼 많은 고기가 잡혔는데 무려 153마리나 되는 많은 고기가 잡히게 되었다. 바로 이 대목에 오자 주님을 처음 만났던 기억이 완전히 되살 아났다.

아픈 기억을 간직한 제자

왜 주님께서는 이 사건을 재연하셨을까? 이 사건으로 인해 베드로 는 3년 전의 일을 기억해냈다. "내가 주님을 처음 만날 때 그때 바로 이 사건이 있었는데, 바로 이 일을 나에게 행할 분은 주님 밖에 없다." 라고 생각했다. 주님의 마음속의 생각을 그는 충분히 이해할 수가 있 었다. 이런 메시지가 사건 속에 담겨져 있었다. "너는 사람 낚는 어부 이니라. 나를 떠나서는 아무 것도 할 수 없어. 나를 떠나서 네가 잘 되 는 일이었더냐? 나를 떠난 너의 인생은 내 모든 노력을 기울이고 너의 모든 재주를 다해도 아무 것도 할 수 없을 것이니라." 이런 메시지가 베드로의 마음속에 들려오는 듯 했다.

우리 하나님은 우리들에게도 말씀하고 계신다. "너희에게 고기가 있느냐?" 주님 없이 하는 계획은 모두 헛된 것이다. 주님 없이 나 혼자 하는 계획은 헛될 것이다. 주님 없이 내 힘만 믿고 달리는 인생은 아 무 것도 못 잡는 빈 인생이 되고 말 것이다.

요한복음15:5절 말씀이다. "나는 포도나무요 너희는 가지니 저가 내 안에 내가 저 안에 있으면 이 사람은 과실을 많이 맺나니 나를 떠나서 는 너희가 아무 것도 할 수 없음이라."

주님을 떠나면 모두 빈 그물이다. 주님과 함께하지 않으면 우리의 모든 노력은 헛되고 말 것이다.

성지 순례 중, 예루살렘에서 중요한 곳 한 곳을 들렸다. 그 곳은 바로 예루살렘 무너진 성전 벽 가운데 한 벽이다. 예루살렘 성전의 영광을 기억하면서 이스라엘 백성들이 여기에 와서 눈물을 흘리며 기도했을 통곡의 벽이다. 이날은 나도 통곡의 벽을 잡고 기도를 하는데 비가 막 떨어졌다. 비를 맞으며 이런 기도를 드렸다. "하나님 우리 교회를 부흥시켜 주시옵소서. 성도들을 축복해 주시옵소서. 이 마지막 시대에 선교의 사명을 감당하게 하는 성도들 되게 해 주시옵소서." 비를 맞으며 그런 귀한 기도를 드렸다. 지금도 이스라엘 사람들은 통곡의 벽에서 기도하면 이루어진다는 생각을 가지고 있어서 멀리 있는 사람들도 팩스를 보내어 팩스 쪽지를 구석구석에 넣어져 있는 것을 볼 수가 있었다. 그리고 이 통곡의 벽 바로 옆에는 여섯 개의 횃불이 불타오르고 있었다. 이 여섯 개의 횃불은 바로 이스라엘 민족에 육백만 유태인 민족의 학살을 기념하는 상징적인 의미를 가진다. 그 밑에는 이런 글이 있었다. "기억하라." 그들이 잘 쓰는 말이다. "망각은 파멸에 이르고 기억은 구원에 이른다." 옛날의 고통을 기억하자는 것이다.

기억하는 것이 얼마나 중요한 것인가! 우리는 인생의 아픈 순간들을 기억해야 한다. 우리는 어떤 순간에 허탈했던가? 어떤 순간에 우리의 그물이 빈 그물이었던가? 주님께 물어 보지 않고 나 혼자 했던 시도들, 주님은 원하지 않았는데 내 고집을 피우며 주님 앞에 그릇 행했던 순간들, 그때가 바로 우리가 빈 그물을 건지는 순간이었다. 언제 우리가 실망을 했는가? 주님과 함께 뛰어가지 않고 나 혼자 뛰어 갔을 때 좌절하고 실망했던 기억들이 있지 않는가! 그 순간을 잊지 말아야 한다. 내 고집을 피우던 순간들, 주님 없이 나 혼자 노력했던 순간들, 그리하여 빈 그물을 건졌던 순간들을 기억해야 한다. 우리가 살아가면서 이 빈 그물 사건이 재연되지 않기를 바란다. 모든 일에 주님은 가득 찬 그물을 우리에게 주시기 원하고 계신다. 우리가 당기는 모든 그물마다 가득 찬 그물을 주님께서는 우리에게 주시길 원하고 있다. 여러분 우리와 함께 그물을 던지길 원하신다. 나 혼자 뛰어가면 빈 그물 일 것이다. 나 혼자 계획하면 빈 그물 일 것이다. 나 혼자 시도하는 모든 시도는 빈 그물 같은 시도가 될 것이다. 기도 없이는 아무 것도 하면 안 된다. 기도보다, 성령보다 앞서면 안 된다. 내 이성과 경험을 의지하지 마라. 주님의 말씀을 의지하여 배 오른편에 그물을 던질 수 있기를 바란다. 주님과 함께 주님의 말씀대로 순종하여 그물을 던지셔서 던지는 그물마다 풍성한 수확을 거두는 축복의 갈릴리에서 시작하기를 주님의 이름으로 축원한다.

과거를 묻지 않으시는 주님

주님은 다시 베드로에게 말씀을 하신다. "와서 조반을 먹어라." 12

절 말씀이다. "예수께서 가라사대 와서 조반을 먹으라 하시니 제자들이 주신 줄 아는 고로 당신이 누구냐 감히 묻는 자가 없더라." 주님은 바위 위에 숯 불을 치워 놓고 떡과 고기를 지금 구워 놓고 계신다. 밤새도록 고기를 한 마리도 잡지 못해 피곤해 있던 베드로, 그를 위하여 지금 귀한 식탁을 준비해 놓고 계셨던 것이다. 숯 불이라는 것은 주님의 계산된 소도였다. 무엇일까? 베드로는 세 번씩이나 주님을 모르다고 했던 베드로가 당했던 그 새벽, 그 새벽을 염두에 두시고 숯불을 준비해 두셨다. 그 새벽에도 대 제사장의 뜰에서 베드로는 불 앞에 서서 예수님을 세 번씩이나 모른다고 부인을 했다. 베드로가 새벽에 숯불을 보는 순간, 얼마 전에 그 불을 보는 순간 불 앞에서 부인했던 기억, 배반의 기억이 회상이 되었다. 그러나 그럼에도 불구하고 구운 떡과 생선을 주님은 주셔서 제자들, 베드로에게 먹여 주셨던 것이다. 여기 주님의 놀라운 마음을 읽을 수가 있다. "네가 나를 부인했었지! 그러나 그럼에도 불구하고 너는 나의 제자니라. 너는 나의 사랑이니라. 너의 모습이 어떠하든지 여기 와서 먹어라. 나는 너를 먹이는 생명의 떡이니라. 나는 너를 심판하는 존재가 아니니라. 너를 먹이며 새롭게 하고 너를 회복시키는 존재이니 와서 먹고 기운을 차리거라." 이런 마음이 그 속에 담겨 있다.

우리는 잘못하면 주님은 항상 자비가 없는 분으로 생각할 수가 있다. 트집 잡기를 좋아하는 존재로 생각할 수 있다. "너 왜 이거 잘못했니! 너 지난 주일에 왜 죄 지었니! 왜 이렇게 잘못하니!" 책망하는 아주 귀찮은 시어미니 같은 존재로 생각하는 그런 순간들이 더러 있다. 그러나 그렇게 생각해서는 곤란하다. 우리 주님은 우서 우리를 먹여 주시길 원하는 분이다. 힘을 주시길 원하신다.

베두인 민족의 습관이 있다. 베두인 사막에 유랑 생활을 하는 민족은 한 가지 습관이 있는데 손님이 오면 아무 것도 묻지 않는다. 지친 광야를 돌아다니다가 피곤해 지친 손님들이 들어오면 아무 것도 묻지 않고 3일 동안을 푹 쉬게 한 후 대접을 한다고 한다. 3일이 지난 다음에야 질문을 시작한다. 왜냐하면 3일 동안 광야에서 지친 피로가 회복되기를 기다려주는 것이다.

엘리아도 마찬가지 아닐까? 지친 엘리아, 죽기를 갈망했던 엘리아, 우리 주님께서는 아무 것도 묻지 않고 무엇을 먼저 하셨는가? 떡을 먹이셨다. 물을 먹여 주셨다. 회복된 다음에야 주님께서는 말씀하기 시작하셨다.

우리는 어떤 상태에 있던지 '이제 나는 은혜를 받을 자격이 없어. 나 같은 것이 어떻게 감히 주님 앞에 나아갈까!' 이런 생각은 하면 안 된다. 담대하게 나를 위해 은혜의 조반을 준비해 놓으신 주님의 사랑의 식탁 앞에 나아갈 수 있어야 한다. 내가 아무리 부족하고 연약해도 주님은 우리를 위하여 식탁을 준비하시고 떡을 먹이시고 고기를 먹이시는 주님이신 것을 믿어야 한다.

어릴 때 이런 기억이 있는가? 잘못했는데 그래도 식사시간에 밥을 먹으려 식탁으로 다가갔을 때 나를 위해 준비해 놓으신 어머니의 식탁이 기억나는가! 조마 조마하는 마음으로 배가 고파서 밥 먹으로 가는데 이상하게도 어머니는 아무 것도 묻지 않고 식탁을 준비해 놓고 많이 먹으라고 말씀하신다. '꾸중하셔야 되는데 왜 밥을 주실까?' 밥을 먹으면서도 미안해했다. 다 먹고 난 다음에야 어머니가 "왜 그렇게 했니?"라고 꾸중하시던 기억이 있다. 여러분도 아마 그런 적이 있을 것이다. 그런데 만약에 밥을 먹으려고 내려 왔는데 밥상을 어머니가 차면서 "넌 밥 먹기도 아까워! 저리가!"라고 어머니가 이렇게 말한다면 우리가 할 말은 한 마디 밖에 없을 것이다. "정말 우리 엄마 맞나요?" 여러분 어머니는 아무리 잘못한 아들이 와도 일단 먹이고 본다. 기운을 회복시킨 다음에야 그 다음에 묻는 것이 진짜 어머니다.

사랑하는 여러분 아무리 부족하고 아무리 연약한 상태에 있어도 우리는 우리가 먹을 음식을 주님이 준비해 놓이신 것을 믿어야 한다. 하나님의 은혜가 있다. 하나님의 축복이 나를 위해 준비해 두고 있다. 탕자가 집에 돌아왔을 때 아버지는 아무 것도 묻지 않았다. 아들을 위하여 살찐 송아지를 잡아서 잔치했던 아버지의 마음, 이 마음이 바로 하나님의 마음이다. 언제든지, 어느 때든지, 은혜와 사랑의 식탁, 긍휼의 조반을 준비해 놓으신 갈릴리에서 다시 출발할 수 있다.

사명을 회복하는 제자

주님은 드디어 식사를 다 마친 베드로에게 진짜로 하고 싶은 말씀을 하셨다. "니가 나를 사랑하느냐? 내 양을 먹이라."

15절 말씀이다. "저희가 조반 먹은 후에 예수께서 시몬 베드로에게 이르시되 요한의 아들 시몬아 네가 이 사람들보다 나를 더 사랑하느냐 하시니 가로되 주여 그러하외다 내가 주를 사랑하는 줄 주께서 아시나이다 가라사대 내 어린양을 먹이라 하시고"

밤새 허기지고 지친 베드로를 먼저 먹인 주님은 가장 묻고 싶은 질문을 하셨다. "니가 나를 사랑하느냐? 이 사람들보다 나를 더 사랑하느냐" 이 말을 세 번씩이나 물으셨다. 어떤 의미가 있는가? '니가 나를 사랑하느냐?'라는 말을 세 번씩이나 물으셨을 때, 베드로에게 어떠한 질문하는 말인가? 베드로가 주님을 세 번씩이나 부인을 했다. "니가 나를 세 번씩이나 나를 모른다고 부인했었지! 그러나 걱정하지 마라. 내가 너의 연약함을 알아! 그래도 괜찮아. 니가 나를 사랑하고 있다는 사실을 내가 알고 있어! 너의 모습 그대로 지금부터 시작하면 돼는 거야!" 그런 주님의 마음이 있는 것이다. "니가 절대로 부인하지 않겠다고 큰 소리 쳤지? 다른 사람은 몰라도 저는 절대로 주님을 부인하지 않겠습니다라고 나에게 장담했었지? 그러나 실패하고 나를 부인하고 말았지! 그래도 괜찮아. 그래도 니가 나를 사랑하는 것을 다 알고 있어! 쓰러진 곳에서부터 다시 시작하도록 해! 내가 다시 너를 나의 종으로 세우니 내 양을 먹이고 내 양을 쳐! 지금부터 시작하면 되는거야!" 그런 주님의 마음이 숨어 있다.

또한 깊이 생각하면 주님의 마음을 또 읽을 수가 있다. "너는 내가 요구하는 아가페의 사랑, 조건 없는 사랑, 심적인 사랑은 다 이룰 수가 없었지! 그러나 괜찮아. 이제는 내가 너의 수준으로 내려갈께." 우리 한국말 성경에서도 "니가 나를 사랑하는냐?" 똑같이 사랑이라는 글을 쓰고 있지만 헬라말로 보면 그 사랑의 의미가 조금 다르다. 주님은 두 번은 아가페의 사랑으로 물으셨다. 주님이 물으시는 질문은 아가페의 사랑, 조건 없는 사랑, 하나님의 사랑 그 높은 수준의 사랑으로 "니가 나를 사랑하느냐?"라고 물었을 때 베드로는 어떻게 대답했는가? "아니요. 주님 아가페는 안되고, 그저 친구가 친구가 친구를 사랑하는 인간적인 사랑밖에는 주님을 사랑할 수 밖에 없습니다." 라고 대답한다. 주님이 다시 아가페의 사랑으로 나를 사랑하느냐고 물었을 때 베드로 역시 "주님 그것은 안되고 그저 친구의 사랑 정도는 제가 사랑할 수 있습니다. 그 수준밖에는 안됩니다." 두 번까지 그렇게 대답을 했다. 세 번째 주님이 "니가 나를 사랑하느냐?"라고 물으실 때는 주님의 수준을 낮추어 물으셨다. "그래 좋아. 필로스의 사랑이라고 끝까지 사랑하겠느냐?" 수준을 베드로의 수준으로 내려 사랑의 질문을 하셨다.

주님은 우리의 수준을 알고 계신다. 입으로는 사랑을 큰 소리로 외치면서 반복하지만 실제로는 우리 속에 큰사랑이 없는 것을 주님은 너무나 잘 알고 있기 때문이다. 그러나 그 낮은 수준에서라고 다시 출발하여 주님이 맡기는 일을 하고 사명을 감당하기를 원하고 계신다. 여러분 우리 사랑이 낮아도 괜찮다. 부족해도 괜찮다. 그 모습 그대로 다시 시작하기만 하면 주님께서는 그 모든 것을 감당할 수 있는 은혜를 우리에게 주실 것이다.

성지 순례 중, 배를 타고 주님과 베드로가 사랑의 문답이 이루어졌던 그 장소로 갔다. 바위가 하나 있었는데, 물로 그 바위는 교회를 구성하고 있는 하나의 부분이 되고 말았다. 그 바위는 '주님의 사랑의 식탁'이라고 하는 이름으로 불려지고 있었다. 그때 그 모습을 생생하게 느끼면서 그 바위를 만져 보았다. 감격하면서 그 바위에서 조금 떨어져 있는 갈리 해변에서 우리는 주님 앞에 예배를 드렸다. 제가 본문을 읽는데 그 당시의 모습이 생생하게 느껴지고 저를 향해 주님께서 "니가 나를 사랑하느냐?"라고 물으시는 것 같아서 가슴이 벅차 올랐다. 나는 이렇게 대답을 했다. "주님, 부족합니다. 그래도 내 모습 이대로 주님을 사랑합니다. 자주 실패합니다. 자주 쓰러집니다. 자주 넘어집니다. 그래도 내가 주님을 사랑합니다. 이 모습 이대로 나를 받으시옵소서. 여기서 내가 다시 출발하기를 원합니다." 이런 마음으로 성경을 읽었다. 눈물 때문에 글을 읽을 수가 없었다.

사랑하는 여러분 누가 세 번씩이나 실패한 자에게 또 일을 맡겨 주시고 사명을 맡겨 주시겠는가? 세상은 그렇지 않다. 세상은 한번 두 번 정도 실수하고 실패하면 직장에서는 직장 상사가 자기에게 한 마디밖에 하고 싶은 말이 없을 것이다. "책상 빼!" 이 말 밖에는 할 말이 없을 것이다. 그런데 주님은 세 번씩이나 부인했던 베드로에게 다시 사명을 주셨다. 다시 기회를 주셨다. 다시금 시작할 수 있도록 재출발의 특권을 주셨던 것이다. 그럼에도 불구하고 주님은 우리를 믿어 주시고 다시 기회를 주신다.

이것이 바로 복음이다. 주님은 우리를 믿어 주시고 우리에게서 기대를 버리지 않으신다. 다시 일을 맡겨 주셨다. 우리 모습 그대로 주님께 고백해야 한다. "주님 내가 주님을 사랑합니다. 맡겨 주신 이 모습 이대로 충성을 다하겠습니다. 나의 힘이 되신 여호와여 내가 주님을 사랑합니다. 내 연약, 내 실패, 내 모든 부족함 그대로 다시 나를 받으시옵소서. 내가 다시 출발하기를 원합니다. 사명을 감당하게 하옵소서." 이렇게 고백의 기도를 드려야 한다.

이런 은혜로운 일을 마치고 갈릴리 해변으로 떠나는데 함께 참여했던 부 교역자가 다가왔다. "목사님, 작년에 목사님이 심방하라고 여러 사람에게 얘기했는데 전부다 심방하고 찾았습니다. 그런데 제가 게을러서 한 사람은 찾지 못했습니다." 그 분의 눈에 눈물이 글썽이고 있었다. "목사님 용서해 주십시오. 올해는 내가 다시 시작하여 그 사람을 반드시 찾아내고야 말겠습니다." 얼마나 은혜스러웠는지 모른다. 이것이 중요하다. 주님은 바로 이것을 원한다. 주님은 지금까지의 모든 실수와 허물을 용서하실 수 있다. 우리 주님의 관심을 우리의 잘못과 부족에 있는 것이 아니다. 우리의 실패에 주님의 관심이 있는 것이 아니다. 주님의 관심은 지금부터 다시 출발하여 주님이 주신 기회를 다시금 양을 치고, 다시금 주님이 주신 일에 충성을 다하는 이 귀한 새 출발을 주님이 원하고 계신다.

우리는 주님을 떠나서 아무 것도 할 수가 없다. 주님을 떠났던 부분은 어느 곳인가? 주님과 함께 주님이 주신 명을 순종하며 다시 갈릴리에서 출발해야한다. 주님은 우리를 위해 조반을 준비하고 계신다. 은혜의 조반을 준비해 놓고 계신다. 어떤 상황에서도 주님의 사랑과 은혜를 믿고 담대히 주님의 식탁으로 나아가 주님이 주시는 떡과, 고기를 먹는 갈릴리에서 출발해야 한다. 우리의 연약과, 부족과, 실패를 아심에도 불구하고 또 믿어 주시고, 또 사랑하시고, 다시 일을 맡겨 주셔서 사명을 주시는 주님을 믿고 다시 일어나서 다시 새롭게 갈릴리에서 시작하길 바란다. 지금 얻은 이 시간이 바로 하나님이 믿고 맡겨 주신 귀한 기회로 봐야한다. 주님의 영광을 위해 살아가야 한다. 지금 가진 나의 건강은 주님이 나를 믿고 다시 맡겨 주신 건강이다. 주님이 시켜 주신 일에 대하여 이 건강을 사용할 수 있기를 바란다. 주님은 나에게 건강을 주셨는데 이 건강을 가지고 쓸데없는 일, 죄 짓는 일에 사용하지 마시길 바란다. 주님은 우리를 믿고 직분을 맡겨 주셨다. 주님이 믿고 맡겨 주신 이 직분에 새로운 열심과 사랑으로 충성을 다하길 바란다. 우리는 지금 숨을 쉬고 있다. "나 이제 숨을 쉬고 있으니 주님의 은혜요." 내가 숨을 쉬고 있다는 것은 아직도 주님이 나를 믿어 주시고 주님은 아직도 내가 기회를 주고 계신다는 것을 증거 중에 증거다. 그 주님 앞에서 우리 모습 그래도 사랑한다고 고백하며 다시 새로운 사랑과 열심히 갈릴리에서 출발하는 복된 한해를 살아가길 바란다.

part4 영문 밖으로 나가라

부산의 목회를 시작한 내내
내 마음속을 떠나지 않는 한 가지!
그것은 바로 내가 선교사라는 생각.
그리고 그 열정은 교회를 통해 펼쳐나갈 선교의 꿈이 된다.

'기침과 사랑은 숨길 수 없다'는 탈무드의 말처럼
땅끝을 향한 하나님의 비전은
2003년 여름 안식년 기간 동안 스위스 로잔의 열방대학에서 또다시 나를 부르신다.
"내가 너를 선교사로 세웠으니 선교하는 일을 우선하라.
100명의 선교사를 보내라!"

땅끝을 향하여 영문 밖으로 나가라는 주님의 꿈은
전염병처럼 내 마음과 성도들에게
거대한 물줄기가 되어 천천히 흐르기 시작한다.

하나님께 헌신한 한 가정이 한 사람의 선교사를 파송하는 놀라운 일들 속에
하나님은 더 많은 가정이 선교에 동참하기를 원하셨기에
한 가정이 10만 원씩, 열 가정이 모여 한 사람의 선교사를 파송하는 원텐텐 운동을 주셨다.

파송예배를 드리는 날
온 교회는 잔칫집이 되고
성령의 강한 임재를 경험하며 선교사를 감싸고 기도하고 그들을 격려하며 응원한다.
그 행복한 뒷풀이의 은혜로움은 우리 교회를 더욱 하나 되게 하고,
그렇게 모인 선교 소그룹은 교회의 중요한 축이 된다.

원텐텐 선교가 시작된 지 8년.
하나님은 73가정의 선교사를 파송하게 하셨고,
그 하나님은
하나님의 선교를 위하여 애쓰는 교회를 아름답게 부흥케 하셨다.

장년만 2천 2백 명, 아이들까지 3천 명 이상 출석하는 교회!
작은 자가 천을 이루고 약한 자가 강국을 이루는 하늘나라의 원리
그 원리가 바로 원텐텐.

우리는 오늘도 무력(無力)하지만
영문 밖 그 열방을 향하여
꿈을 잉태케 하셨으니 해산케도 하실 하나님을 기대하며
하나님의 선교를 계속한다.

chapter 1

하나님이 해산케 하십니다 (사 66:9~14)

희망! 하나님의 사랑고백

어느 집에 하루는 딸이 집안 대청소를 하게 되었다. 청소하는 가운데 제법 오래된 편지 한 통을 발견했다. 끄집어내어서 보는데 얼굴이 화끈 달아오를 정도로 아주 유치한 사랑의 고백이 담겨 있는 편지였다. 마침 아버지가 지나가다가 그 장면을 보았다. "애, 그건 뭐냐? 너 사귀는 남자에게서 온 편지로구나. 한 번 보자." 아버지의 눈앞에 유치하기 짝이 없는 글귀가 들어왔다. '그대 없는 세상은 오아시스 없는 사막이고…' 아버지는 딸아이에게 단호하게 말했다. "애야, 글이 참 유치하구나. 그 유치한 사람하고 사귀지 마라." 딸이 말했다. "아버지, 그게 아니고…" "그게 아니긴 뭐가 아니야? 그런 유치한 사람은 하는 짓도 유치하단다." "이거 아버지 편지에요." 알고 봤더니 그 편지는 옛날에 자기 아버지가 어머니에게 보냈던 연애편지였다.

우리가 성경을 볼 때, 얼굴이 화끈거릴 정도로 우리를 향해 사랑한다고 고백하는 하나님의 고백을 발견할 수 있다. 그 사랑한다는 고백은 끝까지 사랑한다고 말씀하시고, 어떤 상황에서도 사랑한다고 말씀을 하신다. 하나님께서 우리를 책망하실 때도 "그러면 안돼. 혼이 날 줄 알아. 그러지마. 그러면 내 백성이 아니야." 이렇게 말씀하다가 결국 마지막이 되면 말이 또 바뀐다. "그래도 난 너를 사랑해. 기회가 있어. 희망이 있어. 너는 내 아들이야. 내 사랑하는 신부야." 반복되는 하나님의 사랑의 고백을 우리는 성경에서 읽을 수 있다.

이스라엘 백성들은 아주 혹심한 고통을 당하고 있었다. 그들은 바벨론에서 포로 생활을 하고 있었다. 이사야는 하나님께서 이러한 상황 가운데 있는 이스라엘 백성들을 향해서 말씀하신 내용이다. 1장부터 39장까지는 하나님께서 아주 화를 내시는 듯한 그런 내용으로 계속 되어지고 있다. "너희들이 죄를 지었고, 그래서 지금 고생을 하는 거야. 그러면 안돼." 이런 말씀을 쭉 이어서 나가는데 그러다가 40장이 되면서 분위기는 확 바꾸어지는 것을 볼 수 있다. 하나님의 본심이 또 나와 있다. "그래, 그래도 너희들은 희망이 있어. 앞으로 잘 될 거야. 내가 너희들을 사랑하거든. 너희들을 내가 잘 돌봐 줄 거야. 걱정하지마." 이런 말씀으로 이사야의 마지막 장까지 이어지는 것을 볼 수 있다.

이스라엘 백성들이 나라를 잃고 바벨론의 포로가 되어 끌려가면서 여러 가지 생각을 했을 것이다. "이제 하나님이 우리를 정말 사랑하지 않는 모양이구나. 이제 끝장이야. 무슨 희망이 있을까? 우리는 맞을 짓을 했어. 이제 우리는 끝장이야. 희망이 없어. 다시는 고향으로 돌아가기 어려울 거야." 그런 생각을 하면서 바벨론 땅으로 갔을 것이다. 그러나 하나님은 이런 이스라엘 백성을 향해서 말씀하신다. 그들을 여전히 사랑하고 있다고. 그리고 그들은 희망을 다시 발견하였다.

하나님의 꿈을 잉태하라

세상에서 가장 불쌍한 사람이 누구인가? 돈이 없는 사람인가? 병든 사람? 아니다. 희망을 잃어버린 사람이 가장 불쌍한 사람일 것이다.

우리나라가 아주 가난하던 60년대와 70년대. 우리 가운데 부자였던 사람은 별로 없었다. 너무도 가난했다. 그래도 우리들 마음속에는 희망이 있었다. 그때는 모든 백성들이 이런 노래를 불렀다. '잘 살아보세. 잘 살아보세. 우리도 한 번 잘 살아보세.' 아침마다 쓰레기 치우는 차를 통해서도 그 노래를 들었다. 꿈이 있었다. 잘 사는 꿈, 그 꿈은 오늘에 와서 거의 다 이루어졌다. 꽤 잘 살게 되었다. 그러나 오늘날 우리의 문제는 무엇인가? 우리 모든 한국 민족들이 꿈을 잃어버리고 살고 있다. 같이 모여서 대화를 나누어도 계속해서 미래가 없는 이야기를 한다. 부정적인 이야기를 나누고, 비관적인 이야기를 하는 사람들이 많아졌다. 심지어 우리나라를 떠날 수만 있다면 떠나고 싶다는 젊은이들이 늘어나고 있다. IMF 때는 하루에 20여 명씩 자살을 했다. 그러나 지금은 그 숫자가 30여 명을 넘었다. 지금 이 시간에도 어느 구석에서 자살을 기도하고 있는 사람이 있을지도 모른다. 희망을 잃어가는 백성이 되었다. 꿈을 잃어가는 백성이 되었다. 그러나 우리 민족이 지금 시련의 시기를 맞이하고 있지만 이 시련의 시기를 하나님은 새롭게 해석하기를 원하신다.

　시련과 고통의 시간은 하나님께서 새로운 희망을 잉태해내는 그런 시간인 것을 우리는 기억해야 한다. 그저 잘 사는 것이 우리의 목표가 되어서는 결코 안된다. 하나님이 주시는 꿈이 내가 사는 목표가 되어야 한다. 하나님이 주시는 미래로 우리의 머리를 채워야 한다. 그 옛날 이스라엘 백성들이 고난 가운데서 들었던 소망의 소식, 그 희망의 소식을 오늘 우리가 들어야 한다. 우리 개인을 향하여, 우리 가정을 향하여, 교회를 향하여, 민족을 향하여 주님께서 고백하시는 귀한 사랑의 고백을 들을 때 다시금 우리 가운데 희망이 용솟음치게 될 것이다.

　하나님은 이스라엘 백성들이 바벨론 포로 생활을 다 마치고 분명히 다시 돌아오게 될 것이라고 약속해 놓으셨다. 이 약속을 하나님은 임신에 비유하고 계신다. 이렇게 말씀을 시작하신다. '내가 임신케 하였은즉' 하나님께서 임신하게 하였다고 말씀하고 계신다. 하나님께서 희망을 주었다고 말씀하신다. 하나님께서 약속하셨다고 말씀하신다. "너는 할 수 있어. 너의 미래가 밝아. 너를 통해 내가 일할 것이야." 이런 생각을 하나님께서 백성들에게 심어 주셨다. 그들은 이제 할 수 없다고 생각하고 이젠 끝장이라고 생각하고 이제는 아무런 희망도 없다고 생각하고 있었는데, 하나님이 약속을 주시고 꿈을 그 가슴속에 심어 주신 것이다. 우리도 잘 될 수 있고 하나님께서 돌려보내시면 고향으로 돌아갈 수 있다고 하는 이런 희망이 마음속에서 잉태되기 시작했다. 9절의 말씀을 보라. "여호와께서 이르시되 내가 아이를 갖도록 하였은즉 해산하게 하지 아니하겠느냐 네 하나님이 이르시되 나는 해산하게 하는 이인즉 어찌 태를 닫겠느냐 하시니라" 하나님은 꿈을 심어 주시는 분이시다. 희망을 심어 주시고, 미래를 열어 주신다. 하나님께서 우리 속에 비전을 주신다.

　이 땅에 살아가면서 우리는 희망을 잃을 때가 많다. 꿈을 소실할 때가 많이 있다. 그러나 우리가 믿는 하나님은 우리에게 오셔서 우리 속에 꿈과 희망을 심어 주신다. 100세가 다 되도록 자식이 없었던 아브라함에게 하나님은 오셔서 곧바로 아들을 주지 않으셨다. 무엇을 먼저 하셨는가? 하나님은 아브라함에게 먼저 꿈을 주셨다. "아브라함은 나를 따라오라. 저기 바닷가에 모래알을 보아라. 몇 개나 되느냐?" "하나님, 다 셀 수 없어요." "네 후손이 저와 같을 것이다. 아브라함아, 저 하늘의 별을 보아라. 몇 개나 되느냐?" "하나님, 셀 수 없어요." "네 자손이 저와 같을 것이다." 하나님께서는 먼저 꿈을 잉태케 하셨다. 아브라함의 가슴속에 꿈이 자라기 시작했다. 꿈이 자라고 때가 됨에 따라 그는 꿈이 이루어지는 것을 볼 수 있었다. 그리고 이삭이 태어났다. 루스 들판에 돌베개를 베고 방랑자, 떨어진 자처럼 잠을 자고 있던 야곱에게 하나님이 찾아오셨다. 그에게도 꿈을 꾸게 하셨다. 사닥다리 꿈! 하늘의 천사가 그 사닥다리를 오르락내리락 하는 그런 귀한 꿈을 꾸게 하셨다. 그는 꿈의 사람이 되었다. 절망과 고독의 자리에서 일어나 그는 자기가 베고 자던 돌베개를 취하여 거기에 기름을 붓고 하나님 앞에 제사를 드렸다. 예배를 드린것이다. 예배가 무엇인가? 지금 현재 있는 나의 모든 현실 그것을 불평하지 않고, 원망하지 않고 그대로 그 자리에서 하나님을 높이면서 하나님을 인정하는 행위 그것이 바로 예배가 아니겠는가?

어느 약국 앞에 마차 한 대가 멈춰섰다. 그리고 그 마차에서 한 늙은 의사가 내렸다. 그의 한 손에는 주전자가 들려 있었고, 또 한 손에는 종이를 쥐고 있었다. 그는 약국 안으로 걸어 들어가서 종업원과 이야기를 나누기 시작했다. 한참 이야기를 하다가 종업원은 자기가 그때까지 모아두었던 돈을 다 가지고 나왔다. 헤아려보니 약 500불이 되었다. 그 500불은 노인 의사의 손으로 건네졌다. 그리고 의사의 손에 있던 주전자와 종이는 그 종업원에게 전해졌다. 그 주전자 속에는 어떤 물질을 만드는 재료가 있고, 그 종이 속에는 그 물질을 만들 수 있는 비법이 기록이 되어 있었다. 500불을 주고 그 노인에게 비법을 샀던 사람의 이름은 바로 그 유명한 아스 캔들러였다. 이 사람이 바로 세계적으로 유명한 코카콜라 회사를 시작한 사람이다. 이 코카콜라 이름의 값만 해도 1백조 원이 된다고 한다. 이름값만 가지고도 1백조 원이 가는 엄청난 기업을 이루었다. 그가 산 것은 꿈이었다. 희망을 샀다.

우리는 왜 하나님 앞에 나아가는가? 우리는 왜 예배하는 사람이 되었는가? 예배하면서 하나님 앞에서 하나님이 주시는 꿈을 사는 것이다. 하나님의 거룩한 희망, 예수 그리스도를 통해서 모든 인간에게 주어진 놀라운 신비와 비밀을 믿음으로 사기 위하여 주님 앞에 나아가는 것이다. 그리고 하나님 말씀을 듣는다. 하나님이 주시는 약속의 말씀을 모두 아멘으로 받아들이기만 한다면 이것은 우리 삶의 비밀이 되고, 우리의 힘이 되고, 우리의 지혜가 되고, 미래가 되어서 우리의 삶을 아름답게 만들어 낼 것이다. 형식적인 예배에 그치지 말고 하나님이 주시는 꿈을 꾸는 이들이 되자. 하나님은 꿈을 주신다고 약속하셨는데 하나님이 이루시는 거룩한 꿈, 그 꿈을 믿음 가운데 잉태하는 거룩한 시간이 될 수 있기를 기도하자. 하나님은 오늘도 우리에게 말씀하고 계신다.

꿈을 주고 계신다. 희망을 주고 계신다. 내가 그것을 '아멘' 하고 받아들이기만 하면 우리는 희망을 잉태하는 사람이 될 수 있다. 고린도후서 1장 20절은 우리에게 이렇게 말씀하신다. "하나님의 약속은 얼마든지 그리스도 안에서 예가 되니 그런즉 그로 말미암아 우리가 아멘 하여 하나님께 영광을 돌리게 되느니라" 하나님의 약속의 말씀을 내가 받아들이는 것은 마치 하나님께서 천지를 창조하실 때 하신 말씀으로 '빛이 있어라'고 말씀하실 때 빛이 있게 된 것처럼 우리가 '아멘' 하고 하나님의 약속의 말씀을 받아들이는 그 순간, 그 약속의 말씀은 꿈이 되고 비전이 되어서 시간이 흘러가서 하나님의 때가 올 때 반드시 이루어지게 될 것이다.

선포되는 약속의 말씀을 '아멘'으로 받아들이자. 그건 반드시 내 삶 속에서 이루어지게 될 것이다. 나의 꿈, 나의 계획, 내가 세운 모든 것들은 확실한 보장이 없다. 이루어질 수도 있고 이루어지지 않을 수도 있다. 그러나 주님이 주시는 약속과 말씀은 반드시 이루어진다. 매 예배시간마다 주님께서 말씀하시고 우리는 믿음으로 '아멘' 하여 하나님의 거룩한 꿈을 잉태하고 거룩한 역사가 일어나도록 하는 꿈의 사람들이 되자.

해산케 하시는 하나님

하나님은 우리 속에 꿈을 주신다. 미래를 주신다. 희망을 주셔서 우

리로 하여금 하나님의 약속의 말씀으로 잉태하게 하신다. 우리 모두
는 다 약속의 말씀으로 임신하게 되는 복이 많아야 한다. 그러나 임신
하게만 하시는 하나님이 아니라 또한 하나님의 때가 되면 임신하게 하
신 그 귀한 약속을 해산하게도 하시는 하나님이라고 말씀하신다. 주
님이 이렇게 말씀하신다 "내가 해산케 하리라." 하나님은 꿈을 주기도
하시고 그 꿈을 이루게 되는 모든 과정 가운데 함께 하신다는 말씀이
다. 바벨론 포로 생활하는 이스라엘 백성의 마음속에 해방의 꿈을 주
셨다. 또한 그들을 친히 해방시키시므로 해산케 하셨다. 빌립보서 1장
6절에 이렇게 우리에게 말씀하고 있다. "너희 안에서 착한 일을 시작
하신 이가 그리스도 예수의 날까지 이루실 줄을 우리는 확신하노라"
　　하나님께서 우리 속에 꿈을 주셨다. 그리고 착한 일을 시작하셨다.
거룩한 일을 시작하신 것이다. 시작하신 하나님께서 반드시 그 꿈을
해산할 때까지 인도하셔서 결국은 이루어지게 하신다는 말씀이다.

　　세상에 많은 사람들이 꿈을 이루는 방식을 구분해 보면 두 종류의
사람으로 나눌 수 있을 것이다. 하나는 자기가 자기 꿈을 이루려는 사
람. 즉 자기가 계획하고 자기가 꿈을 꾸고 자기가 힘들여서 해산하면
서 그 꿈을 이루기 위해 노력하는 사람이 있다. 그런데 이런 사람들의
문제는 무엇인가? 자기의 꿈이 이루어지지 않으면 낙심하고 답답해한
다. 실망하고 원망한다. 그리고 어쩌다가 그 꿈이 이루어지면 교만해
진다. "내가 했다. 난 이렇게 훌륭한 사람이다." 이렇게 말하는 사람들
이 있다. 또 한 부류의 사람들은 하나님이 주시는 꿈을 꾸고 하나님께
서 이루시는 계획을 세우면서 그 역시 하나님이 이루신다고 믿고 하나
님과 더불어 힘껏 일하며 달려가며 도전하는 사람이다. 이런 사람들

은 일이 잘 되지 않아도 하나님께서 해산하신다는 것을 믿기 때문에 답답해하지 않는다. 더딜지라도 기다리며 잘 안될지라도 낙심하지 않고 원망하지 않는 믿음의 사람들이 된다. 이런 사람들은 일을 다 이루어도 결코 내가 했다고 말하지 않고 오히려 하나님께 영광을 돌린다. 잘 되어도 감사, 못 되어도 감사하는 그런 사람이 된다. 바로 하나님을 믿는 우리들이 그러해야 한다. 우리는 하나님께서 꿈을 주시고 하나님께서 해산하신다는 것을 믿고 우리도 힘을 다해 하나님의 일을 이루어가는 인생을 살고 있다. 잘 되면 감사한 것이요 못 되면 하나님께서 그 일을 이룰 때까지 인내할 것이다.

우리가 부르는 '애국가'는 너무 좋은 곡조를 가지고 있다. 안익태 선생이 작곡을 했다. 전세계 여러 나라의 국가를 들어보았지만 우리나라만한 국가가 없다. 얼마나 간단하면서도 힘이 있는지 부르면 피가 막 끓는 것 같은 감동을 느낀다. 그런데 하루는 기자가 안익태 선생에게 물었다. "선생님, 어떻게 그렇게 훌륭한 애국가를 작곡하실 수 있었습니까?" 그때 안익태 선생은 이렇게 말했다. "애국가는 하나님의 선물입니다. 내가 작곡한 것이 아닙니다." "아니, 작곡하지 않았다니요?" "하나님께서 영감을 주셔서 나는 그의 도구가 되었을 뿐입니다." 그렇다. 정말 훌륭한 답이었다. 하나님께서 하셨다고 고백하는 사람, 이 사람이 바로 하나님이 해산케 하신다는 것을 믿는 사람이 아니겠는가?

지금까지 보았던 수많은 영화 가운데 가장 아름다운 영화를 꼽으라고 하면 단연코 빠지지 않는 작품이 '벤허'이다. 벤허는 아카데미상 가운데 여우주연상 하나만을 빼고 전 분야를 수상한 전무후무한 작품 가운데 하나이다. 이 영화를 감독한 사람이 바로 윌리엄 와일러이다. 이 감독이 시사회장에서 벤허를 쭉 보고 있다가 고함을 질렀다. "하나님, 제가 과연 이 영화를 만들었습니까? 아니, 하나님께서 하셨습니다." 하나님께 영광을 돌려드렸다고 한다.

하나님께서는 임신하게도 하시고, 해산하게도 하신다. 해산의 고통이란 말이 있다. 해산하는 것은 어렵다. 내가 바라는 것이 이루어지지 않고 너무 심한 고통을 내 인생에 느낄 때가 종종있다. 그러나 하나님께서 해산케 하신다고 믿는다면 그 모든 고통 중에도 우리는 하나님을 바라보고 하나님께 영광을 돌릴 수 있어야 한다.

너무 늦다고 불평하지 말라. 너무 고통스럽다고 원망하지 말라. 일을 하다가 결과가 보이지 않아서 낙심하지 말라. 내가 지금 해산하고 있는 것이 아니라 하나님께서 해산케 하시기 때문이다. 나는 그저 하나님의 그 해산에 동참하는 사람에 불과할 뿐임을 고백할 수 있어야 한다.

1949년은 중국에 있어서 대단히 비극적인 해였다. 중국이 공산화되는 그런 해였기 때문이다. 이 일로 오랫동안 복음을 전하던 선교사들이 몽땅 다 쫓겨나게 되었다. 그래서 교회 문은 전부 닫혀 버렸다. 선교사들은 떠나가면서 하나님께 원망 섞인 기도를 했다. "하나님, 진정 중국을 버리셨습니까? 이 불쌍한 중국을 이제는 버리셨습니까? 어떻게 하겠습니까?" 그들은 울면서 중국 땅을 떠나갔다. 하나님이 이제는

더 이상 일하지 않으신다고 생각을 했기 때문이다. 그러나 그 순간에
도 하나님은 일하고 계셨다. 선교사들이 몽땅 떠나간 이후에도 하나
님은 해산의 그 모든 과정을 중국 땅에서 진행하셨다. 이 선교사들이
중국에서 선교하다가 제일 힘들었던 것은 중국 땅에 만연해 있는 미
신 때문이었다. 이 미신은 아무리 설명해도 없어지지 않는 것이다. 그
러나 그들이 떠난 다음에 하나님은 그 미신을 해결하셨다. 지독한 중
국 공산당 정권이 들어서면서 중국 땅에 있는 모든 미신을 다 뿌리 뽑
았던 것이다. 깨끗하게 정리해 버리고 말았다. 그리고 다시 중국 문
이 열렸을 때 다시 들어오는 선교사들은 깜짝 놀라고 말았다. 이제 모
든 문이 닫혔다고 생각했는데 하나님께서는 해산하는 과정을 그 땅에
서 계속하고 계셨다. 지금 중국 땅에 있는 기독교인은 한국의 인구보
다 더 많다. 계속해서 지금도 주님께로 돌아오는 사람이 늘어나고 있
다. 머지 않아 이 중국은 하나님의 복음을 땅끝까지 전하는 일에 귀하
게 쓰임을 받게 될 것이다.

하나님은 해산케 하신다. 눈에 보이지 않는 것 같아도 하나님의 해
산의 과정은 진행되고 있다. 주님은 말씀하신다. "나는 해산하게 하는
이인즉 어찌 태를 닫겠느냐" 하나님이 시작하신 일은 하나님이 반드
시 끝을 내신다. 하나님이 임신케 하셨으니 반드시 해산하도록 은혜
를 주실 것이다.

하나님은 열심히 아브라함을 변화시키셨다. 끝까지 아브라함을 추
격하셔서 그로 하여금 믿음의 사람이 되도록 만드셨다. 불순종하는
요나를 끝까지 따라가셔서 그를 위대한 하나님의 선교사로 만들어 내

고야 말았다. 이렇듯 주님은 나의 인생도 해산케 하실 것이다. 눈에 보이지 않아도 하나님의 해산이 진행되고 있는 것을 믿으라. 하나님께서 우리 교회를 해산케 하실 것이다. 우리 교회의 꿈을 이루어 주실 것이다. 하나님께서 우리 가정을 해산케 하실 것이다. 하나님께서 우리 민족을 해산케 하실 것이다. 그러므로 하나님의 사람들은 해산케 하시는 하나님의 은혜를 믿고 하나님을 바라보고 하나님의 약속이 이루어지는 것을 믿음의 눈으로 바라보며 믿음 가운데 살아야 한다.

믿음으로 기뻐하라

하나님께서 약속의 말씀으로 임신하게 하셨다고 말씀하셨다. 그리고 약속대로 하나님은 때가 되면 해산하게 하신다고 말씀하셨다. 하나님이 임신케 하시고 하나님이 해산케 하시다면 우리가 할 일은 무엇인가? 그것은 바로 하나님이 해산케 하신다고 하는 사실, 하나님이 해산케 하실 그 미래를 마치 오늘 내 눈 앞에서 펼쳐지는 현실처럼 바라보고 기뻐하고 즐거워하는 믿음 이것이 바로 우리에게 요구되는 귀한 반응이다. 하나님이 임신케 하시고 해산케 하신다면 우리는 내 인생 가운데 진행되는 것이 하나도 없을지라도 그것을 바라보고 기뻐하며 즐거워해야 한다. 10절이 그것을 우리에게 말씀하고 있다.

"예루살렘을 사랑하는 자들이여 다 그 성읍과 함께 기뻐하라 다 그 성읍과 함께 즐거워하라 그 성을 위하여 슬퍼하는 자들이여 다 그 성의 기쁨으로 말미암아 그 성과 함께 기뻐하라 "

아직 이스라엘 백성들은 예루살렘에 돌아가지 못했다. 그러나 하나님은 그들이 마치 돌아온 것처럼 기뻐하라고 말씀하신다. 이스라엘 백성들이 예루살렘에 돌아와서 기뻐하는 것처럼 우리도 기뻐해야 한다. 하나님의 백성의 믿음이라고 하는 것이 이것이다. 눈에 보이지 않지만 본 것처럼, 만질 수 없지만 만지고 있는 것처럼 기뻐하고 즐거워하는 삶, 이게 바로 하나님이 잉태케 하시고 하나님이 해산케 하신다고 믿는 성도의 반응이 될 것이다.

그런데 이스라엘 백성은 바벨론과 함께 기뻐하면 안된다. 오직 예루살렘과 함께 기뻐하라고 말씀하신다. 우리 또한 이 세상에서 장사 잘 된다고 기뻐해서는 안된다. 장사가 잘 안된다고 낙심해서도 안된다. 하나님의 백성은 기쁨의 근원이 달라야 한다. 예루살렘과 함께 기뻐하라고 말씀하신다. 이스라엘 백성의 참된 안식과 만족은 오직 예루살렘을 통해 오게 될 것이기 때문이다.

왜 하나님은 예루살렘에서 위로를 받을 것이라고 말씀하고 계시는가? 교회가 세상의 소망이기 때문이다. 이 세상에는 소망이 없다. 우리의 쉴 곳이 없다. 바벨론에 하나님의 백성이 쉴 곳은 없다. 교회가 바로 하나님의 품이다. 교회에서 우리는 젖을 먹고, 교회에서 우리는 하나님께 안긴다. 또한 교회에서 우리는 위로를 받고, 하나님의 약속을 받고 하나님의 귀한 사랑을 받는다. 교회를 통해 우리는 하나님의 귀한 말씀을 영적으로 임신한다. 그리고 세상의 모든 암담함을 교회에서 해결해 나가면서 살 수 있다. 어머니의 품 속 같은 하나님의 교회! 그 품 안에서 주님을 바라보고 기뻐하고 즐거워하는 성도들이 되어야 하겠다.

노아의 방주 속에는 창이 없었다. 옆으로 나오는 창은 하나도 없었다. 왜 그럴까? 볼 것이 별로 없기 때문이다. 옆으로 봐봤자 출렁이는 물결 밖에 보이지 않았다. 오직 위로 나 있는 창문이 있을 뿐이다. 하나님의 백성은 위를 보는 백성들이다. 하나님의 백성은 위에서 들려오는 소리를 듣고, 위에서 오는 빛을 받으며 살 수 있는 백성이기 때문이다.

하나님의 품에 안긴 성도는 옆을 보지 말아야 한다. 고개를 들어 우리와 함께 하시는 주님을 바라보아야 한다. 그 주님의 음성을 듣고 주님이 우리의 심령에 비치는 거룩한 빛을 받아야만 한다.

숯과 다이아몬드는 구성 성분이 같은 물질이다. 둘 다 탄소(C)로 구성되어 있다. 그런데 이상하지 않은가? 하나는 값싼 땔감이요 하나는 값비싼 보석이 된다. 그 형성된 과정에 따라서 같은 요소라도 완전히 달라지게 되는 것이다.

우리는 똑같은 하나님의 말씀을 받고 있다. 하나님의 약속의 말씀은 우리 속에 지금 임하고 있다. 그런데 우리가 그 말씀을 받고도 염려하고 근심하고 불안해하고 걱정하면서 산다면 마치 우리 가슴은 새카맣게 숯처럼 타들어 가게 될 것이다. 세상에서 사는 동안 피곤하게 살면서 세상 속에서 숯덩이처럼 가슴이 새카매져 있는 그런 상태에 있지는 않은가? 그렇다면 그 상태를 그대로 허락하지 말라. 오히려 하나님의 약속의 말씀을 받을 때 '아멘' 하고 그 꿈을 나의 꿈으로, 나의 약속으로 받아들여라. 그렇게 하나님께 영광 돌리고 기뻐하고 감사하면 그 모든 것들이 변하여 나를 연단시키고 단련하여 결국 내 인생을 다이아몬드보다 더 빛나는 아름다운 보석 같은 인생들로 만들어 주실 것이다. 새카만 숯같은 가슴들이 변하여 다이아몬드처럼 영롱한 빛을 내는 보석같은 성도들이 되기를 우리 주님은 원하고 계신다.

얼굴에 주름이 가득한 어떤 할머니가 초라한 옷을 입고, 꽃을 팔고 있었다. 그런데 꽃 파는 이 할머니 얼굴에는 늘 기쁨이 가득했다. 싱글벙글 웃고 있었다. 지나가는 사람이 물었다. "할머니, 뭐가 그리 좋으세요? 할머니는 걱정거리도 없고 고통도 없으시나요? 이유가 뭡니까? 뭐가 그리 좋습니까?" "나도 고통이 있다오. 그러나 나는 고통당할 때마다 주님을 생각합니다. 주님은 금요일 날 십자가에 못 박혀 돌아가셨지만 삼일 뒤에 부활하셨습니다. 나도 사흘만 기다리자고 생각하며 모든 고통을 지금까지 참아 왔습니다."

그렇다. 성도는 부활의 내일을 기다리며 사는 사람들이다. 부활신앙을 가진 사람은 어떤 경우에도 기뻐하고 즐거워할 수 있다. 보이지 않아도 기뻐할 수 있다. 때로는 배신당해도 기뻐해야 한다. 열매가 없어도 즐거워해야 한다. 눈에 보이지 않아도 참아야 한다. 하나님께서 우리에게 이미 하나님의 아들 독생자 예수 그리스도를 보내주셨다. 우리는 예수님과 함께 꿈을 꾸는 백성이 되었다.

날마다 예수님과 함께 새로운 꿈을 꾸자. 우리를 세계적으로 사용하는 꿈을 꾸자. 우리나라를 통해 열방이 주님께로 돌아오는 꿈을 꾸자. 우리 교회를 통해 물이 바다 덮음같이 여호와를 아는 지혜가 온 세상에 충만하게 되는 그런 꿈을 꾸자.

주님이 주시는 꿈은 주님이 반드시 이루어 주신다.
해산하게 하시는 하나님을 믿어라.
꿈을 주시는 하나님을 믿어라.

그러면 어떤 순간에도 기뻐하며 즐거워할 수 있다. 오직 세상의 소망인 교회에서 우리 주님의 품 속에서 젖을 빨고 위로를 받고 꿈을 공급받고 힘을 얻어서 주님이 해산하신다고 하는 사실을 믿자. 나도 주님과 더불어 힘을 다해서 이기며 또 일어나 걸어가는, 그래서 하나님의 꿈을 꾸고 하나님의 꿈을 이루는 거룩한 하나님의 백성들이 다 되기를 기도하자.

chapter 2

영문 밖으로 나아가라 (히 13:12-15)

헛된 제단 vs 갈보리 제단

멕시코 선교여행 중 가까운 거리에 있는 한 유적지를 방문할 기회가 있었다. 사람들은 흔히 이집트에 가야만 피라밋을 볼 수 있다고 생각하는데 멕시코에도 피라밋이 있다. 그런데 거대한 이집트의 피라밋은 무덤인데 비해 멕시코의 피라밋은 무덤이 아니라 제단이었다. 멕시코의 선조들은 그 높은 곳에 올라가서 그들의 신에게 제사를 드렸다. 달신, 태양신에게 제사를 드린 것이다. 기원전 2세기부터 시작해서 주후 500년~600년경에 꽃을 피웠던 '떼오 띠와깐'이라고 하는 문명이 존재했었다. 그리고 그 문명은 700년경에 사라졌다. 그 당시 영국 런던이 5만 명 정도의 숫자를 자랑하는 최대 도시였는데, 이 '떼오 띠와깐'은 무려 20만 명이나 모여 살던 도시국가로 엄청나게 발달된 문명을 자랑하고 있었다. 그들은 5천 명 이상이 30년 동안 짓지 않으면 안되는 엄청난 높이의 피라밋을 만들었다. 그 달의 피라밋, 태양의 피라밋을 세우고 그들은 그 위에 어린아이와 성인들의 피를 뿌리며 제사를 드렸다. 심장을 끄집어내어서 그들의 신에게 제사를 드렸다. 산 제물이 제단에 바쳐지기 전에 그들은 죽음의 길이라고 하는 길을 따라서 줄지어 산 제물들을 끌고 갔다. 그 죽음의 길은 무려 248계단을 통해서 꼭대기까지 올라가는 길이다. 그 행렬이 꼭대기에 닿으면 피라밋 위에 마련된 제단에 피를 뿌렸다. 방문객들이 해발 2,300m정도의 높이에 있는 그 제단의 계단을 오르는 일은 결코 쉬운 일이 아니다. 헉헉거리고 땀을 흘리며 높이 높이 올라가야 한다. 그 길을 올라가면서 인류가 지금까지 쌓았던 제단을 생각해 보았다. 하나님을 떠난 인간이 바벨탑을 쌓았다. 그 이후로 모든 문명은 항상 제단 중심으로 모였다. 제단이 없는 문명은 거의 없다. 그 제단에서 그들의 죄를 씻고 그들의 소원을 성취하기 위하여 많은 희생 제물을 바쳤던 흔적을 여러 종류의 문명에서 볼 수 있다. 페루의 마추피추에 올라가도 바로 거기에 제단이 있는 것을 볼 수가 있다. 인류는 어떻게 하든지 자기의 죄를 사함 받고 소원을 이루기 위한 강력한 소원을 다 가지고 있었다. 어떤 형태든지 모든 문명은 다 나름대로의 제단을 가지고 있었다. 달을 섬기며 달에게 제물을 드렸다. 태양을 섬기며 태양에게 제물을 드렸다. 혹은 자연을 섬기기도 했다. 어떤 짐승이나 불을 섬기기도 했다. 그리고 지금은 그 형태가 달라졌지만 모든 사람들은 계속해서 지금도 나름대로의 제단을 가지고 있다. 나름대로의 노력과 여러 가지 자신의 방법을 통해서 지금도 모든 인간은 제사를 드리고 있다고 해도 과언이 아니다.

죽음의 길을 따라 수많은 아이들과 수많은 성인들이 제물로 바쳐졌던 그 제단, 피로 적셔져서 줄줄 피가 흘러가던 그 제단을 올라가면서 마음 깊은 곳에서 울려오는 한 소리를 들을 수 있었다. 그것은 노래 소리, 바로 찬양의 소리였다. '나의 죄를 씻기는 예수의 피밖에 없네'

이런 찬송이 마음속에 꽉 찼다. 양의 피로도 염소의 피로도 안된다. 사람의 피, 어린아이의 피로도 안된다. 따라서 인류가 쌓았던 수많은 제단들은 다 허사였다. 효과가 없다. 하나님은 오직 한 제단만을 허락하셨기 때문이다. 그것은 갈보리 제단, 거기에 십자가를 지고 피 흘리신 예수 그리스도의 보혈 이외에는 인간의 모든 죄를 사할 수 있는 방법은 결코 없다. 오직 예수 그리스도의 십자가만이 인간의 모든 죄를 깨끗하게 하고 하나님 앞에 나아가게 하는 능력이 되는 것을 우리는 믿는다.

히브리서 13장 12절의 말씀이 우리에게 이렇게 말씀하고 있다. "그러므로 예수도 자기 피로써 백성을 거룩하게 하려고 성문 밖에서 고난을 받으셨느니라" 수많은 피들이 여러 제단에서 뿌려졌지만 그 피들은 단 한 사람의 죄도 씻을 수가 없었다. 그저 의미 없이 허무하게 피를 뿌렸을 뿐이다.

한때 중국에서는 가짜 피를 만들었던 적이 있다. 세상에 여러 가지 가짜가 많이 있고 짝퉁들이 많고 많지만 이제 피까지 가짜를 만들고, 사람들에게 수혈까지 했다니 경악하지 않을 수 없다. 피까지 가짜를 만들어내는 세상, 그러나 그 가짜 피로는 사람을 살릴 수가 없다. 진짜 피라야 한다. 인류의 모든 죄를 사하게 할 수 있는 피는 갈보리 제단에 뿌려졌던 나사렛 예수 그리스도의 그 십자가의 보혈밖에 없다는 것을 우리는 확실히 믿어야 한다. '비아돌로로사', 갈보리 언덕으로 오르던 그 길을 죽음의 길이라고 부른다. 고통의 길이라고 부른다. 갈보리산 위에 우리 주님의 십자가가 섰고 거기서 흐르는 피, 그 피가 온 인류의 심장 속으로 흐르고 또한 모든 믿는 자들에게 구원을 주시는 하나님의 능력이 되어서 지금까지 흘러오고 있다. 모든 인류는 그리스도의 보혈로 말미암아 구속을 받는 은혜를 입었다. 그래서 이제 또다시 높은 곳으로 올라갈 필요가 없다. 제단이 필요 없다. 이미 갈보리 제단으로 모든 제사가 완성되었기 때문이다. 히브리서 9장 12절에 이렇게 말씀하고 있다. "염소와 송아지의 피로 하지 아니하고 오직 자기의 피로 영원한 속죄를 이루사 단번에 성소에 들어가셨느니라" 하나님이 우리에게 주신 오직 하나의 제단 갈보리 제단에서 흘리신 예수 그리스도의 보혈 때문에 우리는 더 이상 다른 제물을 찾을 필요가 없다. 주님이 온전한 제물이 되셨기에 그것으로 충분하다. 땀 흘리며 높은 피라밋 꼭대기까지 올라갈 필요도 없다. 주님의 보혈이 우리의 모든 죄를 사하셨기 때문이다. 주님의 보혈이 우리의 모든 저주를 다 자르셨기 때문이다. 주님의 보혈이 우리의 모든 연약하고 왜곡된 것을 바로잡고 채워 주셨기 때문이다.

다른 제단에 마음을 두지 말라

선교여행 중 우리 일행들은 피라밋 꼭대기에 올라갔다. 수많은 잘못된 피들이 뿌려지고 줄줄 흘려내렸을 그 제단 꼭대기에 섰다. 그리고 선교사님들과 함께 손을 잡고 하나님 앞에 간절한 기도를 드렸다. 그 기도를 인도하며 수백 년 동안 헛되이 뿌려진 사람들의 피를 기억했다. 하나님을 찾지 않고 우상을 찾던 사람들을 기억했다. 그리고 수많은 피뿌린 죄들을 용서해 달라고 기도했다. 우상 섬기던 죄들을 용서해 달라고 기도했다. 오직 예수 그리스도의 보혈만이 줄줄 흘러내려서 모든 멕시코 사람들의 심장 속으로 흐르고 모든 삶 가운데 흘러서 예수 그리스도를 통해 구원 받는 백성되게 해 달라고 간절히 기도했다. 그리고 그 기도를 하나님께서 들어주실 것을 믿는다.

사탄은 지금까지 우리 모든 인류가 갈보리 제단의 십자가에 집중하지 못하도록 그 시선을 자꾸만 다른 쪽으로 흘러가게 하는 그런 계략을 세웠다. 사탄은 예수 그리스도의 십자가 갈보리 제단으로 사람들이 나아가서 구원 받는 것을 원치 않았다.

그 제단을 내려오면 일명 '성모현현교회'라고 불리우는 유명한 '과달루페' 성당으로 갈 수 있다. 1531년 12월 9일 코르페즈가 아즈텍 문명을 정복한지 10년 되던 어느 날 '환 디에고'라고 하는 목동이 누구를 만났다. 그것은 바로 갈색으로 나타난 성모였다. 그리고 성모는 그 소년에게 자신을 위하여 교회를 지으라고 말했다고 한다. 그 소년이 만난 성모가 만약에 진짜 성모였으면 그렇게 말하지 않았을 것이다. 자신을 위한 교회가 아니라 예수 그리스도를 위하여 교회를 지어라고 말했어야 한다. 그 이야기를 듣고 환 디에고는 사제에게 뛰어가 그 사실을 말했다. 사제는 그 소년의 말을 처음에는 믿지 않았다고 한다. 실망한 소년이 다시 돌아왔을 때 이번에는 갈색 성모가 12월이었지만 붉은 장미를 한 다발 주었다고 한다. 환 디에고가 자기의 망토에 그 장미를 싸서 돌아왔을 때 그것을 보고 모든 사람들이 믿게 되었다고 한다. 그래서 지어진 성당이 바로 '과달루페'이다. 그런 전설같은 이야기가 있는 과달루페 성당을 돌아보면서 마음속에 느껴지는 것이 하나 있었다. 그것은 사람들이 예수 그리스도의 십자가에 집중하지 않고 갈보리 제단에 집중하지 않고, 오히려 과달루페 갈색 성모에게 집중하고 환 디에고에게 집중하고 또 거기에 잘못된 신화같은 망토와 그림으로 나타났다고 하는 성모의 그림에 집중한다는 것이다. 사람들은 그곳에서 환 디에고의 망토에 나타났다고 믿는 그런 성모를 바라보며 자기의 소원을 아뢴다. 그들의 시선은 전부 성모에게 가 있었다. 환 디에고에게 가 있고 망토에 가 있었다. 그러나 그곳에 예수 그리스도는 없었다. 하나님의 능력과 은혜가 거기에는 없었다. 사람들은 12월 9일이 되면 거기에 모인다. 매일 매일 예배가 있지만 12월 9일은 특별히 중남미 전체의 사람들 가운데 신심이 연약한 사람들이 거기 와서 무릎으로 기어가며 피를 줄줄 흘리며 갈색 성모에게로 나아간다. 예수 그리스도에게 가지 않고 갈색 성모에게로 나아가는 것이다. 신비와 기적을 바라고 나아간다. 그들은 갈보리 제단에 뿌려진 예수 그리스도의 보혈의 능력을 구하지 않고 갈색 성모, 과달루페 성모를 통해 은혜를 받으려고 한다.

우리 또한 예수 그리스도에게 우리의 마음이 가지 않고 다른 제단으로 마음을 향하고 있지는 않는지 생각해 보아야 한다. 예수를 믿는다고 하면서도 예수 그리스도의 갈보리 제단을 보지 않고 나름대로 소원을 성취하기를 원하는 제단으로 향할 수 있는 가능성이 있기 때문이다. 우리는 때때로 예수를 보지 않고 물질을 본다. 이것은 예수 그리스도를 보지 않고 이 땅의 명예와 이 땅의 모든 부질없는 것들을 바라보는 잘못된 시선이 될 수 있다. 다른 구주를 찾고 다른 목표를 찾게된다. 그러나 우리는 반드시 기억해야 한다. 예수 그리스도의 피 밖에

는 없다는 사실을, 그리고 골고다 제단 밖에는 없다는 것을. 우리의
노력이 아니다. 우리의 지성이 아니다. 우리의 능력 또한 아니다. 오
직 예수뿐이다. 우리는 돈을 구하는 자가 아니다. 건강을 구하는 자도
아니다. 출세도 구하는 자는 더더욱 아니다. 오직 갈보리 제단의 예수
그리스도를 구하는 자, 그가 바로 오늘을 살아가는 우리 그리스도인
의 모습임을 주님 앞에 확신하여야 한다.

그런데 갈보리 제단의 예수 그리스도를 모르는 자들은 이 세상에서
자기가 쌓는 그 제단이 모든 것이라고 생각한다. 그 제단을 통해서 자
기가 준비한 피를 통해서 무언가 얻으려고 하고 있다. 그리고 여기서
영원히 살 것처럼 이 땅의 모든 것에 가치를 두고 살아간다. 이 땅의
모든 것을 목표로 삼고 살아간다. 그러나 성경은 말씀한다. 여기에는
영구한 도성이 없다. 이곳은 우리의 종착역이 아니다.

14절의 말씀을 보라. "우리가 여기에는 영구한 도성이 없으므로 장
차 올 것을 찾나니" 그렇다. 여기에는 영구한 도성이 없다. 우리의 목
표는 이 땅에 있는 것이 아니다. 이 땅에 있는 모든 것을 다 얻어도 내
인생은 만족스런 인생이 되지 않을 것이다. 여기에 있는 모든 것은 지
나간다. 내가 쌓은 모든 제단으로는 영구한 도성에 들어갈 수 없다.
내가 원하는 모든 것을 다 가져도 그 모든 것은 다 지나갈 것이다. 아
름다운 것도 강한 것도 지나갈 것이다. 높은 것도 지나갈 것이다.

베드로전서 2장 11절은 우리에게 이렇게 말씀한다. "사랑하는 자들
아 거류민과 나그네 같은 너희를 권하노니 영혼을 거슬러 싸우는 육체

의 정욕을 제어하라" 성경은 우리를 향해서 나그네와 거류민 같은 존재라고 말한다. 이 땅에 잠간 머물지만 떠나갈 수밖에 없는 존재인 것을 말씀하고 있는 것이다. 그뿐 아니라 시편 103편 15~16절이 우리에게 이렇게 또 말씀한다. 인생은 그날이 풀과 같아서 바람이 지나가듯 없어진다고. 바람처럼 지나가고 꽃처럼 시들어질 것이라고.

그 선교여행 중 멕시코 시티에 있는 고고학 박물관을 둘러보았다. 아주 장구한 역사가 흘러가는 흐름을 느낄 수가 있었다. 미라를 포함한 많은 전시품들, 그 수백만 년에 걸친 것들을 불과 한 시간 반 만에 다 보고 지나왔다. 박물관을 벗어나자 이런 시가 있었다. '이렇게 내가 사라져야 하는가. 시들어가는 꽃처럼 내 이름이 이렇게 사라지는가. 내 명성이 이렇게 사라지는가.' 그 시를 읽는데 가슴이 찡해왔다. 참 멕시코 사람들이 멋있다는 생각을 했다. 박물관을 다 보고 나오는 인간들에게 주는 교훈이었다. '다 지나간다. 이름도 지나가고 명성도 사라진다. 별것 없으니 똑바로 살아라.' 이런 교훈이 담겨 있는 시를 거기 붙여 놓은 것이다. 그리고 그곳에 비디오 아트가 하나 있었는데 텔레비전 화면이 여러 개가 있고 그 곳을 지나가는 사람들의 얼굴이 모두 해골로 변하는 것이다. 멋진 남자, 예쁜 여자들이 다 지나가도 모두 해골로 변한다. 이것이 우리 인생의 현주소가 아니겠는가?

이 땅의 모든 것은 전부 지나간다. 사라지고 만다. 박물관의 시처럼 우리의 이름도 사라질 것이다. 우리의 명성도 사라질 것이다. 물질도 사라질 것이다. 그러나 영원한 갈보리 제단에서 존귀한 보혈로, 예수 그리스도로 인하여 죄사함을 받은 모든 성도는 여기 머무는 사람이 아니다. 장차 올 영원한 도성을 바라보고 영문 밖으로 나가는 사람들이 바로 그리스도의 보혈로 말미암아 구원을 받은 사람들이다.

영문 밖으로 나아가자

성경은 우리에게 말씀한다. 영문 밖으로 나아가자 13절은 이렇게 말씀한다. "그런즉 우리도 그의 치욕을 짊어지고 영문 밖으로 그에게 나아가자" 예수님은 영문 밖에서 죄와 더불어 먹고 마시고 살아가는 불쌍한 인간들을 위하여 죄를 짊어지시고 영문 밖으로 나가셔서 골고다 언덕을 오르시고 갈보리 제단 위에서 피 흘리심으로 우리의 모든 죄를 다 사해 주셨다. 그 안에서 구원받은 우리의 삶의 의미가 무엇인가? 예수님이 흘리신 놀라운 보혈에 힘입고 우리의 인생의 의미가 달라져야 한다. 예수님이 당하신 치욕과 고난의 뜻을 깨닫고 주님이 내게 주신 그 귀한 사랑과 용서와 구원을 다른 사람들에게 전하기 위하여 영문 밖으로 나가는 것 이것이 우리 삶의 의미가 아니겠는가? 나만을 위해 쌓아올린 수많은 제단들을 지나서 다른 사람을 구원하고 그들에게 사랑을 전하고 예수님의 생명을 전하기 위하여 내 안에 있는 영문을 벗어나서 밖으로 나가는 것이다. 내 이기적인 삶을 벗어나서 영문 밖으로 나가는 것이다. 자기중심적인 사고방식을 벗어나서 영문 밖으로 나가는 것이다. 아브라함이 그랬다. 자기 영문 안에 살던 소시민적인 행복에 안주하던 사람이었다. 그런데 하나님은 그를 부르셨다. 아브라함은 본토 친척 아비집을 떠나고 영문 밖으로 나갔다. 그리고 그는 하나님의 뜻을 이루며 살았다. 그리하여 그는 참으로 축복의 통로가 되었다. 바울이 그랬다. 바울은 자기의 모든 지식과 자기의 모든 배경과 세상의 모든 것 그 안에서 살 수 있는 충분한 사람이었다. 그러나 주님을 만나고 주님과 더불어 그는 영문 밖으로 나갔다. 모든 것을 분토처럼 여기고 오직 복음을 위하여 일생을 살았다. 주님과 함께 영문 밖으로 나가서 그리스도의 십자가만을 전하는 복된 사람, 축복의 통로가 될 수 있었다.

선교여행 기간 동안 멕시코 목사님 100여 분과 함께 하나님 말씀을 나누며 많은 은혜를 받았다. 멕시코는 기독교인이 4% 밖에 되지 않는다. 사회적인 소수자들이다. 예수를 믿으면 불이익을 많이 당한다. 특별히 목사가 되는 것은 아주 가난하고 힘없는 사람이 되는 것과 동일한 의미였다. 멕시코의 귀한 목사님들을 바라보면서 깊은 묵상에 잠겼다. 다 버리고 영문 밖으로 나가서 복음을 위해 사는 그들을 바라보면서 큰 은혜를 받을 수가 있었다.

우리 교회가 파송한 김용훈 선교사님 부부도 기꺼이 영문 밖으로 나가 그곳에서 선교하고 있었다. 복음을 전하다가 붙잡혀서 수용소 생활을 하기도 했고 추방되기도 했지만 다시 하나님의 귀한 복음을 그곳에서 전하고 있었다. '떼오 띠와깐' 태양 제단으로 향하는 이 죽음의 길에서 그분들과 함께 기념 촬영을 했다. 왜 하필 그곳이었을까? 바로 우리의 삶이 그랬기 때문이다. 우리도 바로 죽음의 길 그리스도와 함께 십자가에 죽은 사람들이었기 때문이다.

"내가 그리스도와 함께 십자가에 못 박혔나니 그런즉 이제는 내가 사는 것이 아니요 오직 내 안에 그리스도께서 사시는 것이라 이제 내가 육체 가운데 사는 것은 나를 사랑하사 나를 위하여 자기 자신을 버리신 하나님의 아들을 믿는 믿음 안에서 사는 것이라" (갈 2:20)

옛날 '떼오 띠와깐' 그 제물들은 죽음에 길을 가서 다 죽었다. 허무한 죽음을 당했다. 그러나 우리의 그리스도와 함께 죽는 이 죽음은 죽음이 아니다. 그리스도와 함께 죽으면 생명의 길로 인도받게 될 것이다. 우리가 주님 안에서 포기하면 주께서 주시는 것을 받을 수 있을 것이다. 내 인생을 주님 앞에 드리게 되면 드려진 인생이 하나님의 놀라운 영광을 이루는 복된 도구가 될 것이다.

우리는 사람을 살리러 가는 길에 서 있는 복된 자들이다. 우리는 이미 갈보리 제단에 예수 그리스도의 보혈로 사함받은 자들이 되었다. 주님이 영문 밖으로 나아가셨듯이 우리의 인생이 영문 밖으로 나아가야 한다. 이 세상의 안목과 육신의 정욕, 인생의 자랑의 영문 밖으로 나가자. 내가 가든지, 내가 가지 못하면 보내든지, 기도를 보내든지, 물질을 보내든지 저 영문 밖으로 내 삶이 나갈 수 있도록 해야 한다. 제단으로부터 흐르는 보혈의 능력을 전하기 위하여 우리는 날마다 나가야 한다. 내가 쌓아 두었던 수많은 제단들을 허물어 버리고 영문 밖으로 나가자. 세상을 구원하기 위해 복음을 들고 영문 밖으로 나가자. 교회는 예배만 드리고 은혜만 받는 수준에 머물러 있어서는 안된다. 은혜 받는 성도는 마땅히 안일한 삶을 다 벗어나서 영문 밖으로 나가 굶주리고 버림받은 수많은 사람들에게 사랑을 전하고 땅끝까지 주의 복음을 전하는 영문 밖으로 나가야 한다. 아직도 온갖 헛된 제단에서 헛된 피를 뿌리고 헛된 우상을 섬기고 있는 그들을 복음으로 구원하기 위하여 더 많은 선교사들을 보내는, 영문 밖으로 나가는 하나님의 교회가 되어야 한다. 예배드릴 때마다 우리는 갈보리 제단의 십자가 보혈에 집중해야 한다. 그 보혈이 우리를 살릴 것이다. 예수 그리스도의 보혈이 우리 가정을 새롭게 할 것이다. 그리스도의 보혈이 우리나라를 새롭게 할 것이다. 그리스도의 보혈이 우리 교회를 새롭게 할 것이다. 이것이 주님의 보혈에 집중하고 그 보혈에 날마다 적셔져서 주님이 주신 지상 명령을 가슴에 새기고 복음 전하기 위하여 영문 밖으로 나아가는 복된 성도들과 교회를 향한 하나님의 뜻이다.

chapter 3

무력의 능력(사 53:1-7)

헤르만 헷세의 글에 이런 재미있는 이야기가 나온다. 한 마을에 아기가 태어났다. 마침 그 동네에 도인 한 사람이 지나가게 되었다. 길을 지나던 도인은 아이가 태어났다는 소식을 듣고 그 집에 들어갔다. 그리고 부모들에게 말했다. "무엇이든 원하기만 하면 다 들어줄 테니 소원을 말하라." 도인의 뜻밖의 제안에 부모는 "그저 우리 아이가 일생 동안 살면서 많은 사람들에게 사랑 받는 아이가 되게 해 주옵소서."라고 대답했다. 이 일이 있은 후 그 아이는 정말로 사랑 받는 아이가 되었다. 모든 사람들이 한 번 보기만 하면 그 아이를 사랑하게 되었다. 그런데 문제가 생겼다. 얼마나 버르장머리가 없어지는지 교만하고 독선적이고 이기적인 아이로 변해져 갔던 것이다. 얼마 뒤에 다시 도인이 지나가게 되었다. "혹시 나에게 또 부탁할 말이 없는가?" "죄송하지만 이 아이가 사랑 받는 아이 대신에 모든 사람에게 사랑을 베푸는 아이가 되게 해 주십시오." "진작 그럴 것이지." 이 이야기는 그렇게 끝이 난다.

사람들은 다른 사람의 인기와 사랑을 독차지하기를 원한다. 그런 사랑을 받기 위해 여러 가지 조건을 원한다. 그래서 돈이 필요한 것이고, 외모적인 조건도 아주 좋은 사람을 선호한다. 배경을 원하고 여러 가지 재능을 원한다. 이런 조건을 갖춘 사람을 능력 있는 사람이라고 말할 수 있을 것이다. 만약에 우리가 다시 태어날 수 있다면 그리고 출생의 모든 조건을 마음대로 선택할 수 있다면 어떻게 하겠는가? 아마도 어떤 사람들은 '좀 넓은 땅에서 좀 부자 나라에서 태어났으면 좋겠다' 혹은 '이왕 태어날 바에야 부잣집에 태어나면 얼마나 좋겠는가' 라고 생각하는 이들도 있을 것이다. 외모에 대해서도 마찬가지다. '이왕 태어날 바에는 지금 키보다 한 10cm 정도만 더 컸으면 좋겠다.' 혹은 '얼굴도 지금보다 조금 더 미남, 조금 더 미녀가 되었으면 좋겠다.' 이런 식으로 아마 생각할 수 있을 것이다. 그러나 그렇게 마음을 먹는다고 아무도 그런 조건을 선택할 수 있는 사람은 없다.

그런데 오직 한 사람, 그분만은 태어날 때 자기의 모든 조건을 선택할 수 있는 분이 있었다. 그분은 바로 예수 그리스도, 주님은 마음대로 출생의 조건을 선택할 수 있는 분이셨다. 그런데 그가 어떤 선택을 하셨는가? 이왕 선택하는 거 좀 좋은 나라를 택해서 태어나시면 되는데 그 당시 로마의 식민지인 가난하고 힘없는 약소국인 이스라엘을 선택하셨다. 그 약소국 가운데 예루살렘의 부잣집 아들로 태어나시면 좋을텐데 가난한 나사렛의 목수의 아들로 태어나셨다. 이왕 그렇게 되었다면 인물은 미남으로 태어나실 수 있을 텐데 주님의 얼굴은 미남도 아니었다. 풍채가 당당한 그런 분도 아니었다. 평범한 모습으로 주님은 이 땅에 태어나셨다. 오히려 그분은 멸시받고 천대받는 분이었다. 끝내는 가장 힘없는 사람처럼 붙잡히시고 십자가에서 돌아가셨다.

왜 예수님은 이런 선택을 하셨을까? 그 이유는 간단하다. 주님은 사랑을 받으러 이 땅에 오신 것이 아니었기 때문이다. 섬김을 받으러 오신 것이 아니었다. 오히려 주님은 사랑 받는 것보다 사랑하기 위하여 오셨다. 사랑을 베풀기 위하여 오셨다. 섬기러 오신 것이다. 자기 목숨을 많은 사람을 위한 대속물로 주기 위하여 이 땅에 오신 분이기 때문이다. 이 땅에 모든 무력한 자를 위하여 오셨기 때문에 그는 스스로 무력의 조건을 선택하셨다. 죄를 이기지 못하는 죄인들을 위하여 오셨기 때문에 그는 죄인이 되셨다. 버림받은 많은 사람들을 위하여 오셨기 때문에 그는 스스로 버림받는 십자가를 택하셨다. 죽음을 이기지 못하는 수많은 사람들을 위하여 오셨기 때문에 그는 스스로 죽음의 길을 선택하셨다. 질병 때문에 고통당하고 어찌하지 못하는 사람들을 위해서 오셨기 때문에 그는 채찍에 맞는 연약함을 선택하셨다. 주님은 우리들이 생각하는 모든 능력을 다 포기하셨다. 그리고 스스로 우리를 사랑하고 우리를 구원하고 우리를 살리기 위하여 무력하게 되는 것을 선택하셨다. 이 무력은 그냥 무력이 아니라 이것이 바로 능력이다. '무력의 능력'. 힘없이 되셨으나 무력하게 되심으로 놀라운 능력을 우리에게 주셨다. 예수님의 무력 때문에 죄의 사함을 받았다. 예수님의 무력 때문에 우리들은 하나님의 자녀가 될 수 있었다.

스스로 선택한 무력

우리 주님의 무력은 억지로 시켜서 할 수 없이 택한 무력이 아니었다. 그것은 바로 스스로 택하신 무력이었다. 5절 말씀을 보라. "그가 찔림은 우리의 허물 때문이요 그가 상함은 우리의 죄악 때문이라 그가 징계를 받으므로 우리는 평화를 누리고 그가 채찍에 맞으므로 우리는 나음을 받았도다" 만약에 우리가 어쩔 수 없이 당하면 그것을 무력의 능력이라고 말할 수 없다. 그것은 그냥 약한 것이다. 주님은 어쩔 수 없어 그냥 무력하게 되지 않았다. 스스로 무력을 택하셨다. 우리들은 원래부터 무력하다. 죄를 이길 능력이 없다. 평화를 원하지만 평화를 얻을 능력이 없다. 혹은 원치 않아도 병에 걸린다. 그리고 죽음이라는 강을 아무도 건널 사람이 없다. 이런 우리를 살리기 위하여 주님은 스스로 무력을 택하셨다. 우리의 평화를 위하여 스스로 징계 받는 무력을 택하셨다. 우리의 나음을 위하여 스스로 채찍에 맞는 무력함을 선택하셨다. 그는 충분히 십자가를 피할 수 있었다. 예루살렘에 올라가지 않아도 되었다. 그러나 예수님은 제자들을 앞세워 당당하게 십자가를 향하는 그 길로 가셨다. 주님이 스스로 택하신 것이다. 그는 십자가가 기다리는 그 길로 가지 않아도 되었다. 사람들이 체포할 때 체포하는 사람들을 다 죽일 수도 있었다. 십자가에 매달리지 않을 수도 있었다. 십자가에서 내려오실 수 있는 주님이었다. 그러나 주님은 사람들이 잡으려 할 때 그 모든 사람들을 제압할 능력이 있음에도 불구하고 스스로 잡히셨다. 스스로 자신이 십자가에 못 박히도록 허락해 주셨다. 스스로 무력을 택하시고 십자가에 위에 주님은 매달리셨다.

주님이 스스로 택하신 무력에 대하여 성경은 이렇게 말씀하고 있다. 고린도후서 8장 9절의 말씀이다. "우리 주 예수 그리스도의 은혜를 너희가 알거니와 부요하신 이로서 너희를 위하여 가난하게 되심은 그의 가난함으로 말미암아 너희를 부요하게 하려 하심이라" 그는 스스로 비천한 삶이 되는 것을 선택하셨다. 스스로 가난을 선택하셨다.

스스로 체포를 당하시고 스스로 자기를 내어놓아 십자가 위에서 죽임을 당하셨다. 왜인가? 그래야 우리가 무력함에서 해방될 수 있기 때문이다. 그래야 우리가 죄악의 무력, 죽음의 무력, 저주의 무력에서 구원받을 수 있기 때문이다. 만일 그가 힘을 사용하셔서 자신을 잡으려 하는 사람들을 다 죽이고 십자가 위에서 내려오셨더라면 오늘 우리에게 구원은 없었을 것이다. 여전히 무력 가운데 헤매며 죄악 가운데 고통당하며 살아갈 것이다. 그래서 우리를 살리는 무력의 능력은 오늘을 살아가는 그리스도인들의 능력이 될 수 있어야 한다.

그리스도인을 다른 말로 무엇이라고 부를 수 있을까? 하나님과 이웃을 위하여 스스로 무력을 택하는 사람이다. 그렇다. 화를 낼 수 있음에도 불구하고 하나님 때문에, 이웃 때문에 그 화를 억누르는 그런 무력을 택하는 사람, 그 사람이 그리스도인이다. 수많은 욕망의 길을 스스로 버리고 좁은 길을 택하는 자들이 그리스도인이다. 자기만 살 수 있는 길에서 스스로 이웃을 살리기 위하여 자기를 버리는 무력, 이 무력이 바로 그리스도인의 무력이 아니겠는가?

1982년 몹시 추운 어느 겨울날, 워싱턴D.C의 한 비행장에서 비행기 한 대가 이륙을 준비하고 있었다. 갑자기 눈이 쏟아졌다. 얼마나 추웠던지 비행기 날개 위에 눈이 얼어붙었다. 악천후에도 불구하고 비행기를 이륙시켰지만 딱딱하게 얼어붙은 비행기 위의 얼음 때문에 충분한 상승력을 얻지 못하고 그만 비행기가 강으로 추락하고 말았다. 얼음을 깨고 비행기가 침몰하고 있었다. 급하게 헬기가 동원이 되었고 로프를 내렸을 때 한 사나이가 거기에 있었다. 그리고 놀라운 일이

목격되었다. 자기가 로프 줄을 잡으면 곧 바로 옆에 있는 사람에게 그 줄을 건네 주는 것이 아닌가 다음에 왔을 때 또 그 사람은 다른 사람에게 그 로프 줄을 주었다. 이렇게 하기를 다섯 번까지 하였다. 그리고 여섯 번째 로프가 내려왔을 때 그 사람의 모습은 더 이상 보이지 않았다. 기진하여 물 속으로 빨려 들어가 그만 목숨을 잃었던 것이다. 그의 이름은 윌리암이라는 사람이었다.

예수님이 그러셨다. 그는 스스로 무력을 택하셔서 우리를 살려 주셨다. 스스로 자신을 포기하심으로써 우리를 찾아 주셨다. 오늘날 우리가 선택할 무력이 무엇인가? 스스로 나를 챙길 수가 있지만 하나님과 이웃을 위하여 스스로 택하는 무력, 그것이 무력의 능력이 아니겠는가! 원수를 갚을 능력이 내 속에 있음에도 불구하고 스스로 칼을 버리는 능력, 이것이 바로 무력의 능력이다. 나의 유익을 구할 수 있는 기회가 주어져도 다른 사람의 유익 때문에 스스로 자기의 유익을 버리는 무력, 이것이 바로 무력의 능력이다. 초대 교인들은 그렇게 살았다.

이러한 초대 교인들이 살았던 모습을 바울이 잘 요약하고 있다. 고린도후서 6장 9~10절 말씀을 보라. "무명한 자 같으나 유명한 자요 죽은 자 같으나 보라 우리가 살아 있고 징계를 받는 자 같으나 죽임을 당하지 아니하고 근심하는 자 같으나 항상 기뻐하고 가난한 자 같으나 많은 사람을 부요하게 하고 아무것도 없는 자 같으나 모든 것을 가진 자로다" 그들은 그리스도와 이웃을 위하여 스스로 무력을 택했다. 자기에게 영광이 돌아오지 않아도 무명하게 되는 길을 스스로 선택하는 그런 무력의 능력을 가진 사람이었다. 스스로 희생을 택했다. 스스로 손해보는 일을 택했다. 그래서 많은 사람들을 부유하게 만드는 무력의 능력을 소유한 자들이었다. 오늘 우리가 선택한 무력이 무엇인가? 우리는 하나님을 위하여, 이웃을 위하여 나의 것을 포기하고 스스로 무력을 택하는 무력의 능력을 소유한 하나님의 사람들이 되어야 한다.

죄를 담당하는 무력

한걸음 나아가서 우리 주님은 사람들의 모든 죄를 자기에게 돌리는 무력을 선택하셨다. 사람들을 심판하지 않고 오히려 하나님 자신께 죄의 값을 돌렸다. 아들 예수 그리스도에게 죄의 값을 돌렸다. '자기에게 돌리는 무력' 6절 말씀을 보라. "우리는 다 양 같아서 그릇 행하여 각기 제 길로 갔거늘 여호와께서는 우리 모두의 죄악을 그에게 담당시키셨도다" 우리 하나님은 세상을 창조하신 능력을 가지신 분이시다. 그래서 사람들이 잘못하면 그저 한 마디로 심판할 수 있다. 모두 다 죽일 수도 있다. 그런 능력을 가지신 하나님이시다. 그럼에도 불구하고 심판하시는 능력을 선택하지 않으셨다. 오히려 사람들의 모든 죄 값을 자신에게 돌렸다. 자신의 독생자 예수 그리스도에게 모두 돌렸다. 이것이 바로 귀한 사랑의 능력이다. 죄를 자기에게 돌리는 능력, 죄를 자신의 아들에게 돌리는 능력, 이것이 바로 하나님의 사랑의 능력이다. 죄를 자신에게 돌리는 정신, 이것은 오늘 복잡한 세상 속에 사는, 이기적인 세상 속에 사는, 그리스도를 따르는 많은 성도들을 위한 지침이 될 수 있다.

우리가 살고 있는 세상 속에서는 다른 사람에게서 죄를 찾아내는 능력이 탁월한 사람들이 많다. 모이면 "이것은 누구 때문이다. 저 사람 때문에 안된다."라고 말한다. 우리가 정치판을 바라볼 때 가슴이 답답해지는 것을 어쩔 수가 없다. 책임지는 사람이 아무도 없기 때문이다. 모두 상대방에서 책임을 넘긴다. 상대방의 약점을 잡고 공격하는데는 너무 탁월한 정치가들을 우리는 볼 수가 있다.

한 대학 교수는 자기 제자들이 취업을 못하는 이유를 자기에게서 발견을 했다. 그리고 정식으로 사과를 했다고 한다. 자기가 잘 가르치지 못해서 제자들이 취업을 못한다고 그렇게 사과를 했다. 책임지는 사람이 하나도 없는 세상에서 그의 사과는 얼마나 돋보이는 사과인가? 그것이 능력이다. 무력해 보이지만 이것보다 귀한 능력이 없다. 우리가 듣기 어려운 말이 있다. "나 때문이다. 내 탓이다. 내가 책임지겠노라." 이런 말들이 듣기 어려운 말들이다. 그러나 그리스도인들은 이 말을 자연스럽게 해야 한다. 이것이 바로 십자가의 정신이요 예수님의 무력의 능력이 되는 것이기 때문이다.

그리스도인들은 한국 사회가 아무리 어려워져도 비판할 수 있는 자격이 없다. 왜냐하면 우리 때문이기 때문이다. 학교에서 학생들이 친구를 괴롭혀 죽게 만든다. 자신의 어머니를 죽이고, 아버지가 딸을 성폭행하는 일이 일어나고 있다. 정치가 난장판이 되고 서로 불신하고 있는 모습을 보게 된다. 그러나 우리 그리스도인들은 그것을 비판하지 말아야 한다. 그 일이 누구 때문인가? 우리가 기도하지 않았기 때문이다. 우리가 그들에게 복음을 전하여 그들 속에 생명을 주지 못했기 때문에 생긴 일들이다. 따라서 성도는 모든 책임을 자신에게 넘겨야 한다. 내가 열심히 복음을 전하지 않고 내가 열심히 기도하지 않았기 때문이다. 교회가 세상의 빛과 복음의 사명을 다하지 못했기 때문에 사회가 이렇게 된 것이다. 모든 문제의 원인을 내 속에서 찾아내야 한다. 그리고 주님처럼 십자가를 내가 짊어지고 묵묵히 걸어가는 무력의 능력을 가진 성도들이 되어야만 한다.

참는 무력

주님의 무력하심을 택하는 능력은 한걸음 더 나아가서 끝까지 참는 무력이었다. 7절 말씀이다. "그가 곤욕을 당하여 괴로울 때에도 그의 입을 열지 아니하였음이여 마치 도수장으로 끌려 가는 어린 양과 털 깎는 자 앞에서 잠잠한 양 같이 그의 입을 열지 아니하였도다" 하나님의 무력의 극치는 무엇인가? 그것이 바로 십자가이다. 하나님께서 진짜로 무력한 모습으로 우리에게 다가오셔서 사랑을 전하고 있는 현장이 바로 십자가이다. 십자가 위에서 예수님은 수치를 당하셨다. 사람들이 조롱했다. "당신이 만약 하나님의 아들이거든 내려와 보라!" 이런 멸시 천대를 쏟아 부었다. 그럼에도 불구하고 주님은 십자가 위에 계속 계셨다. 끝까지 참으셨다. 십자가에 머물러 있는 능력, 참고 있는 능력 이것이 바로 무력의 능력이다. 십자가 위에서 내려오시면 하나님의 구속 역사에 문제가 생긴다. 우리가 구원 받지 못한다. 우리가 죄 사함을 받지 못한다. 그는 입을 열지 않고 항거하지도 않고 십자가 위에서 끝까지 참고 머무셨다. 그 무력의 능력이 하나님의 뜻을 이루었고 구원의 역사를 이루어 우리를 구원하셨고 우리들을 하나님의 사람이 되게 하셨다.

무력의 능력! 사랑

말틴 루터 킹 목사가 노벨 평화상을 받고 연설하면서 이런 말을 했다. "이 세상을 움직이는 것은 사랑입니다." 칼이 움직이지 않는다. 원자폭탄이 움직이지 않는다. 권력이 움직이지 않는다. 힘없이 보이고 연약해 보이고 무력해 보이는 사랑, 그 사랑이 지금까지 세상을 움직여 왔던 것이다. 그는 세상의 진정한 힘은 권력도 아니고 돈도 아니고 사랑임을 알았다. 그래서 그의 민권 운동의 방향을 비폭력, 무저항 정신으로 택했다. 사랑의 방법, 십자가의 방법, 무력함의 방법은 결국 그에게 승리를 가져다 주었다. 우리는 예수 그리스도께서 십자가 위에서의 무력 때문에 모두가 구원을 받았다. 그는 스스로 무력을 택하셨고 모든 사람들의 죄를 자기에게 돌리시며 묵묵히 침묵하시고 끝까지 십자가를 지셨다. 주님은 우리에게 무력의 은총과 무력의 능력을 주시기를 원하신다.

주님은 하나님을 위하여 이웃을 위하여 가장 힘없는 자처럼 스스로 무력함을 택하셨다. 그리고 우리 또한 스스로 하나님을 위하여 이웃을 위하여 스스로 나의 것을 포기하고 스스로 무력을 택하는 무력의 능력을 소유한 하나님의 사람들이 되기를 원하신다. 또 우리 주님은 사람들의 모든 죄를 자기에게 돌리는 무력을 선택하셨다. 세상의 아픔과 어두움을 방관하지 않으셨다. 무엇이 이들을 어둠 속에 있게 하였는가? 우리가 기도하지 않았기 때문이요, 우리가 그들에게 복음을 전하여 그들 속에 생명을 주지 못했기 때문이다. 주님은 우리를 구원하시기 위해 십자가 위에서 끝까지 참으시는 무력을 선택하셨다. 그 무력의 능력이 하나님의 뜻을 이루었듯 우리 또한 복음을 향해 달려가는 그 길의 고단함을 참고 사랑으로 열방을 품기를 원하신다. 하나님은 이런 무력의 능력을 소유하여 온 땅을 사랑으로 정복하고 모든 사람들을 사랑으로 변화시키는 무력의 능력을 소유하기를 원하신다. 이것이 우리를 향한 주님의 뜻이다.

chapter 4

한 사람으로부터(왕상 4 : 24-30)

나비효과

나비효과라는 말이 있다. 이 말은 원래 기상학자였던 애드워드 로렌스라는 사람이 사용한 말이다. 컴퓨터를 이용해서 기상을 연구하다 한 가지 원리를 발견했다. 아주 미세하게 시작된 어떤 움직임이 시간이 흘러감에 따라서 굉장히 큰 결과를 나타낼 수도 있다고 하는 그런 의미의 말이다. 예를 들어 브라질에 있는 나비 한 마리가 날갯짓을 하면 텍사스에 토네이도, 큰 폭풍이 일어날 수도 있다는 말이다. 이 말은 원래 과학이론으로 출발했지만 경제학이나 사회학을 설명하는 그런 용어로 사용되기도 한다. 가령 1930년 미국의 경제 대공황은 어느 조그마한 시골의 은행 하나가 부도를 당함으로 시작되었다. 그것을 표현할 때도 역시 나비효과라는 말을 사용한다. 한 사람, 히틀러의 마음속에 일어났던 미움과 증오가 무려 유태인을 600만 명 죽게 하고 온 세계 사람들을 전쟁의 공포 속으로 몰아넣었다고 말할 수 있을 것이다.

그런데 이 말은 과학이나 사회학을 설명하는 말보다 오히려 영적인 원리를 설명하기에 훨씬 더 적합한 말이라고도 할 수 있다. 한 사람, 아담의 마음속에 일어났던 의심, 하나님을 향한 불순종하는 마음이 온 인류를 사망과 저주의 구렁텅이로 끌고 갔다. 그러나 두 번째 아담인 예수 그리스도, 그분이 십자가 위에서 보여주신 순종과 희생의 날갯짓, 그것이 모든 사람들을 구원받게 하는 놀라운 생명이 되었던 것을 우리는 본다. 로마서 5장 19절이 그것을 설명하고 있다. "한 사람이 순종하지 아니함으로 많은 사람이 죄인된 것 같이 한 사람이 순종하심으로 많은 사람이 의인이 되리라" 한 사람 예수 그리스도로부터 시작된 생명의 날갯짓은 사도들과 바울, 여러 신앙의 대선배들 허드슨 테일러, 언더우드와 아펜젤러와 같은 수많은 믿음의 선교사들, 믿음의 일꾼들을 통해서 우리에게까지 전달되었다. 오늘날 우리에게까지 이 귀한 복음과 생명의 날갯짓이 전달되어서 우리는 그 귀한 생명을 이어 받은 사람이 되었다.

우리는 수많은 세상 사람 가운데 한 사람이 아니다. 세계 인구 70억 분의 1이 우리가 아니다. 우리는 바로 그 한 사람이다. 나 한 사람이 없이는 안되는 바로 내가 이 모든 생명의 날갯짓을 이어나갈 예수 그리스도의 생명을 이어 받은 그 한 사람이다. 내가 그 생명의 날갯짓을 중단하면 수많은 사람이 영향을 받게 될 것이다. 내가 불순종의 날갯짓을 하고 미움의 날갯짓을 하면 수많은 사람이 나 때문에 불행해질 것이다. 오늘 하루 하루가 나 한 사람으로부터 생명의 날갯짓, 사랑의 날갯짓, 용서의 날갯짓, 평화의 날갯짓이 다시 새롭게 시작되는 시간이 되어야 한다. 그리하여 우리의 가정과 사회와 나라와 세계를 변화시키는 거대한 폭풍이 시작되는 그런 날들을 만들어 가야만 한다.

한 사람 솔로몬

본문에 등장하는 한 사람, 솔로몬이 사는 동안에 그 한 사람 때문에 온 나라와 세계가 평안했다. 한 사람으로부터 오는 평화가 있었기 때문이다. 24~25절이 이렇게 말씀한다. "솔로몬이 그 강 건너편을 딥사에서부터 가사까지 모두, 그 강 건너편의 왕을 모두 다스리므로 그가 사방에 둘린 민족과 평화를 누렸으니 솔로몬이 사는 동안에 유다와 이스라엘이 단에서부터 브엘세바에 이르기까지 각기 포도나무 아래와 무화과나무 아래에서 평안히 살았더라"

얼룩말들이 초원에서 평안히 사자와 더불어 사는 모습을 보면 조금 이상한 생각이 든다. 왜 도망가지 않고 있을까? 왜 사자는 잡아먹고 있지 않을까? 그런데 이 둘 사이에는 모종의 거래가 있었다. 평안히 사는 것처럼 보이지만 얼룩말은 정기적으로 사자에게 먹이를 제공해 준다. 그리고 사자는 그 대가로 맹수로부터 얼룩말의 무리를 지켜 준다. 그것은 진정한 평화가 아니다. 왜인가? 강한 자가 약한 자를 통해서 공급을 받고 있기 때문에 평화로운 것처럼 보이지만 거기에는 거래가 있다.

우리가 세계의 역사를 가만히 보면 이러한 현상들을 볼 수 있다. 강대국이 지배하는, 강대국이 주도하는 세계 평화, 그래서 흔히 로마제국 시대는 로마가 강력한 군대를 가지고 세계를 지배하기에 이룩된 평화, 그것을 '팍스로마나'라고 말한다. 그러나 사실 로마가 세계를 지배했기 때문에 세워진 평화는 아니었다. 혹은 '팍스브리태니카' 영국이 온 세계를 지배하는 가운데 그 강대국으로 말미암아 유지된 평화라고 말하기도 한다. 요즘은 '팍스아메리카나' 미국이 그 강력한 힘으로 온 세상을 지배하고 있기에 주어지는 평화다. 그렇게 말하지만 사실은 그렇지 않다. 강대국들은 자기 잇속을 채우기에 바쁘다. 작은 나라, 가난한 나라, 불쌍한 나라를 돌보는 마음은 별로 없고 그들의 잇속 차리기에 바쁜 그런 강대국들의 속성을 우리는 이미 알고 있다.

그러나 솔로몬 시대에는 참 바람직한 평화가 있었다. 이스라엘 국내에 평화가 있었다. 포도나무와 무화과나무 아래에서 모든 백성들이 평안히 그렇게 쉬었다. 원래 이스라엘 민족들은 포도나무와 무화과나무 아래서 평안하게 쉬고 먹기도 하고 또 명상을 하기도 한다. 거기에 앉아 있다는 사실은 온 나라가 평안하다고 하는 증거이다. 삶의 질이 높았다. 경제 문제가 없었다. 사회 문제도 없었다. 일자리도 많았다. 국내뿐 아니라 국외문제, 외교문제도 별로 없었다. 주변 나라와 평화가 있었다. 교류도 있었다. 침략과 탈취 대신에 나눔과 배려가 있었다. 이것은 다른 요인 때문이 아니다. 바로 한 사람, 즉 솔로몬 때문이었다. 솔로몬이 사는 동안에 그것이 가능했다. 솔로몬이 죽은 다음에는 어떻게 되었는가? 그 평화가 깨어졌다. 나라도 두 조각이 났다. 외교문제가 발생하고 복잡해졌다.

1994년은 남아프리카 공화국, 남아공이라고 하는 그 나라에 굉장한 일이 벌어졌다. 그동안 오랫동안 지속되었던 인종차별 정책이 철폐되고 넬슨 만델라가 대통령이 되었기 때문이다. 최초의 흑인 정부다. 그는 27년 동안 감옥에 갇혀 있었다. 하지만 그는 한 번도 백인을 미워하지 않았다. 백인을 향해서 이를 갈지도 않았다. 그는 항상 같이 공존해야 된다는 생각을 가지고 사람들에게 이야기했다. 대통령이 된 이후에도 용서하고 미래로 나가자고 말하며 모든 나라가 평화롭게 진행될 수 있도록 그 기틀을 마련하였다. 그러나 그 이웃 나라 짐바브웨에는 무가베라고 하는 대통령이 있었다. 넬슨 만델라보다 훨씬 더 잘 생겼다. 키도 크고 힘도 좋아 보였다. 그러나 이 무가베는 2000년에 그가 대통령이 되고 난 다음 백인 이전의 사회를 만들자고 하는 캠페인을 벌였다. 백인의 재산을 다 몰수하고 흑인들에게 땅을 나누어 주었다. 어떻게 되었을까? 나라는 더 가난해지고 황폐해졌다. 세계로부터 고립된 나라가 되었다.

바로 사람의 문제, 지도자의 문제이다. 솔로몬이 사는 동안에 단에서 브엘세바까지 평화가 있었다. 우리나라는 '부산에서 신의주까지'라는 말로 표현할 수 있을 것이다. 이 말씀을 묵상하면서 이런 기도를 했다. '주님! 이 시대가 솔로몬의 때처럼 부산에서부터 신의주까지 평화가 있게 하옵소서.' 우리는 그런 기도를 해야 한다. 이런 평화가 세계에 있기를 우리는 기원해야 한다.

한 사람, 나를 통하여

그런데 더 중요한 것은 우리이다. 우리 가정에 이런 평화가 나로 말미암아 충만해야 한다. 우리 교회에 나로 말미암아 이런 평화가 충만해야 한다. 이런 평화는 어떤 조건이 만드는게 아니다. 경제 상태가 만들어내고 세계 흐름이 만들어내는 그런 평화가 아니다. 바로 사람이 만든다. 바로 그 한 사람 때문에. 솔로몬이 사는 동안에 그런 일이 있었다. 역사의식을 바로 가진 그 한 사람, 솔로몬 같은 사람에게서 이 모든 일이 나온다. 바로 나에게 달렸다. 내가 축복의 통로임을 깨닫고 나를 통해서 하나님의 역사가 이루어진다는 사실을 기억하자. 나 한 사람 때문에 가정의 평화가 이루어지고 교회의 평화가 이루어지며 나라의 평화가 이루어지고 세계에 하나님이 기뻐하시는 평화가 충만하게 된다. 솔로몬 한 사람 때문에 이루어진 평화가 바로 나 한 사람 때문에 우리 가정과 사회와 나라에 충만히 이루어진다는 사실을 기억하자.

그런데 솔로몬은 처음부터 타고난 지도자였을까? 우리는 보통 그런 생각을 한다. '아, 솔로몬이었으니까, 바로 그니까 그런 일을 하지 않았겠나.' 천만의 말씀이다. 솔로몬보다 더 자격 있고 더 훌륭한 왕들이, 후보들이 있었다. 그는 처음에 왕이 될 줄 몰랐다. 키도 크고 잘 생긴 자기 형 압살롬이 될 줄 알았을 것이다. 아도니야라고 하는 형도 있었는데 얼마나 잘 생겼는지 모른다. 지도력도 있었다. 그런 후보들이 되지 않고 별로 내세울 것이 없는 솔로몬이 의외로 왕이 되었다. 솔로몬의 지도력의 원천은 무엇인가? 모두 하나님이 주신 것들이다. 하나님이 주셔야 되는 것이다. 내가 타고난 것으로 할 수 있는 것은 하나도 없다. 하나님이 주셔야만 한다. 그래서 29~30절 말씀이 우리에게 이렇게 말씀하고 있다. "하나님이 솔로몬에게 지혜와 총명을 심히 많이 주시고 또 넓은 마음을 주시되 바닷가의 모래 같이 하시니 솔로몬의 지혜가 동쪽 모든 사람의 지혜와 애굽의 모든 지혜보다 뛰어난지라." 하나님은 솔로몬에게 지혜와 총명을 넘치게 주셨다. 그것으로 백성을 바로 재판했고, 정치하는 지혜도 주셨다. 외교하는 지혜도 그리고 넓은 마음도 주셨다. 듣는 귀, 넓은 귀를 주신 것이다. 넓은 솔로몬의 마음속에 온 나라가 와 담겼다. 그리고 온 세계가 와서 담겼다. 그에게는 잠언 3,000가지를 말하는 지혜가 있었다. 시편 1,500가지를 지어 부르는 영성을 하나님께서 주셨다. 초목과 물고기, 새에 관해 아는 지식을 주셨으며, 하나님을 찬미하는 지혜, 하나님의 지혜를 꿰뚫는 은혜를 그에게 허락해 주셨다. 이 모든 것을 하나님이 주셨다는 사실은 복음 중에 복음이다. 왜인가? 만약에 내가 가지고 태어난 것으로 한다면 우리 가운데는 못할 사람이 너무도 많을 것이기 때문이다. 그러나 미련해도 하나님이 주시는 지혜가 있으면 지혜로워질 수 있다. 내가 부족해도 하나님이 주시는 은혜가 있으면 온전하게 될 수 있다. 마음이 좁게 태어나도 상처가 많아도 하나님이 넓은 마음만 주시면 아량이 넓어질 수 있다.

이 마음도 가만히 보면 타고나는 것이다. 처음부터 여러 가지 환경 때문에 아주 좁게 타고나는 사람들이 있다. 여간 힘든 게 아니다. 왜인가? 상처가 남들보다 많기 때문이다. 화도 잘 내고 아량도 부족하다. 내가 타고난 것은 부족하지만 하나님이 넓은 마음을 주시면 그 좁은 마음도 변하여 온 세계를 다 포용할 수 있는 마음으로 변하게 될 것이다. 하나님이 주셔야 한다. 주시면 가능하다. 그래서 이것이 복음이다. 하나님이 주시면 미련한 사람도 지혜로워지고 약한 사람도 강해지고 부족한 사람도 온전해진다는 사실을 기억할 수 있어야 하다. 영성이 부족하고 믿음이 부족해도 하나님이 주시면 시편을 짓고 잠언을 말하는 영성으로 충만하게 될 수 있을 것이다.

　‘플래너건’이라고 하는 사람은 요트를 가지고 온 세계를 일주했던 사람이다. 굉장한 전문가였다. 그런데 한 번은 대서양 일주를 하겠다고 발표를 하고 1992년에 출항했다. 그의 성공을 의심하는 사람은 아무도 없었다. 그런데 며칠 안되서 그의 요트가 전복된 채 발견되었다. 그는 사라지고 말았다. 실패한 것이다. 그 일이 있은 후 전문가들이 조사를 했다. 그리고 왜 실패했는지 이유를 알게 되었다. 그 요트는 굉장히 비싸고 온갖 현대식 장비로 장착된 요트였다. 그런데 모든 것이 다 준비되어 있었지만 그 배에 중심을 잡아주는 추인 벨레스트라고 하는 추가 없어지고 말았던 것이다. 중심을 잡아주는 추가 사라지자 결국 배가 넘어지고 말았다.

　우리 인생도 이와 같다. 하나님이 우리의 중심을 잡아 주셔야 한다. 내가 아무리 많은 것을 준비해도 하나님이 내 중심을 잡아 주시지 않으면 우리는 전복될 수밖에 없다. 내가 가지고 있는 것은 아무것도 아니다. 내가 타고난 것도 별 것 아니다. 하나님이 나에게 은혜를 주시고 중심을 잡아 주셔야 우리는 바로 항진할 수 있을 것이다. 내가 가지고 있는 지성도 별 게 아니다. 하나님이 내 지성에 중심을 잡아 주셔야 한다. 하나님이 내 감정에 중심을 잡아 주시지 않으면 이것 또한 오락가락하면서 전혀 쓸데없는 감정이 되어 다른 사람의 마음을 상처를 주는 감정이 되고 만다. 따라서 하나님이 나의 중심을 잡아 주셔야 한다. 하나님이 내 마음에 중심을 잡아 주셔야 넓은 마음에 가질 수가 있다. 그래야 남편도 제대로 된 남편이 되고, 아내도 제대로 된 아내가 된다. 하나님이 내 마음을 잡아 주셔야 한다. 하나님이 내 입에 중심을 잡아 주셔야 한다. 하나님이 내 생각에 중심을 잡아 주셔야 한다. 그러면 하나님이 주신 은혜와 능력으로 우리는 하나님이 기뻐하는 사람이 될 수 있다. 주님이 주시지 않는 얕은 잔꾀로는 그 한 사람이 될 수 없다. 주님이 주시지 않은 성급하고 편협한 마음으로는 세상을 담을 수 없고 축복의 통로가 될 수 없다. 내 타고난 감성과 성격으로는 주님의 일을 거스르고 다른 사람의 마음을 상하게 할 뿐이다.

재주가 많은 사람일수록 쓰러지는 경우가 더 많다. 재주가 많은 사람일수록 옆에 있는 사람을 더 아프게 하는 경우가 많다. 자기가 가진 것으로만 살기 때문이다. 우리는 하나님의 은혜가 필요하다. 하나님이 도와주셔야 한다. 채워 주셔야 한다. 그러면 우리도 그 한 사람, 솔로몬 같은 그 한 사람이 되어 다른 사람들에게 선한 영향력을 미치고 다른 사람을 축복하는 축복의 통로가 될 수 있을 것이다.

채우시기를 구하라

그런데 솔로몬이 가만히 있는데 하나님이 그냥 주시지는 않았다. 솔로몬이 구했다. '주여, 채워 주옵소서'. 그는 왕이 되면서 하나님 앞에 일천번제를 드리면서 채워 주시기를 간구했다. 열왕기상 3장 9절 말씀을 보라. "누가 주의 이 많은 백성을 재판할 수 있사오리이까 듣는 마음을 종에게 주사 주의 백성을 재판하여 선악을 분별하게 하옵소서" 그는 하나님 앞에 바른 기도를 드렸다. 그가 만약에 간구하지 않았으면 그가 가지고 있는 편견과 선입견의 날갯짓으로 수많은 백성을 불행으로 몰아넣었을 것이다. 왜 그런가? 그도 한이 많은 사람이었다.

그에게도 문제가 많았다. 그에게도 여러 가지 상처가 있었다. 만약에 하나님이 채워 주시지 않으셨다면 자기의 꾀로 정치를 했을 것이다. 자기의 성질로 인생을 살았을 것이다. 그러나 주께 간구하여 얻은 지혜로 재판했기에 생명의 날갯짓, 은혜의 날갯짓을 펼쳐서 수많은 사람들을 축복하는 축복의 통로가 될 수 있었다.

철학자 '키에르 케고르'가 말하기를 "한 사람의 인생이 허비되지 않으려면 그 인생을 이끌고 채울 높은 그 무엇이 있어야 된다"고 했다. 지금 내가 가지고 있는 것, 내가 그냥 타고난 것으로 살려고 하는 것은 인생을 허비하는 것이다. 내 힘과 내 지혜를 의지하고 살면 세월을 허비할 뿐이다. 주님이 채워 주셔야 한다. 주님이 채워 주시도록 기도해야 한다. 주님이 채워 주시면 우리 속에 지혜가 넘치고 기쁨이 넘치게 될 것이다.

그래야 주님이 주신 것으로 다른 사람을 섬기게 될 것이고 다른 사람과 나누게 될 때 내게도 넘치고 다른 사람에게도 넘치는 축복이 계속될 것이다. 솔로몬은 자기 배만 채우기 위하여 구하지 않았다. 백성들을 잘 섬기기 위하여 그는 하나님께 기도했다. 우리 또한 다른 사람을 섬기고 이웃과 나눌 수 있기 위하여 주님의 채우심을 구해야 한다. '주님, 채워 주시옵소서. 내가 다른 사람을 더 많이 섬기기 원하는데 주님, 저에게 채워 주시옵소서. 열방과 나누기를 원하는데 저에게 채워 주시옵소서. 건강을 채워 주시면 더 많이 섬기겠나이다. 지혜를 채워 주시면 주님의 뜻을 더 잘 분별하겠나이다. 주님, 저에게 물질을 채워 주시면 더 많은 사람에게 나누고 섬기기를 원합니다.' 섬김의 은

사를 구하라. 무엇보다 주님의 뜻을 깨닫는 지혜를 구하라. 그리하여 우리 한 사람으로부터 평화와 기쁨과 위로와 섬김이 모든 사람에게 채워질 수 있는 귀한 은혜가 함께 할 것이다.

죄수의 몸이 되어서 276명과 함께 로마로 압송되고 있는 알렉산드리아 호에 타고 있던 바울, 그는 하나님의 음성을 들었다. 하나님이 그의 마음을 채워 주셨다. 그는 그 배에 수많은 사람들의 유일한 희망이었다. 하나님에게서 오는 소망이 채워졌다. 하나님에게서 오는 위로가 채워졌다. 평화가 채워졌다. 그에게 가득 찼던 그 기쁨, 그 평화가 드디어 나비효과가 되어서 퍼져나가기 시작했다. 절망해 있던, 절망 가운데 있는 그 배의 모든 사람들에게 퍼져나갔다. '여러분, 죽지 않을 것입니다. 배에 조금 상처가 있을 뿐이지 여러분은 절대로 죽지 않습니다.' 그 생명의 날갯짓은 온 배에 충만했다. 두려움을 몰아내었다. 한 사람으로부터 오는 소망과 기쁨이 그 배에 넘쳐났다. 그렇다. 오늘 우리 한 사람 한 사람은 솔로몬 같은 그 한 사람, 바울 같은 그 한 사람으로 주님께서 세워 주시기를 기도해야 한다. 생명의 날갯짓, 사랑의 날갯짓, 이 구원의 날갯짓이 십자가의 우리 주님 예수 그리스도로부터 이 시간까지 우리에게 전달되었다. 십자가 위에서 시작된 그 날갯짓이 오늘 우리에게 엄청난 구원과 기쁨과 소망의 나비효과를 주셨다. 주님은 우리를 통해 이 날갯짓이 계속해서 이어나가게 되기를 원하신다. 나 한 사람으로부터 오는 평화가 퍼져나가기를 원하신다. 내가 바로 그 한 사람이 되어서 우리 가정 전체에 기쁨과 평화가 충만하게 하기를 원하신다. 그리고 나 한 사람으로부터 오는 용서가 온 세상에 퍼져나가기를 원하신다. 나 한 사람으로부터 오는 평화가 온 이

웃에 퍼져나가게 하라. 나 한사람으로부터 오는 구원이 온 가정에 온 지역사회와 온 세계에 퍼져나가게 하라. 나 한 사람으로부터 오는 섬김과 나눔이 여러 사람들에게 퍼져나가게 하라.

선교의 날갯짓을 계속하라

우리 산성교회는 귀한 생명의 날갯짓을 시작했다. 선교의 날갯짓인 원텐텐이 바로 그것이다. 처음에는 이런 생각도 했다. '이거 될까? 사정도 어려운데 이게 될까?' 그런데 가만히 생각해 보면 사정은 해마다 어렵다. 지금껏 사는 동안 '올해는 넉넉합니다.'라는 뉴스를 본 적이 있는가? 없다.

초등학교 3학년 때 어느 아침에 신문을 펼쳤던 기억이 난다. 그때 신문의 타이틀은 이렇게 기록 되어 있었다. '쌀 한 되에 60원' 그때 그 기사를 읽고 깜짝 놀랐던 기억이 난다. '야, 이거 너무 비싸서 어떻게 사 먹냐.' 늘 그랬던 것 같다. 그 다음 해에도 그랬고 또 그랬다. 그런데 똑같은 걱정을 했었다. '야, 이거 어떻게 될까? 성도들이 어려운데.'

이렇게 선교의 날갯짓이 시작되었다. 그런데 놀랍게 이 날갯짓은 퍼져나가기 시작했다. 효과를 가져오기 시작했다. 처음 4년 동안 우리 산성 공동체에 무려 540가정이 이 생명의 날갯짓, 구원의 날갯짓에 전부 동참했다. 이것이 퍼져나가기 시작해서 한국 교회 전체에 퍼져나갔다. 이 교회 저 교회가 부산에 있는 산성교회도 하는데 우리도 하자. 서울의 교회들이 이 날갯짓의 효과를 느끼기 시작했다. 어떤 교회는 목사님이 설교하다가 주일 대예배 때 "저 부산의 산성교회가 이런 일을 하는데 우리도 해야 된다."라고 하면서 전국에 퍼져나갔다. 부산에도 우리 때문에 시작한 교회들이 여럿 된다. 대전에도 있고 울산에도 있고 여기저기서 이 효과를 느끼면서 시작한 교회들이 많이 생겼다. 이런 가운데 그리고 7년 동안 파송한 선교사가 74명이다. 우리의 이 믿음의 날갯짓이 온 세계 열방에 나비효과로 퍼져나가 거대한 폭풍이 된 생명의 역사가 지금도 계속 이어지고 있다.

이 일은 성도들의 참여가 있기에 가능한 일이다. 이 날갯짓을 멈추지 말라. 내가 날갯짓을 멈추면 저 열방 끝에 있는 민족들이 은혜를 받을 수 없다는 것을 기억하고 멈추지 말라. 새롭게 선교의 날갯짓에 동참하라. 아무리 어려워도 중단하지 말고 하나님께서 온 세상을 다 구원하기까지 쉬지 않으시는 것처럼 우리도 계속 이 일을 해야 한다. 올해도 10명 이상은 꼭 보내기를 원한다. 아무리 어려워도 이 생명의 날갯짓은 세계로 계속 영향을 주어야 하기 때문이다.

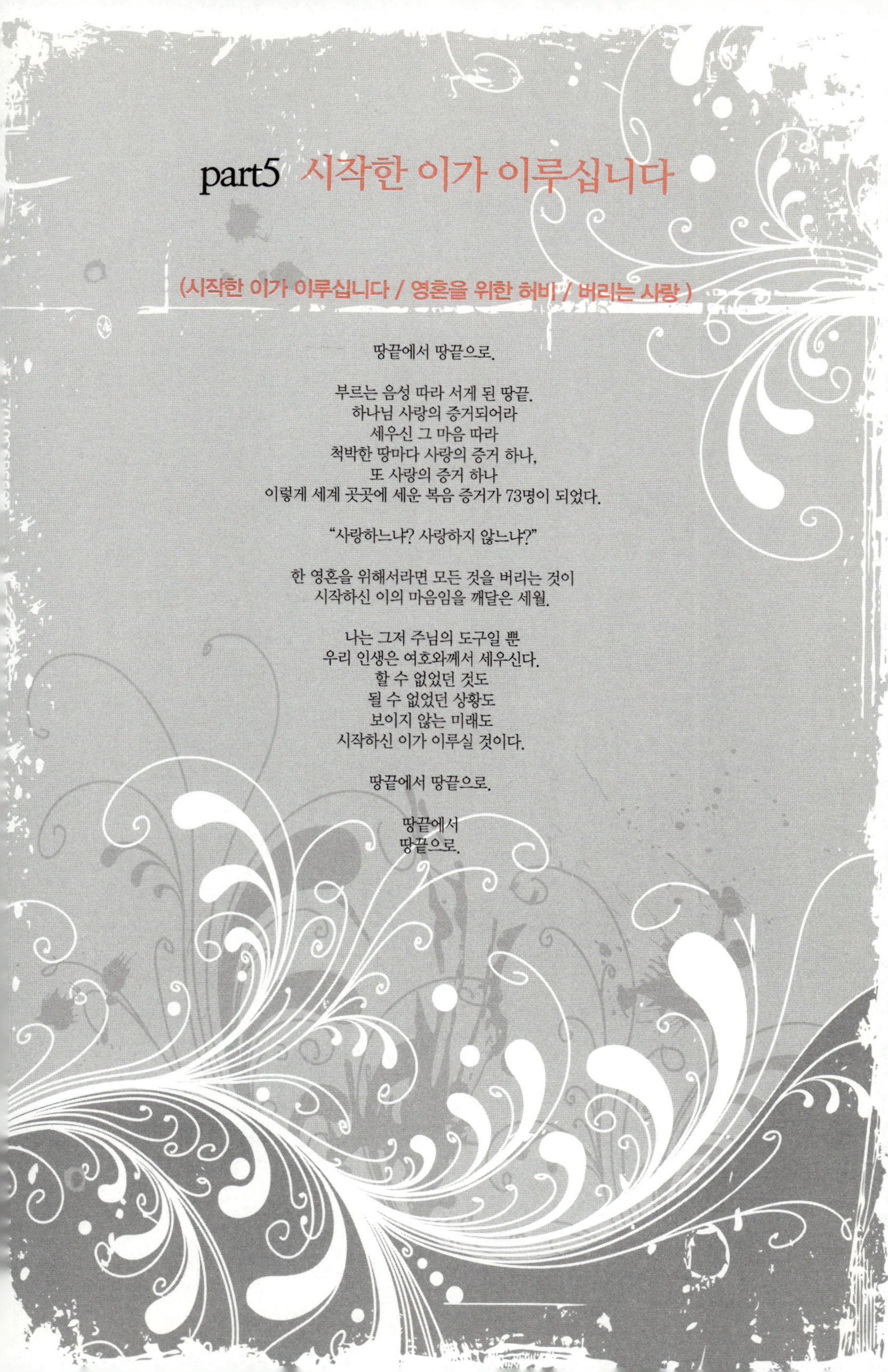

part5 시작한 이가 이루십니다

(시작한 이가 이루십니다 / 영혼을 위한 허비 / 버리는 사랑)

땅끝에서 땅끝으로.

부르는 음성 따라 서게 된 땅끝.
하나님 사랑의 증거되어라
세우신 그 마음 따라
척박한 땅마다 사랑의 증거 하나,
또 사랑의 증거 하나
이렇게 세계 곳곳에 세운 복음 증거가 73명이 되었다.

"사랑하느냐? 사랑하지 않느냐?"

한 영혼을 위해서라면 모든 것을 버리는 것이
시작하신 이의 마음임을 깨달은 세월.

나는 그저 주님의 도구일 뿐
우리 인생은 여호와께서 세우신다.
할 수 없었던 것도
될 수 없었던 상황도
보이지 않는 미래도
시작하신 이가 이루실 것이다.

땅끝에서 땅끝으로.

땅끝에서
땅끝으로.

chapter 1

시작하신이가 이루십니다. (빌 1:3-11)

모든 것을 주기 원하는 마음

어떤 아들이 하루는 학교에서 시험을 치고 집으로 돌아왔다. 시험을 잘 치면 아버지가 용돈을 주겠다는 약속을 하였는데 시험이 신통치가 않았던 모양이다. 아버지에게 아들이 말했다. "아버지, 저 90점 이상 받으면 아버지가 10만 원 주신다고 그랬죠?" "그래, 내가 약속했다. 잘 쳤냐?" "아버지, 그 10만 원 아버지가 가지세요." 아마 아버지는 그 말을 듣고 기분이 좋지 않았을 것이다. 비록 10만 원을 잃어버리는 한이 있더라도 아들이 시험 잘 치고 아들이 잘 되는 것을 바라는 마음이 아버지의 마음이 아니겠는가!

하나님 아버지의 마음도 이와 비슷하다. 하나님은 우리에게 모든 것을 주시기를 원하신다. 우리가 건강하기를 원하시며, 우리가 형통하기를 원하신다. 또 모든 일이 잘 풀려 가는 것을 원하시고, 풍성하기를 원하고 계신다.

그런데 우리는 인생을 살아가면서 여러 종류의 불안감을 느끼며 살아간다. '이거 앞으로 잘못 풀리면 어떡하나? 일을 시작하기는 했는데 잘 되지 않으면 어떡하나? 지금 현재는 그럭저럭 넘어가고 있는데 앞으로 막히면 나는 어떡하나?' 이렇듯 미래에 대한 불안감을 떨치지 못하는 많은 사람들이 있다. '지금은 열심히 달려가고 있지만 앞으로 열매가 많지 못하면 어떻게 하나?' 이런 염려도 하고 있다.

시작하시는 하나님

그러나 그런 염려는 하지 않아도 된다. 왜냐하면 우리의 모든 것을 시작하시는 분이 계시기 때문이다. 우리 인생은 내가 시작한 것이 아니다. 아무도 이 땅에 태어나고 싶어서 태어난 사람은 없다. 하나님이 우리를 태어나게 하셨다. 하나님은 우리에게 믿음을 주셨고, 우리에게 살게 하셨다. 하나님께서 우리로 하여금 거룩한 교회의 일원이 되어서 하나님의 일을 하도록 하셨다. 따라서 시작하신 분이 아름답게 이루어가시는 사실을 믿으면 염려될 것이 하나도 없다.

빌립보 교회는 바울이 2차 전도여행을 통해서 세운 교회이다. 빌립보에 도착했을 때 자주 장사 루디아를 만났다. 그는 하나님께서 준비시킨 여인이었다. 그녀는 예수를 믿었다. 세례를 받았고, 자기 집을 교회로 내어놓았다. 그러나 그곳에서도 여전히 어려움은 있었다. 점치는 귀신 들린 여자를 고쳐 주다가 체포당했다. 그래서 바울 일행은 빌립보 깊은 감옥에 갇혔다. 그러나 밤중에 기도하고 찬양하자 그 감옥 문이 활짝 열렸다. 간수가 예수를 믿게 되었고, 간수의 가족도 다 예수를 믿게 되었다. 이렇게 세워진 교회가 빌립보 교회였다. 이 빌립보 교회를 두고 떠나려고 했을 때 바울의 마음에는 여전히 안심이 되지 않는 부분이 있었을 것이다. 그러나 빌립보를 떠나서 그는 데살로니가와 고린도 지역에 가서 계속해서 복음을 전하였다. 그러던 어느 날 빌립보 교회가 보낸 에바브라디도가 도착했다. 이 에바브라디도는 빌립보 교회가 정성껏 헌금하여 보낸 돈을 가지고 왔다. 영적인 어린 아이인 줄로 알았던 이 빌립보 교인들이 스스로 선교 헌금을 해서, 빌립보 교회를 세웠던 이 귀한 바울 사도에게 헌금을 보내 주었던 것이다. 바울로서는 깜짝 놀랄 일이었다. 그뿐 아니다. 빌립보 교회는 아직 시작된 지 얼마 안된 어린 교회였고 또한 여러 가지로 궁핍한 일들이 많은 교회였음에도 불구하고 예루살렘 교회가 어려움을 당할 때 그들을 위해서 구제 헌금도 보내는 그런 성숙한 모습을 보여 주었다. 그때 바울은 놀라운 사실을 깨닫게 되었다. '아하, 내가 시작한 것이 아니로구나! 하나님이 시작하셨구나! 하나님께서 돌보시는구나! 그리고 하나님께서 계속해서 이 교회를 키워나가시는구나!' 하는 생각을 하며 기쁜 마음으로 이 빌립보서를 쓰게 되었던 것이다.

우리는 우리의 인생을 바라보면서 잘못 생각할 가능성이 많다. 인생을 내가 시작했다고 생각하는 것은 잘못이다. 어떤 사람에 의하여 시작되었다고 하는 그런 착각을 할 수도 있다. 우리는 내가 시작한 인생을 사는 그런 사람들이 아니다. 하나님이 우리 인생을 시작하셨다. 하나님이 모든 것을 시작하셨다. 어떤 사람에 의해서 진행되는 인생이 아니며, 어떤 환경에 의해서 진행되는 인생도 아니다. 하나님이 시작하셨고, 또한 하나님께서 이루어가시는 그런 인생인 것을 오늘 성경은 분명히 말씀하고 있다. 하나님이 시작하셨다. 어떤 사람이 시작한 것으로 보이고, 또는 내가 그것을 시작한 것처럼 보여도 사실은 내가 한 것이 아니다. 바로 하나님이 시작하셨다.

빌립보 교회는 바울이 시작하지 않았다. 하나님이 바울을 통하여 세웠을 뿐이다. 빌립보 교인들의 믿음도, 봉사도, 헌신도 바울이 키워서 된 것이 아니다. 하나님께서 그들을 키우셨다. 그들 속에서 하나님이 역사하셔서 믿음도 주셨다. 열심도 주셨다. 선교할 마음도 주셨다. 구제할 수 있는 그런 귀한 마음도 주셨다.

우리가 사랑하고 아끼는 성경은 창세기 1장 1절부터 시작한다. "태초에 하나님이 천지를 창조하시니라" '태초에'. 제일 첫 글자가 바로 '태초'라는 말씀이다. 하나님이 시작하셨다는 의미를 내포하고 있다.

예전에 나온 노래 가운데 이런 노래가 있다. 제목은 '어이해'인데 그 가사가 재미있고 단순하다. '어이해 하늘은 푸르며 어이해 별들은 빛나며 어이해 바다는 푸른지' 이것이 1절이다. 그리고 이어지는 2절은 더 간단하다. '주께서 하늘을 푸르게 주께서 별들을 푸르게 주께서 바다를 푸르게' 간단하지만 의미심장한 노래이다.

세상에 있는 모든 것, 하나님께서 시작하셨다는 말씀이다. 단순한 가사이지만 여기에 답이 있다. 하나님이 시작하셨다. 하나님이 우리를 숨쉬도록 허락해 주셨다. 물론 우리가 어머니 뱃속에 있을 때는 어머니가 대신 숨을 쉬어 주셨지만 태어나면서부터 하나님은 우리에게

숨을 쉬도록 시작해 주셨다. 그리고 움직이도록 해 주셨고, 움직이기 시작했다. 하나님은 우리로 하여금 믿게 해 주셨다. 어느 날 우리를 불러서 예수 믿는 자로 만들어 주신 것이다. 그리고 교회 다니는 사람으로 만들어 주셨고, 우리로 하여금 전도하는 사람이 되게 해 주셨다. 또한 우리로 하여금 섬기며 사는 자들로 만들어 주셨다.

만약 우리가 이 사실을 잊어버리면 거기서부터 문제가 생긴다. 하나님이 시작하셨다. 이 사실을 분명히 해야 한다. 내가 한 것이 아니다. 하나님이 시작하셨다. 사도 바울은 그것을 알았다. 여러 가지 일을 자기가 시작하고 진행했지만 그는 고백하고 있다. 자기가 시작한 것이 아니라 하나님이 시작하셨다는 것을 분명히 말씀하고 있다.

고린도전서 15장 10절은 그것을 우리에게 밝히고 있다. "그러나 내가 나 된 것은 하나님의 은혜로 된 것이니 내게 주신 그의 은혜가 헛되지 아니하여 내가 모든 사도보다 더 많이 수고하였으나 내가 한 것이 아니요 오직 나와 함께 하신 하나님의 은혜로라 " '내가 아니요, 하나님이 하셨다.' 내가 시작한 것이 아니고 하나님이 시작하셨고, 내가 이끄는 것이 아니라 하나님이 이끄시고, 내가 한 것이 아니고 하나님이 하게 하셨다고 그는 고백하고 있다. 그렇다. 이것이 중요하다.

내가 시작했다고 생각하면 문제가 생긴다. 어떤 문제인가? 잘될 때는 교만해진다. '그러면 그렇지, 내가 하는 것을 보아라. 나는 하면 멋지게 한다. 다른 사람과는 달라.' 자기가 자기의 영광을 받는다. 반대로 자기가 시작했다고 생각을 하는데 잘 안될 경우에는 낙심하고 좌절

한다. 그리고 아주 피곤하게 여기면서 쓰러지고 만다. 내가 시작했다고 생각하면 잘되도 우리에게 좋지 못한 영향을 미치고, 잘못되어도 피곤해진다는 것을 여기 분명히 말씀하고 있다.

위대한 음악가 하이든은 천지창조라고 하는 귀한 곡을 썼다. 그는 노년에 이 곡을 완성하고 드디어 그 곡을 비엔나 대 음악관에서 연주하게 되었다. 많은 사람들이 모였다. 이 음악가도 휠체어를 타고 바로 그 연주를 듣기 위해서 음악당에 왔다. 그런데 얼마나 감격스럽게 연주가 진행되는지 '저들에게 빛이 있으라' 는 대목에 이르자 온 청중들이 감동의 도가니 속으로 빠졌다. 너무너무 감격스러웠다. 그래서 모두 앉아 있지를 못했다. 벌떡 일어나서 노음악가에게 경의의 박수를 보냈다. 그때 하이든은 벌떡 일어났다. 그리고는 손을 저 하늘을 가리키면서 "아니요, 아니요, 이것은 나의 것이 아니라 모두 하늘에서부터 나온 것입니다. 하나님께 모든 영광을 돌립니다."라고 고함을 지르고 조용히 그는 자리에 앉았다고 한다.

하나님이 시작했다고 믿는 자는 언제나 겸손할 수가 있다. 하나님이 시작하셨다고 믿는 자는 잘못되도 좌절하지 않는다. 왜냐하면 시작하신 분이 다 책임지실 것이기 때문이다. 어떤 경우에도 흔들리지 않는다. 우리는 하나님이 시작하신 인생을 살고 있다. 하나님이 시작하신 귀한 믿음의 길을 가고 있다. 하나님께서 시작하게 하신 귀한 교회 생활을 하고 있다. 하나님께서 주신 귀한 꿈을 가지고 믿음으로 달려가고 있다. 아무것도 두려워하지 말라. 하나님이 시작하셨기 때문이다. 하나님이 내 인생을 시작하게 하셨으니 시작하신 분이 책임지지 않겠는가?

경상북도 지방에서 쓰는 이런 사투리가 있다. '하나님께서 비미 알아서 해 주시겠습니까!' 재미있는 사투리이다. '하나님께서 어련히 알아서 하시겠습니까! 내 인생을 시작하신 하나님, 그 하나님께서 어련히 알아서 모든 것을 책임지지 않겠습니까!' 이런 말이다.

그렇다. 하나님은 내 삶을 주장하고 계신다. 하나님이 우리 교회를 시작하셨다. 하나님이 내 인생을 시작하셨다. 하나님이 내 믿음을 시작하셨다. 지금까지 진행된 인생, 하나님이 시작하셔서 하나님이 이끄셨다. 그리고 앞으로의 일도 하나님께서 책임지실 것이다. 매일매일 시작하는 모든 일들을 내가 시작하게 해서는 안된다. 하나님께 맡겨야 한다. 주님이 그 일을 맡으시고, 주님이 그 일을 진행하시고, 주님이 그 일을 시작하시도록 주님을 인정하고 그분에게 모든 것을 넘겨드리는 것이 믿음의 삶이다.

착한 일을 시작하신 하나님

그런데 하나님이 시작하는 일은 무엇인가? 오늘 성경은 하나님이 착한 일을 시작하신다고 말씀하신다. 하나님은 착한 일을 시작하시는 하나님이시다. 하나님이 하시는 모든 일은 착한 일이다. 6절 말씀은 이렇게 기록합니다. "너희 안에서 착한 일을 시작하신 이가 그리스도 예수의 날까지 이루실 줄을 우리는 확신하노라" 여기에서 말씀하고

있는 착한 일이라고 하는 말씀의 뜻은 무엇인가? 도덕적으로 착하다
는 말을 하는 것이 아니다. 여기서 착한 일이라고 하는 것은 하나님이
시작하시는 구원의 역사를 이야기한다. 하나님은 구원의 역사를 시작
하셨다. 하나님께서 죄에 빠진 모든 인간들을 구원하기 위하여 구원
의 계획을 세우셨다. 하나님께서 그 귀한 일을 위하여 독생자 예수 그
리스도를 보내셨다. 그리고 십자가 위에서 죽게 하시고 사흘 만에 부
활하시고 승천하시도록 하셨다. 그리고 우리를 부르셨다. 한 사람 한
사람을 구원해 주셨다. 우리를 하나님의 자녀로 삼아 주셨고, 하나님
의 교회에 속한 자로 하나님을 위하여 살아가도록 우리를 이끄셨다.
하나님이 시작하셨다. 하나님은 착한 일을 시작하시는 귀한 분이라는
사실을 분명히 보여주고 있다.

빌립보 교인들은 그래서 그렇게 착한 일을 할 수가 있었다. 바울을
위하여 선교헌금을 보낼 수 있었고, 예루살렘 교회를 위하여 구제 헌
금을 보낼 수 있었다. 주님은 우리 속에서 지금도 우리를 통해 착한
일을 이루시게 하신다. 주님이 하시는 일 가운데 착하지 않은 일은 하
나도 없다. 우리의 삶 속에 생기는 모든 문제, 모든 고난, 모든 슬픔도
하나님이 이루시기를 원하는 이 착한 일과 관계가 있다는 사실을 기억
하여야 한다. 그래서 주님이 말씀하신다. "우리가 알거니와 하나님을
사랑하는 자 곧 그의 뜻대로 부르심을 입은 자들에게는 모든 것이 합
력하여 선을 이루느니라"(롬 8:28) 하나님은 지금도 착한 일을 이루어
나가고 계신다. 하나님의 구원의 역사를 지금도 이루어가고 계신 것
이다. 내 인생의 모든 일들은 하나님이 이루기를 원하는 구원의 역사
와 관계가 있다. 돈 많이 벌고, 건강하고, 형통한 것이 우리 인생의 관

건이 아니다. 하나님이 이루고 계시는 착한 일이 관건이다. 그것을 통하여 하나님께서는 다른 사람을 구원하기를 원하신다. 여러 가지 시련과 어려움을 통해서 하나님은 내 마음속에 믿음을 키우기를 원하신다. 구원의 역사를 완성해 나가기를 원하신다. 우리 하나님이 착한 일을 시작하셨다.

어떤 백만장자가 이제 드디어 유산을 많이 남겨 놓고 운명하려고 하고 있었다. 자기 아들의 손을 잡았고 손을 벌벌 떨며 마지막 유언을 한다. "아들아, 너는 지금 이 세상에 가장 실패자의 손을 잡고 있느니라." "아버지, 그게 무슨 말씀입니까? 아버지는 성공자이십니다. 돈 많이 버셨고, 사업으로 성공하셨습니다. 그리고 저에게 많은 유산도 남겨 주셨습니다. 아버지가 실패자라니요." 아버지는 말을 이어갔다. "아니야, 나는 주님을 너무 멀리 떠나 있었어. 주님을 떠나 있으면 누구든지 실패자야. 너는 실패자가 되지 말거라." 그는 힘없이 손을 놓으며 운명했다.

주님은 이미 우리 속에서 착한 일을 시작하셨다. 이미 우리를 부르신 그때부터 거룩한 일, 선한 일, 착한 일이 내 속에서부터 시작이 되었다. 우리 인생을 하나님의 착한 일 중심으로 평가할 수 있기를 바란다. 주님이 시작하지 않으신 일은 아예 시작하지 말라. 잘못하면 우리가 하나님 앞에 섰을 때 엉뚱한 보고를 할 수가 있다. "하나님 아버지, 내가 이 땅에 살면서 이렇게 바쁘게 일하면서 이런 사실들을 남겼습니다. 잘했죠?" 하나님이 말씀한다. "아니야, 너는 내가 시작하지도 않은 일, 네가 마음대로 시작하고, 그것 때문에 고민하고, 그것 때문에 걱정하다가 인생을 다 낭비하였구나!" 주님 앞에 섰을 때, 주님 앞에 보고드릴 만한 것이 하나도 없는 그런 인생의 주인공이 되지 않기를 바란다. 주님이 시작하지 않으시는 것을 시작하지 말라. 주님이 시작하는 착한 일 외에는 모든 것에 관심을 가지지 말라. 주님이 시작하지 않으시는 미움에 관한 일을 다 거절할 수 있기를 바란다. 주님이 시작하지 않으신 정욕적인 일을 포기할 수 있기를 바란다. 주님이 시작하지 않으신 다른 경쟁의 일들을 포기할 수 있기를 바란다. 주님은 착한 일을 시작하셨고 우리를 구원하는 복된 일, 우리의 구원을 완성하는 일, 우리를 통해 다른 사람을 구원하는 거룩한 일을 지금도 하고 계신다. 우리의 마음이 근심과 걱정에 정복당해서는 안된다. 염려에 정복당해서는 안된다. 헛된 일에 우리의 마음이 빼앗겨서는 안된다. 주님이 시키지 않으신 것 때문에 인생을 다 낭비하고 주님 앞에서 후회하는 인생이 되지 않기를 바란다. 주님은 분명히 말씀하신다 "그런즉 너희는 먼저 그의 나라와 그의 의를 구하라 그리하면 이 모든 것을 너희에게 더하시리라"(마6:33) 주님은 착한 일을 시작하셨다. 주님이 시작하신 이 귀한 착한 일, 이 귀한 일에 집중하시고 이 일을 이루어가시며 이 일에 모든 소망을 걸고 살아가는 주님의 착한 일을 이루는 복된 성도들이 될 수 있기를 바란다.

이루시는 하나님

그런데 주님이 시작한 이 일은 반드시 그리스도의 날까지 다 이루어질 것이다. 시작하신 그 주님이 반드시 이루신다고 말씀하신다. 주님은 일을 이루시는 분이시다. 그런데 주님은 무조건 아무 일이나 이루지 않으신다. 주님은 주님의 착한 일을 이루신다고 말씀하셨다. 우리를 통해서 하나님의 나라와 하나님의 교회와 하나님의 선교를 위한 이 복된 일, 이 귀한 일들을 이루신다고 말씀하셨다. 아무리 힘들고 어려워도 다른 일 중심으로 우리 인생을 구하면 안된다. 물질 중심으로 구하면 안된다. 주님이 시작하신 착한 일 중심으로 보아야 한다. 주님이 시작하시는 구원의 역사 중심으로 우리 인생을 바라볼 수 있어야 한다. 주님은 당신의 일을 시작하셨다. 구원의 역사를 시작하셨다. 그러기에 이 일을 지금도 진행하고 계시고 반드시 이루어주실 것이다.

최근에 북한을 다녀온 어느 목사님은 집요하게 자기를 따라다니는 감시원 때문에 피곤함을 겪었다고 한다. 나 또한 평양에 갔을 때 겪었던 감시원들의 눈을 아직도 기억한다. 그곳에서는 말을 많이 해도 문제고, 적게 해도 문제였다. 평양을 돌아보며 너무 기가 막혀서 말이 나오지 않았다. 가만히 차창 밖을 바라보면서 우울한 표정으로 기도하고 있었다. 그런데 문제가 생겼다. 왜냐하면 내가 너무 말을 안하기 때문에 감시자의 마음이 불편해졌던 것이다. 인솔자가 그날 저녁 나를 찾아왔다. "목사님, 목사님은 왜 말씀하지 않고 가만히 계시는 것입니까? 목사님은 요시찰 인물입니다." 말을 안해도 감시를 하는 것이다. 많이 해도 문제다. 숙소에도 도청시설이 되어 있을 것 같아 말을 못하니 얼마나 답답했는지 모른다. 동행했던 목사님과 함께 방에 들었는데 할 이야기가 없었다. 하고 싶은 이야기는 굴뚝같은데 할 말이 없는 것이다. 나중에서야 이 목사님도 사사건건 감시자의 감시를 당했다고 했다. 그런데 그 가운데 북한에서 겪었던 놀라운 일을 전해들었다. 이 목사님이 어느 장터에 들어갔는데 군중들이 아주 많았기 때문에 감시자들이 그만 몇 걸음 뒤로 물러서게 되었다고 한다. 그때 한 아주머니가 목사님 가까이 다가오더니 귀에다 대고 조용히 말하는 것이었다. "할렐루야" 그리고는 쏜살같이 지나가는 것이었다. 목사님은 정신이 번쩍 들었다고 한다. '아하 이 고통의 땅, 겨울 공화국에도 주님께서 조용히 복음의 역사를 진행하고 계시는구나!' 이 사실을 깨닫고 그는 소망 가운데 돌아왔다고 한다. 그렇다 죽은 것처럼 보이지만 하나님은 지금도 일하고 계신다. 구원의 역사를 시작하신 그 하나님은 진행하시고 반드시 이루어 주실 것이다. 일을 시작하신 하나님은 저 북한을 주님의 땅으로 다시 회복시켜 주실 것이다.

어떤 사람이 장사를 열심히 해서 돈을 많이 벌었다. 그런데 은행에 돈을 맡기기가 불안했다. 은행이 망할 수도 있다는 불안감 때문이었다. 그래서 그 돈을 벽을 뜯고 벽 속에 집어넣어 보관했다. 매일매일 얼마나 많은 돈을 집어넣었는지 대략적인 계산을 하면서 계속해서 벽 속에 집어넣었다. 그리고 그 벽 속에 돈이 다 차갈 무렵 그 벽을 다시 막았다. 몇 년이 지난 다음에 돈을 꺼내려고 벽을 허물었는데 이게 웬일인가? 쥐들이 그 돈을 전부다 갉아 먹어 버리고 말았다. 불이 나면 불난 그대로 가면 은행에서 바꾸어 준다고 한다. 그런데 쥐가 다 먹어 버리고 말았으니 부스러기 몇 조각밖에 남지 않게 된 것이다. 이처럼 헛된 것을 위하여 쌓아 두어서는 곤란하다. 물질 중심의 인생을 하나님이 책임지실 수가 없다.

하나님은 우리를 단순한 장사꾼으로 이 땅에 보내지 않으셨다. 사업가로 이 땅에 보내지 않으셨다. 단순한 선생으로 이 땅에 보내지 않으셨다. 하나님은 우리를 하나님의 착한 일을 위한 도구로 보내 주셨다. 내가 시작하고 내가 진행하는 착하지 않은 일이 이루어지면 곤란하다. 내 욕심을 위한 일이 이루어지면 곤란하다. 내 머리로만 한 일이 이루어지면 곤란하다. 바벨탑이 이루어지면 곤란하다는 말이다. 바벨탑은 반드시 허물어져야 한다. 그렇지만 하나님은 하나님이 내 속에서 시작하신 착한 일은 반드시 이루어 내시고야 말 것이다. 복음을 위한 착한 일을 주님은 이루실 것이다.

이 복음을 위한 착한 일을 꿈꾸라. 선교사를 보내는 꿈을 꾸라. 전도할 꿈을 꾸라. 하나님이 우리에게 주실 귀한 미래를 바라보며 하나님의 착한 일을 가슴속에 꿈꾸는 성도들로 살아가실 수 있기를 바라자. 우리가 하나님 앞에 꿈꾸며 기도하고 있는 백 명의 선교사, 단독 선교사 파송은 반드시 이루어질 수 있을 것이다.

그 꿈을 품게 하신 하나님은 오늘 밤 우리에게 또 두 명의 선교사를 파송하게 하셨다. 그리고 계속해서 우리는 하나님이 기뻐하시는 이 비전을 가지고 땅끝까지 주의 복음을 증거하는 이 일들을 진행해 나갈 것이다. 하나님이 시작하셨으니 하나님이 다 이루어 주실 것을 믿는다.

사도 바울은 이렇게 말씀한다. 8절을 보라. "내가 예수 그리스도의 심장으로 너희 무리를 얼마나 사모하는지 하나님이 내 증인이시니라"

심장으로 열방을 품어야 한다. 그리스도의 심장으로 그들을 품어야 한다. 그리고 난 다음에 그들을 위해 간절히 기도해야 한다.

9~11절 말씀이다. "내가 기도하노라 너희 사랑을 지식과 모든 총명으로 점점 더 풍성하게 하사 너희로 지극히 선한 것을 분별하며 또 진실하여 허물 없이 그리스도의 날까지 이르고 예수 그리스도로 말미암아 의의 열매가 가득하여 하나님의 영광과 찬송이 되기를 원하노라" 이렇게 가슴에 품고 기도하며 또한 그들에게 다가가서 복음을 전할 수 있기를 바란다. 우리가 주님의 이름으로 주님의 귀한 복음을 전하는 그런 도구가 될 때 하나님은 일을 시작하시고 시작된 그 일은 반드시 열매를 맺고 또한 하나님이 이루시는 복된 결말에 도달하게 될 것이다.

미국의 오하이오 주에 한 중학교 교사가 있었다. 어느 날 자기 마음 속에 자책감이 생겼다. '나는 전도를 이렇게 안해서 어떡하나? 은혜 받은 내가 전도를 안하다니! 나도 전도해야지' 밖으로 나간 뒤 골목을 살펴보니 네 꼬마가 놀고 있었다. 그는 아이들에게 다가갔다. "애들아, 교회에 가자. 교회가면 내가 한 사람당 1센트를 줄 테니 가자." 이 개구쟁이들은 이 돈 소리에 그만 마음이 흔들렸다. 그리고는 그를 따라 교회로 갔다. "너희들 다음 주에도 오면 1센트를 줄 테니 와." 그 다음 주에 또 왔다. 매번 올 때마다 네 꼬마에게 1센트씩을 주었다. 그러나 처음에는 돈 따라온 아이들이 예수 그리스도를 믿게 되었다. 그리고 믿음이 자라기 시작했다. 세월이 30년 흐른 뒤, 드디어 중학교 교사가 은퇴하게 되었다. 은퇴하는 그날이 공교롭게도 자기의 생일이었다. 그런데 네 통의 축하 전보가 자기에게 도착했다. 한 통은 중국 선교사에게서 왔다. 또 한 통은 미연방 은행장으로부터 왔다. 또 한 통은 대통령 비서실장 겸 국무부장관에게서 왔다. 마지막 한 통은 그 후 대통령이 된 대통령 후보에게서 왔다. 그 거리의 네 꼬마가 예수 그리스도를 믿고 아름답게 성장해서 귀한 하나님의 일꾼들로 세워진 것이다.

그렇다. 내가 뿌리면 하나님은 반드시 그 귀한 일을 통해서 일을 진행하시고 열매를 거두시며 이루어 주실 것이다. 하나님은 우리의 삶 속에 이미 착한 일을 시작하셨다. 우리는 하나님께서 시작하신 착한 일을 중심으로 살아가는 인생이 되어야 한다. 하나님이 시작하시지도 않은 일, 바라지도 않으신 일을 힘들게 하다가 실망으로 끝나는 인생을 살지 말기를 바란다. 주님이 이루시기를 원하는 구원의 역사를 위해 우리 인생을 사용하자. 복음 선교를 위한 사업가가 되시기 바란다. 선교를 위한 직장이 되시기 바란다. 전도를 위한 교사가 되시기 바란다. 죽어가는 영혼을 가슴에 품고 선교사가 기다리고, 선교사들을 기다리고 있는, 세상을 가슴에 품고 그들을 위해 간구하고 그들에게 나아가서 복음을 전함으로써 우리 하나님의 크신 구원을 다 이루어 드리는 복된 하나님의 도구가 되는 것. 이것이 바로 선한 일을 시작하신 하나님께서 우리를 통해 이루기 원하시는 뜻이다.

chapter 2

영혼을 위한 허비(고후 12 : 14-15)

세상의 가치관

어떤 은행 지점에서 있었던 일이다. 한 손님이 아주 도도하게 은행 문을 열고 들어왔다. 그 기세가 얼마나 거만한지. 창구 직원에게 새 통장 만들어 달라고 큰소리친다. 좋은 말로 해도 될 텐데 욕까지 한다. "이 멍청한 것 같으니라고. 빨리빨리 좀 하라고." 창구 직원이 너무 화가 나서 지점장을 찾아갔다. "지점장님, 세상에 이런 법이 어디 있습니까? 저를 보고 멍청이라고 욕을 하면서 해 달라고 하는데 나 기분 나빠서 오늘 일 못하겠습니다." 지점장도 화가 나서 같이 욕을 해 준다. "그런 버릇없고 예의범절도 없는 사람 같으니라고." "그런데 그 사람 은행 잔고가 얼마인지 좀 알아보겠나?" "네. 지점장님." "알아봤더니 저… 20억 쯤 되는데요." 지점장의 얼굴이 갑자기 바뀌었다. "뭣 하고 있어? 빨리 가서 만들어 주지 않고. 이 멍청이 같으니라고."

은행에서는 잔고 많은 손님이 제일이다. 자기 직원의 기분보다는 사실 돈이 더 중요한 것 아니겠는가? 그 사람들에게는 그것이 훨씬 더 중요하다고 생각할 것이다. 정치가들에게 제일 중요한 것은 권력을 쥐는 것, 정권을 쥐는 것이다. 이것보다 더 중요한 건 없다. 장사꾼들에게 제일 중요한 것은 돈을 더 많이 버는 것이다.

바울의 가치관

사도 바울은 한때 돈도 명예도 또 권력도 한 손에 다 쥐고 있던 사람이었다. 그런데 사도 바울의 지금 관심은 무엇일까? 이 글을 쓰고 있는 바울을 이해하기 위해서는 약간 그 배경을 알 필요가 있다. 이 고린도 교회는 바울이 2차 전도여행을 할 때 설립된 교회였다. 이렇게 설립된 교회에 문제가 많아지자 바울은 고린도전서를 보냈다. 그리고 얼마 뒤에 직접 고린도 교회를 방문한다. 방문해서 잘못되어 있는 여러 사람들을 꾸중한다. 그 당시 고린도 교회는 영적인 혼란이 있었고 윤리적인 문제가 많이 있었다. 그런데 이 고린도 교인들 중에는 바울의 말을 듣지 않는 사람들이 있었다. 도리어 바울이 욕을 바가지나 먹고 돌아왔다. 그리고 세 번째 다시 방문을 준비하면서 이 고린도후서를 쓰고 있다. 이 고린도 교회 안에는 그 당시 바울을 비난하는 사람이 너무 많이 있었다. 바울 같은 위대한 대목회자에게도 반대파들이 있었던 것이다. 바울을 반대하는 이유가 몇 가지 있었다. 첫째는 사도성에 대한 의심이다. '네가 사도냐? 예수님 믿는 사람을 핍박하고 열두 제자 가운데에도 들어가지 않았던 너는 사도가 아니다.' 바울의 사도권을 정면으로 부인하는 그런 사람이 있었다. 그 뿐만 아니다. 인물도 못생긴 게 무슨 사도냐? 바울의 그 외모에 대하여 시비 거는 사람들이 많이 있었다. 바울은 키가 아주 작았다. 기록에 의해 그의 외모를 대충 짐작해 보자면 코는 매부리코, 잘생긴 구석이라고는 한 부분도 없는 추남 중의 추남이었다고 추정해 볼 수 있다. 그가 몸에 가시라고 말했던 질병도 가지고 있었다. 낫길 원했지만 낫지 않았고, 이 질병은 그의 사도성에 대해 사람들로부터 비난받는 원인이 되었다. 그 뿐만 아니다. 말이 신통치 않다고 비난했다. 바울은 글은 잘 썼지만 말이 신통치 않았던 듯하다. 말을 더듬었든지 혹은 다른 여러 가지 문제가 있었든지, 그가 말을 잘 못하는 것에 대해서 시비 거는 사람들이 많이 있었다. 그러나 결정적인 비난이 있었다. 그것은 바로 돈에 대한 문제였다. 사도 바울은 고린도 교회가 믿음이 어린 것을 보고 고린도 교회를 통해서는 재정적인 지원을 받지 않았다. 그런데 고린도 교인들은 불평하고 원망하면서 '왜 우리 돈은 받지 않는 것인가? 당신 때문에 다른 교회에 우리 교회가 인색하고 은혜가 없는 교회로 비치게 되는 것이 얼마나 안타까운지 아는가?' 하며 비난했다. '바울이 우리를 통해서 재정적 지원을 안 받는 것은 이 사람이 뒤로 빼돌리는 그런 길이 있기 때문이다. 아마 다른 중개인을 통해서 뒤로는 다 받을 걸? 그는 돈이 깨끗하지 못하다.' 이런 원망과 불평도 많이 하고 있었다. 그들에게는 체면이 중요했다. 주도권을 쥐는 것이 중요했다. 그리고 또한 돈이 중요했다. 그러나 이미 바울은 이 모든 것을 분토처럼 버렸다. 바울은 가장 귀하게 여기는 가치관을 강력하게 피력하고 있었다. 바울이 밝히는 그 가치관에 중요한 키워드가 있었다. 그건 '영혼' 바로 영혼이었다. 명예도 아니요, 권력도 아니요, 돈도 아니요, 세상의 쾌락도 아닌 영혼이었다. 바로 그 영혼을 구원하는 것, 영혼을 살리는 것, 영혼을 바로 세우는 것, 그것이 바로 사도 바울의 가장 중요한 가치관이었다. 그는 그의 모든 기쁨이 영혼을 구원하는 일에서 온다는 사실을 명백히 밝히고 있었다. 그리스도인은 바로 이런 영혼을 위한 기쁨을 아는 사람이다. 바울이 경험했던 모든 기쁨은 이 영혼을 얻는 기쁨에 결단코 비교될 수 없었다. 그가 열심히 공부했던 그 학문의 기쁨도 이 기쁨에 비교될 수 없었다. 그가 가졌던 모든 권력의 기쁨도 자기가 지금 맛보고 있는 영혼을 얻는 기쁨에는 비교할 바가 되지 못했다. 그는 15절에서 이렇게 말하고 있다. "내가 너희 영혼을 위하여 크게 기뻐하므로 재물을 사용하고 또 내 자신까지도 내어 주리니 너희를 더욱 사랑할수록 나는 사랑을 덜 받겠느냐" 바울은 세 번째 고린도 교회 방문을 앞두고 아예 밝혔다. "나는 너희들에게 절대 폐를 끼치지 않겠다. 그러니 걱정하지 말라. 내가 구하는 것은 너희의 재물이 아니라 바로 너희들이다. 내 가장 큰 기쁨은 영혼으로부터 온다. 돈도 아니고 다른 어떤 권력도 아니라 영혼을 바로 세우고 영혼을 구원하는 데서 온다" 이렇게 고백을 하고 있다. 바울은 여러 가지를 다 구해 봤다. 그러나 거기에 진정한 기쁨이 없다는 사실을 누구보다도 잘 알고 있었다. 학문 속에도 없었다. 율법 속에도 없었다. 전통 속에도 없었다. 오직 한 영혼을 귀하게 여기고 그 영혼에게 사랑의 복음을 전하고 그 영혼을 바로 세워서 그리스도의 형상을 이루기까지 잘 키워나가는 기쁨, 그것이 자기 인생에 가장 큰 기쁨이라고 말하고 있다.

영혼을 얻는 기쁨

바울은 친히 자기가 키운 영혼들을 바라보면서 이렇게 고백했다. 데살로네가전서 2장 19~20절 말씀이다. "우리의 소망이나 기쁨이나 자랑의 면류관이 무엇이냐 그가 강림하실 때 우리 주 예수 앞에 너희가 아니냐 너희는 우리의 영광이요 기쁨이니라” 바울의 기쁨은 바로 사람이었다. 그 영혼이었다. 영혼을 구원하는 것, 영혼을 키우는 것 그것이 바로 바울의 가장 큰 기쁨이었다. 수가성 우물가 여인은 가짜 쾌락에 빠져 인생을 살았다. 쾌락의 순간은 많았지만 한 번도 기쁘지 않았다. 그 여자는 남자에게서 기쁨을 얻고자 했다. 그래서 혹시나 하면서 남자를 만났다. 그러나 역시나 하면서 남자를 보냈다. 또 다른 남자를 만났다. 모든 남자들을 통해서 단 한 번의 기쁨도 느낄 수가 없었다. 그는 외롭고 외로웠다. 기쁨이 뭔지를 몰랐다. 그런데 그 우물가 옆에서 어느 날 나사렛 예수 그리스도를 만났다. 그가 주시는 물을 마셨다. 그리고 처음으로 기쁨이 무엇인지를 알게 되었다. 평안이 무엇인지를 알게 되었다. 바로 물동이를 버려두고 마을로 내려갔다. 그리고 동네 사람들에게 외치기 시작했다. “내가 메시아를 만났다. 와 보라!” 많은 동네 사람들이 우르르 예수님 계신 그곳으로 몰려가고 있었다. 그 모습을 바라보는 이 여인의 마음속에는 처음으로 인생의 놀라운 기쁨을 느낄 수 있었다. “이야! 이게 바로 기쁨이로구나! 지금 죽어도 한이 없겠다.” 수가성 우물가 여인은 기쁨이 뭔지를 알았다. 바로 영혼을 얻는 기쁨, 주의 복음을 전하는 기쁨, 그 기쁨을 그 여인은 알게 되었다.

왜 영혼을 얻는 게 기쁨이 될까? 왜 영혼을 구원하는데 기쁨을 느끼게 될까? 그것은 바로 하나님께서 그것을 가장 기뻐하시기 때문이다. 요한복음 6장 40절 말씀이다. “내 아버지의 뜻은 아들을 보고 믿는 자마다 영생을 얻는 이것이니 마지막 날에 내가 이를 다시 살리리라 하시니라” 우리 하나님의 뜻, 하나님이 가장 기뻐하시는 것이 무엇인가?

그것은 바로 영혼을 구원하는 것이다. 아들을 보고 믿는 자마다 영생을 얻게 되는 것, 그 영혼을 구원 받도록 이끄는 것, 복음을 전하는 것 그것이 아버지가 가장 기뻐하는 기쁨이라고 말씀한다. 아버지가 원하는 가장 큰 기쁨을 내가 행할 때 아버지의 기쁨이 나에게로 흘러온다는 것이다.

초등학교 때 더러 가지고 놀았던 소리굽쇠가 있다. 이게 무슨 음이 날까? 음악가들도 조율할 때 늘 이걸 사용한다. 바로 'A'음, '라'음이다. 1초에 440번 진동을 한다. 그런데 한 쪽을 살짝 치면 다른 쪽도 소리가 나게 되어 있다. 왜? 똑같은 진동수를 가지고 있기 때문이다. '댕' 하고 서로 울린다. 우리 영적인 소리굽쇠의 원리도 마찬가지이다. 우리는 하나님 아버지가 가장 기뻐하시는 영혼을 위하여, 그 영혼을 구원하기 위하여 애를 쓰고 또 영혼을 구원할 때, 아버지 하나님의 기쁨이 곧 나의 기쁨이 되어서 '댕' 하고 공감을 일으키며 우리의 마음을 채우고 영혼을 채우게 된다. 영적인 공명이 일어난다. 바로 하나님의 놀라운 기쁨이 나의 기쁨이 되기 때문이다. 누가복음 15장 7절이 또 이렇게 말씀한다. "내가 너희에게 이르노니 이와 같이 죄인 한 사람이 회개하면 하늘에서는 회개할 것 없는 의인 아흔아홉으로 말미암아 기뻐하는 것보다 더하리라" 그렇다. 한 영혼을 구원하게 되면 내 인생에 가장 큰 기쁨이 온다고 말씀하고 있다.

어떤 교회 집사님이 전도를 나갔다. 열심히 전도를 했는데 도무지 열매를 얻을 수가 없었다. 아파트 전도도 실패했다. 어느 날 지나가다 주택의 대문을 두드렸다. 아, 그런데 스스륵 문이 열리더니 송아지만한 개가 한 마리 튀어나오는 것이 아닌가. 그만 집사님의 손가락이 개에게 물려 피가 뚝뚝 흘렀다. 주인이 따라 나오다가 그 모습을 보고 사정을 했다. "아이고 이거 어떡합니까? 죄송합니다." 그러면서 피가 뚝뚝 흐르는 손가락을 치료해 주었다. "이거 어떡하죠? 죄송해서 어떡하죠?" "아, 괜찮습니다. 저는 산성교회에 다니는 집사입니다. 그런데 제가 선생님에게 꼭 교회 한 번 모시고 가고 싶어서 왔는데 다음 주에 꼭 가실 수 있…?" "아이고 내가 꼭 가지요. 죄송합니다. 죄송합니다." 드디어 한 명을 전도했다. 기분이 얼마나 좋은지. 피가 흐르는 그 손가락을 감싸 쥐고 집으로 돌아왔다. 부인이 깜짝 놀랐다. "이게 웬일이에요?" "내가 오늘 여차여차해서 개에게 물렸는데 그것 때문에 그 집 주인이 다음 주에 교회에 나오기로 했어. 얼마나 좋은 일이야." "좋긴 뭐가 좋아요. 손가락에 피가 나는데." 그 집사님이 하신 말씀이 더 걸작이었다. "이야, 이 동네에 개 키우는 집 또 없나?" 이 집사님은 기쁨이 뭔지를 아는 사람이다. 손가락에 피가 흐르는 그 아픔보다 한 영혼을 얻는 기쁨이 더 크다는 사실을 알았기에 그는 손가락 아픔이 개의치 않았다.

우리의 직업이 무엇인지, 남자인지 여자인지 어른인지 아이인지 노인인지 청년인지 그건 그렇게 중요하지 않다. 하나님이 바라볼 때는 전부 똑같이 보신다. 중요한 건 무엇일까? 내가 나의 삶의 자리에서 영혼을 구원하는 일을 위하여 내 삶을 드리는 것. 그래서 때를 얻든지 못 얻든지 주의 복음을 증거하고 사는 것 이것이 가장 중요한 사실일 것이다. 모든 기쁨의 근원은 한 가지밖에 없다. 그것은 바로 영혼을 얻는 기쁨이다. 이 기쁨만이 영원한 것이다. 이 기쁨만이 진정한 의미의 기쁨이 된다.

영혼을 위한 허비, 가장 귀한 투자

그런데 이 귀한 기쁨, 영혼을 얻는 기쁨, 영혼을 위한 기쁨을 위해서는 영혼을 위한 허비가 있어야 한다. 영혼을 위한 낭비가 있어야 한다. 15절에 말씀한 그 내용에 '너희를 위하여 내 모든 걸 내어 주리라'는 말씀은 다른 말로 '내가 내 모든 것을 허비하리니, 낭비하리니라'는 뜻이다. 이 말 속에는 시간과 정력과 돈과 사랑 모든 것을 다 포함하는 의미가 있다. 요즘은 자꾸만 마니아들이 늘어가고 있다. 들어보면 그럴듯한 말이다. 아마 좋은 취미를 가진 사람이라 생각할 것이다. 그러나 사실 그 어원은 썩 좋지 않다. 무슨 뜻일까? "마니아" 그러면 "미친 사람" 이런 뜻이다. 푹 빠져서 머리가 완전히 돈 사람이란 뜻이다. 자기가 좋아하는 것을 위하여 돈과 시간과 정력과 사랑을 다 허비하는 사람을 마니아라고 말한다.

내 친구 중에 오디오 마니아가 있다. 그 집에 한 번 갔는데 별로 생활도 넉넉하지 않은 사람이 한 방 가득히 오디오를 빼곡하게 들여놨다. 설명을 하는데 기가 막혔다. 이건 매킨토시인데 얼마짜리고 내가 얼마를 모아서 샀고, 이건 무엇인데 내가 이걸 사기 위해서 한밤중에 수백 킬로미터를 달려갔고, 이것은 어디서 샀고, 이건 언제 샀고, 설명을 하는데 복잡했다. 완전히 얼빠진 사람 같았다. 소리를 틀어주면서 이 소리는 어떠냐? 저 소리는 어떠냐? 그는 기쁨이 충만했다. 건전

한 취미생활을 비난할 마음은 없다. 그러나 쓸데없는 것을 위하여 우리 인생을 허비하는 것에 대해서는 반대한다. 별로 중요한 것도 아닌데 시간을 낭비하고 힘을 낭비하고 돈을 낭비하면 곤란하다. 바울은 인생을 그렇게 살지 않았다. 그는 영혼을 위하여 놀라운 모든 삶의 부분들을 낭비했다. 죽어가는 영혼을 살리기 위하여 그의 인생을 낭비했다. 그의 모든 힘을 낭비했다. 그러나 그것은 낭비가 아니었다. 가장 귀한 투자였다.

인도네시아에 가면 발리라는 곳이 있는데 주로 신혼여행을 많이 가는 휴양지다. 그런데 그곳에서는 지금도 결혼하기 위해서는 지참금을 주지 않으면 안된다고 한다. 지참금이 소 두 마리. 이 소 두 마리를 주어야만 신부를 데리고 갈 수가 있다. 그런데 그 발리에 아주 못생긴 처녀가 있었다. 못생긴 정도가 아니라 아주 안 생긴 처녀였다. 한 사람도 와서 프러포즈를 하지 않았다. 그렇게 나이가 먹어가고 있는데 어느 날 정말로 멋지고 훌륭한 신랑감이 나타났다. 그리고 소를 무려 여덟 마리나 가지고 와서 장인, 장모에게 주고는 처녀를 데리고 갔다. 온 동네 사람들이 입방아를 찧는다. '야, 그 남자는 훌륭한데 조금 정신이 돈 모양이야. 아니, 두 마리도 아니고 여덟 마리나 주고, 아휴~ 이상한 남자야.' 세월이 흘러갔다. 그런데 시집 간 그날부터 이 처녀는 어찌나 거만을 떨고 사는지. 왜? 자기는 여덟 마리 값으로 왔으니까. 어깨에 힘을 주고 다녔다. 목에 힘을 주고 다녔다. 그런데 하루는 궁금한 생각이 들었다. "여보, 여보. 지참금으로 두 마리만 지불하면 되는데 왜 당신은 나를 여덟 마리나 지불하고 데려왔어?" 신랑이 한 마디 했다. "그야 당신이 너무 예뻐서 그렇지. 여덟 마리가 문제겠어? 팔

십 마리라도 다 주고 당신을 데려 올 마음이 내게 있었다고." 부인은 너무 너무 황홀했다. 한 영혼을 진정으로 사랑하게 되면 그것을 얻기 위하여 그 어떤 것도 투자할 수가 있다.

"하나님이 세상을 이처럼 사랑하사 독생자를 주셨으니 이는 저를 믿는 자마다 멸망치 않고 영생을 얻게 하심이니라." 하나님 아버지는 쓸모없는 우리를 구원하시려고 하나님의 거룩한 독생자 예수님을 버리시는 낭비를 하셨다. 수많은 시간을 허비하셨다. 오랜 세월 동안 우리를 부르셨다. 하나님의 사람들과 선지자들을 보내셨다. 예수님도 우리를 구원하기 위하여 자신의 피와 살을 다 허비하셨다. 젊음을 허비하셨다.

바울도 한 영혼을 살리기 위하여 그의 돈과 시간을, 자신의 명예를, 모든 편함을 허비하였다. 한 번은 감옥 속에서 도망쳐 나온 노예 오네시모를 만났다. 그 당시 로마제국 시대에 노예는 죽여도 되는 것이었다. 가치 없는 존재가 노예였다. 그런데 죄를 짓고 도망을 쳤으니 그야말로 아무 쓸모없는 사람이었다. 그러나 그는 그 쓸모없는 오네시모를 위하여 시간을 허비했다. 사랑을 허비했다. 그를 자신의 영적인 아들로 삼았다. 복음을 전하고 그를 훈련시켰다. 그리고 친히 펜을 들어 그 주인 빌레몬에게 편지를 썼다. '혹시 이 사람이 당신에게 손해를 끼친 게 있으면 내가 다 갚아주겠노라.' 그는 돈까지 허비할 그런 자세가 되어 있었다. 결국 그렇게 그 사람을 살렸다. 그렇게 탄생한 귀한 책이 바로 성경 속에 있다. 바로 빌레몬서이다. 한 영혼을 위하여 투자하는 것은 절대로 낭비가 아니다. 한 영혼을 얻기 위하여 바울은 모든 것을 다 버렸다. 가장 귀한 투자가 무엇인가? 영혼을 얻기 위하여 낭비하는 것이다. 그러나 세상을 위하여, 나를 위하여, 나의 아성을 쌓기 위하여 투자하는 모든 것은 결국은 허비가 되고 말 뿐이다.

미국의 명문대를 졸업한 다섯 명의 젊은이들은 마음속에 뜨거운 정열이 불타올랐다. 오로지 원주민들을 구원하겠다는 마음 하나로 그들은 적도에 있는 에콰도르 정글 속으로 들어갔다. 거기서 그는 '아우카'라는 원주민들이 사는 곳으로 잠입해 들어갔다. 복음을 전하기 위해서였다. 다섯 명의 청년들이 그 아우카 부족에 들어가서 복음을 전하기 위해 노력하다 그 입구에서 아우카 부족의 공격을 받게 되었다. 그리고 그들 다섯 명의 청년들은 비참하게 죽어갔다. 하나하나 피를 흘리고 죽어가는 그들. 그 다음날 미국에 이 소식이 대서특필되었다. 총을 가졌지만 총을 쏘지 않은 채로 죽어갔던 것이다. 그때 그 신문 제 1면에 나온 기사의 타이틀은 이랬다. "이 무슨 낭비란 말인가? 그 아까운 젊은이들이 가치 없는 종족들을 위하여 죽다니." 온 미국이 들끓었다. 다섯 명의 청년을 이해할 수가 없었다. 그러나 그 다섯 선교사의 다섯 아내는 남편들이 죽었던 그 정글 속으로 들어갔다. 그리고 계속해서 복음을 전했다. 참으로 놀라운 일이 일어났다. 그 남편 다섯 명을 죽였던 그 다섯 명의 원주민들 가운데 네 명은 주님을 영접하고 믿음으로 자라 목사가 되었다. 그리고 그 원주민 천 명은 다 예수를 믿고 하나님의 자녀가 되는 놀라운 열매를 얻을 수가 있었다. 다섯 젊은이의 생명은 낭비가 아니었다. 그 부족 전체를 구원하기 위한 거룩한 투자였다. 우리에게까지 복음을 전하기 위해 수많은 선교사들이 그들의 시간과 돈과 인생과 젊음을 다 허비하였다. 모든 것을 다 허비하신 사랑의 주님은 우리의 인생 모든 것과 영혼을 살리기 위해 허비하는 인생이 되기를 원하고 계신다. 이 세상에는 쓸데없는 것을 위해 허비하는 사람들로 가득 차 있다. 그러나 주님은 우리가 우리의 인생을 올바르게 허비하기를 바라고 계신다. 옥합을 깨뜨려 순전한 나드 한 근을 주님의 발에 붓고 머리에 부었던 그 여인처럼 주님을 위하여 주님이 아끼고 사랑하는 그 영혼을 구원하기 위하여 아낌없이 모든 것을 낭비하는, 거룩한 낭비를 하는 사람을 오늘도 주님은 찾고 계신다.

고린도전서 4장 15절에 이렇게 말씀한다. "그리스도 안에서 일만 스승이 있으되 아버지는 많지 아니하니 그리스도 예수 안에서 내가 복음으로써 너희를 낳았음이라" 스승보다 더 중요한 사람이 있다. 그것은 바로 생명을 잉태하는 아버지이다. 주님은 이 시간도 많은 아비를 원하고 계신다. 한 영혼을 잉태하고 그 영혼이 주님 앞에서 태어나고 자라기까지 책임질 수 있는 영적인 아버지와 어머니들을 주님은 원하고 계신다. 갈라디아서 4장 19절에서 이렇게 말씀한다. "나의 자녀들아 너희 속에 그리스도의 형상을 이루기까지 다시 너희를 위하여 해산하는 수고를 하노니" 한 영혼을 잉태하고 키우기까지 해산의 수고를 아끼지 않는 부모처럼 금년에 우리 한 영혼을 위하여 시간을 투자해야 한다. 그를 위하여 기도해야 한다. 그를 만나야 한다. 지속적으로 관심을 가지고 투자해야 한다. 아무리 많은 시간과 많은 물질이 투자되어도 그것은 헛되지 않을 것이다. 한 영혼을 올바른 곳으로 돌아오게 하는 자는 별과 같이 빛날 것이기 때문이다. 금년이 의미가 있으려면 가장 가치 있는 영혼을 위하여 투자하고 영혼을 위하여 허비해야 한다. 먼저 이름을 쓰고, 성경에 끼워놓고 일년 내내 기억하고 기도해

보자. 주님은 영혼을 위한 놀라운 허비, 그것을 우리에게 원하고 계신
다. 일생 동안 내 모든 삶의 기쁨과 의미를 한 영혼에 두고, 영혼을 위
하여 투자하고, 영혼을 위해 허비할 때 영혼을 통한 기쁨이 내 삶에
가득 채워질 것이다.

버리는 사랑(요일 3 : 13-18)

사역은 존재로부터 흐른다

2010년 안식년에 미국 풀러 신학교에서 새로운 공부를 할 기회가 있었다. 로버트 클린턴 박사의 리더십에 대한 수업을 들었다. 수업의 내용 가운데 내 마음속에 비수처럼 박힌 문장이 있었다. "사역은 존재로부터 흐른다." 무슨 일을 하느냐가 중요한 것이 아니라 그 일을 하는 사람이 더 중요하는 말이다. 무슨 일을 하느냐보다 어떤 사람이 되느냐가 더 중요하다. 어떤 것을 그릇 가운데 담느냐보다 더 중요한 것은 그것을 담을 수 있는 좋은 그릇이 되는 것, 새지 않는 그릇, 깨지지 않는 온전한 그릇이 되는 것이다. 만약 그릇에 구멍이 나 있다면 좋은 것을 담아도 그 그릇은 소용이 없다. 그런데 우리는 그릇보다도 그 그릇 가운데 무엇을 담느냐에 더 관심이 많다. 얼마나 비싼 것을 담느냐, 얼마나 귀한 것을 담느냐에 더 관심이 있다.

나의 마음그릇

요즘은 그런 장수들이 없지만 내가 자랄 때만 해도 동네마다 땜장이들이 있었다. 이 땜장이 아저씨들은 "솥이나 냄비, 양은그릇 구멍 난 것 때워요."라고 고함을 지르면서 동네를 돌아다녔다. 아주머니들이 들고 온 구멍 난 그릇들은 그 아저씨의 손에서 깨끗하게 때워지곤 했다. 땜장이가 구멍 난 그릇을 조심스럽게 살펴보듯이 우리는 나 자신을 하나님의 말씀에 비추어가며 나의 마음그릇, 나의 존재에 관한 문제들을 깊이 묵상할 수 있어야 한다.

우리의 마음그릇을 평가하는 여러 가지 방법이 있다. MBTI라는 인성검사를 통해 자기의 마음그릇을 알 수 있다. 나도 한 번 받아 보았는데 'ENFP 스파크형'으로 나왔다. 한마디로 불이 확 붙는 형이다. 이것이 내 마음그릇의 특징이다. 그러나 이런 검사를 가지고는 우리 마음의 일부분만을 알 뿐이다. 주님은 우리의 상태를 말씀으로 평가하기를 원하신다. 너무나 분명한 평가가 여기 있다. "사랑하느냐? 사랑하지 않느냐?" 지금 함께 살고 있는 사람, 함께 일하고 있는 사람, 섬기고 있는 사람을 사랑하고 있는지 자문해 보자. 사랑하고 있다면 우리의 마음그릇은 문제가 없는 것이다. 그런데 그렇지 않다면 지금 내 마음그릇에는 금이 가고, 구멍이 나 있다고 볼 수 있다. 이런 마음에서는 하나님의 축복이 채워지기 어렵다. 주님이 귀한 것을 그 그릇에 채워 주셔도 머지않아 금이 가고 구멍 난 곳으로 빠져나가기 때문이다.

"너의 그릇이 크냐, 작으냐?" 이것은 주님의 관심이 아니다. 주님이 우리에게 하시는 질문은 "사랑하느냐? 사랑하지 않느냐?"이다. 아무리 큰일을 하고 있어도 사랑으로 하지 않으면 금간 그릇, 구멍 난 그릇이다. 그러나 비록 작은 일을 하고 있지만 그 속에 사랑이 있다면 그 사람의 그릇은 온전한 그릇이 된다. "우리는 형제를 사랑함으로 사망에서 옮겨 생명으로 들어간 줄을 알거니와 사랑하지 아니하는 자는 사망에 머물러 있느니라"(요일 3:14)

사랑스럽지 않아!

내가 칠레에서 10년 동안 선교사로 사역하는 동안에 큰 문제가 생겼다. 사역에서는 문제가 없었다. 학교와 많은 개척교회가 세워지고 점점 확장되었다. 그런데 문제는 다른 곳에서 찾아왔다. 어느 날부터인가 칠레 원주민들이 꼴도 보기 싫어진 것이다. 사실은 싫어질 만한 이유가 있기도 했다. 그들은 얼마나 거짓말을 잘 하는지, 얼마나 배반을 잘 하는지, 또 나를 고발하기까지 했다. 이렇게 저렇게 어려움을 당하다 보니까 어느 날부터인가 정말 칠레 사람들이 보기 싫었다. 그때부터 얼마나 힘이 들었던지… 위기에 빠졌다. 나는 주님 앞에 울며 부르짖었다. "주님, 사랑의 복음을 전하러 왔는데 이 사람이 미워지니 어찌합니까?" 주님은 은혜로 내 마음그릇을 만져 주셨다. 밤새도록 주님의 은혜를 받고 내 마음을 주님 앞에 내어 놓았을 때 주님은 나를 다시 새롭게 만들어 주셨다. 아침에 눈을 뜨고 지나가는 사람을 보았는데 얼마나 그들이 아름다워 보였던지… 내 마음그릇이 회복되자 주님은 내 마음그릇 가운데 은혜와 사랑을 담아 주셨고, 또한 귀한 사역들을 담아 주셨다.

내 마음그릇에 문제가 생길 때 나타나는 처음 증상은 옆에 있는 사람이 사랑스럽지 않게 보이는 것이다. 사랑하는 마음이 내게 있다면 내 인생은 희망이 있다. 그 사랑하는 마음으로부터 하나님의 귀한 은혜가 흘러서 다른 사람에게 갈 수 있기 때문이다. 그러나 하나님의 말씀 앞에서 자신을 살펴볼 때에 사랑하지 않는다는 결론이 나오는 사람은 그 마음에 금이 가 있는 것이다. 이런 사람들을 사랑할 수 있는 마음을 달라고 기도해야 한다. 다른 어떤 큰일을 이루는 것보다 우리의 마음속에 주님이 주신 사랑으로 채워져 있을 때 그 마음을 통하여 하나님은 위대한 일들을 이루게 하신다.

버리는 사랑

우리의 마음그릇이 사랑 대신에 미움으로 가득 차 있고 주님이 사랑하도록 맡겨 주신 그 사람을 진심으로 사랑하지 못하고 있다면 우리 삶에 뭔가 해결책이 필요하다. 대책이 뭘까? 그것은 바로 마지막 순간까지 인간들을 사랑하셨던 사랑의 완성자이시며 또한 사랑을 가능하게 하시는 예수 그리스도가 보여주신 사랑의 원형, 바로 버리는 사랑을 하는 것이다.

"그가 우리를 위하여 목숨을 버리셨으니 우리가 이로써 사랑을 알고 우리도 형제들을 위하여 목숨을 버리는 것이 마땅하니라"(요일 3:16)

예수님은 십자가 위에서 몸이 찢어지셨다. 그러나 마음은 깨어지지 않으셨다. 심히 외롭고 고통스러웠지만 한 번도 그 고통을 주는 사람을 미워하지 않으셨다. 제자들이 배반하고 멀리 떠나갔지만 그들을 원망하지 않으셨다. 로마 병정을 미워하지 않으셨다. 유대인들을 미워하지 않으셨다. 오히려 그는 십자가 위에서 부르짖었다. "주여, 저들의 죄를 용서하옵소서. 저들이 하는 짓을 알지 못하나이다." 용서의 기도를 십자가 위에서 하셨다. 세상을 이처럼 사랑하시는 하나님의 사랑은 버리는 사랑, 바로 아들을 버리는 사랑이다. 죄인들을 사랑하는 마음으로 차 있는 예수님의 마음은 역사에서 가장 아름다운 그릇으로 우리 앞에 남아 있다. 사랑이 넘치는 그 그릇으로부터 귀한 하나님의 구원이 흘러 넘쳐서 우리를 다 구원하고 세계 모든 열방을 덮었다. 예수께서 이루신 놀라운 사역은 사랑이 넘치는 그 마음으로부터 흘러나왔다. 그는 아무리 궁지에 몰려도 마음그릇이 깨어지지 않았다. 미움으로 금가지 않았다. 그는 사랑의 그릇으로 하나님의 은혜와 축복을 모든 사람들에게 흘려보내는 놀라운 사랑의 주님이셨다.

사랑할 능력도 없이 미움 속에 있는 우리에게 주님은 사랑에 대하여 보여 주셨다. "버리는 게 사랑이야. 내가 너를 위하여 내 생명을 버렸어. 내 자존심을 버렸어. 내 명예를 버렸어. 버리는 게 사랑이야. 너는 할 수 없지만 나는 너를 위하여 버리는 사랑을 했어. 나와 함께 너도 버릴 수 있어." 그 사랑의 주님, 다 버리신 주님은 우리에게 다가오셔서 우리의 손을 잡기 원하신다.

너희도 버리는 것이 마땅하니라

아프리카의 모로코를 방문할 기회가 있었다. 카사블랑카에서 하룻밤 자면서 기억나는 영화가 있었다. 바로 카사블랑카다. 그 영화에 나왔던 배우 '험프리 보가트'는 사랑하는 사람을 위해서 자기의 여행권을 포기한다. 사랑하는 사람의 남편과 함께 무사히 모로코를 떠나갈 수 있도록 자신을 버렸다. 그는 이런 말을 했다. "상처 받기 위해 사랑하는 것이 아니라 사랑하기 위해 상처 받는다."

많은 사람들은 사랑하다가 상처를 받는다. 그래서 사랑하기를 무서워한다. 그러나 기억할 것은 정말 사랑하면 상처 받는 것이 아무렇지도 않다는 것이다. 다 버려도 좋다. 우리를 엄청나게 사랑하셔서 모두 버리고 상처 받으신 주님, 그 주님은 우리의 희망이다. 사랑하는 사람은 상처 받을 각오를 해야 한다. 진정한 사랑은 상처 없이 되는 법이 없다. 하나님의 아들을 잃어버리신 놀라운 그 사랑, 아들을 보내신 사랑, 자신의 생명을 우리를 위하여 버리신 사랑, 자신의 모든 체면을 버리시고 명예를 버리시고 자신의 편함을 다 버리신 예수 그리스도. 그 버리신 주님, 그 주님이 오늘 우리를 초대하고 계신다. "나도 버렸으니 너희도 버려라. 나도 목숨을 버렸으니 너희도 목숨을 버리는 것이 마땅하니라. 나도 내 명예를 버렸으니 너희도 너희들의 명예를 사랑하기 위하여 버리는 것이 마땅하니라. 나도 버렸으니 너희도 버리는 것이 마땅하니라."

"그가 우리를 위하여 목숨을 버리셨으니 우리가 이로써 사랑을 알고 우리도 형제들을 위하여 목숨을 버리는 것이 마땅하니라"(요일 3:16)

우리를 위해 목숨을 버리신 예수님이시기에 우리도 형제를 위해 목숨을 버리는 것이 마땅하다고 말씀하신다. 우리는 주님이 우리를 위해 귀한 몸을 버리셨기에 살았다. 바로 그 주님이 우리에게 원하는 것이 무엇일까? 그것은 손해보면서 사랑하고, 잃어버리면서 사랑하고, 죽을 각오로 사랑하며 섬기고 사는 것 그것을 명령하며 또한 그것을 할 수 있도록 주님은 우리에게 은혜와 새 능력을 주시기 원하신다.

연어목사가 되게 하소서

알라스카에 있는 연어의 고향인 케치칸이라고 하는 곳을 방문한 적이 있었다. 수백 수천의 연어들이 대서양에서 자라서 자기들이 태어난 그 시내 상류로 몰려들고 있는 그 현장에 서 있었다. 거짓말 조금 보태서 어린 아기만 한 연어들이 막 몰려들고 있었다. 연어에 대하여 나는 새롭게 깨달을 수가 있었다. 연어는 부화되고 난 다음 대해로 간다. 그리고 장성한 다음에 돌아온다. 자기가 태어난 그곳에서 알을 낳는다. 그리고 자기의 몸을 새끼들이 먹고 자랄 수 있도록 어미는 몸을 내어준다. 새끼들은 어미의 살을 뜯어먹고 그렇게 성장한다. 그리고 성장한 새끼는 다시금 대해로 나간다. 큰 연어가 되면 돌아와 또 다시 거기서 알을 낳고 자식을 키우고 죽는다. 이것이 바로 연어의 삶이다.

나는 이 연어들을 바라보며 내 인생을 돌아보았다. 14년 전, 칠레 선교사를 마치고 산성교회에 부임하여 예배를 드리는데 김현주 장로님께서 이렇게 말씀하셨다. "우리 목사님, 세계로 나갔다가 큰 연어가 되어서 드디어 돌아오셨다." 그 말을 들을 때는 기분이 대단히 좋았다. 그러나 연어가 돌아오는 모습을 보면서 새롭게 깨달았다. '아하, 그때 내가 잘못된 생각을 했구나! 영광 받기 위해 돌아온 것이 아니라 죽기 위하여 돌아왔구나!' 이 사실을 새롭게 깨달았다. '하나님의 교회에 생명을 이어나가고, 열방에 생명을 이어나가고, 성도들에게 생명을 잇기 위하여 내가 죽으러 왔구나!' 하는 생각을 했다. 그리고 서서 기도했다. '주님, 제가 안식년 마치고 돌아가면 저는 죽고 하나님의 교회는 생명을 이어나가는 연어목사가 되게 하소서.'

우리의 모든 삶이 그렇다. 결혼도 사실은 내가 편하기 위해서 하는 것이 아니다. 내가 죽고 나를 버려서 나로 인해 자녀들을 바로 키우기 위해 연어처럼 돌아온 존재들이 이루는 것이 바로 가정이다. 그렇게 자신을 죽일 때 가정은 행복해지고 자녀들은 바로 자랄 수 있다. 내가 일하는 직장에서 어떤 자리에 있든지 영광 받기 위해 내가 편하기 위해 일하는 것이 아니라 버리기 위하여, 나로 인하여 주님의 생명을 잇고 수많은 사람의 생명을 구하기 위하여 내가 직장에서 존재한다. 우리가 주님의 교회를 섬기고 성도를 섬기는 것도 마찬가지이다. 주님이 죽으심으로 우리가 생명을 얻었다. 우리는 교회를 위하여, 성도를 위하여 버리며 사랑해야 한다. 내가 또 한 마리의 연어처럼 죽으면 나로 말미암아 다른 사람이 복을 받고 나로 말미암아 다른 사람이 은혜를 받고 축복을 받고 살아나게 될 것이다. 주님을 위하여 주님처럼 내가 손해보고 포기하고 죽을 때, 나 때문에 수많이 사람이 복을 받고 생명을 이어나가는 역사가 계속될 것이다.

그 연어들이 돌아오는 현장 위에는 다리가 있었다. 바다와 시내가 연결되는 곳 위에 놓인 다리에서 수많은 연어 낚시꾼들이 낚시를 하고 있었다. 연어들은 빨리 상류로 올라가서 새끼를 낳고 죽어야 하는데, 다리 밑에는 연어들이 모여들기 시작했다. 낚시꾼들은 연어를 낚으려고 애를 쓰고 연어는 혹시 뭔가 먹을 게 없는지 몰려들었다. 그런데 위에서 보니까 연어의 등에는 많은 낚시 바늘의 상처가 있었다. 한두 번 당하고는 가던 길로 계속 가면 될 터인데 거기 머물러서 쓸데없는 싸움을 하고 있었다. 나는 그 모습을 보며 묵상했다. 우리가 잘못하면 연어처럼 빨리 올라가서 죽지 않고 자꾸만 그 어귀에 서서 쓸데없는 감정싸움이나 쓸데없는 투쟁에 자기의 인생을 소모할 가능성이 아주 높은 존재들이구나!

우리는 함께 격려하며 주 예수 그리스도처럼 골고다 언덕으로 올라가야 할 귀한 주님의 사람들이다. 서로를 선행과 사랑으로 격려하면서 함께 십자가를 지고, 주님이 가신 골고다 언덕길을 뒤따라야 한다.

사랑이 없으면 아무것도 아니다. 사랑하지 않고 미워한다면 나는 이미 깨어진 그릇이다. 우리를 위해 모두 버리신 주님은 인생의 허무한 싸움 가운데 있는 우리를 부르신다. 그리고 이렇게 말씀하신다. "내가 너를 위해 몸 버린 것처럼 너도 교회를 위해 형제를 위해 열방을 위해 버리며 사는 것이 마땅하니라." 오늘 우리 주님의 뒤를 따라서 우리도 버리며 사랑하고, 나로 말미암아 내 형제가 살고 내 가정이 살고 우리 교회가 살고 열방이 사는 그런 귀중한, 버리는 사랑을 구현하는 하나님의 백성이 되길 바란다.